U0530443

陽明·问道十二境

范烨 主编

北京联合出版公司

专家顾问委员会

(按姓氏拼音首字母顺序排列 排名不分先后)

陈　　来：清华大学国学研究院院长，清华大学哲学系教授、博士生导师
董　　平：浙江大学"求是"特聘教授、哲学学院博士生导师，中国哲学史学会副会长
顾　　久：《贵州文库》专家组组长、总纂，贵州阳明文化转化运用工程学术委员会副主任委员
陆　永　胜：东南大学马克思主义学院教授、博士生导师，江苏省儒学学会副会长兼秘书长
欧阳黔森：贵州省文联主席、作协主席，国务院特殊津贴专家
欧阳祯人：武汉大学中国传统文化研究中心教授、国学院教授，武汉大学阳明学研究中心主任
钱　　明：浙江省稽山王阳明研究院副院长、研究员，国际儒学联合会理事，中国哲学史学会理事
汪　建　初：贵阳学院原副院长，龙冈书院名誉院长、教授
张　　明：贵州大学历史与民族文化学院副教授、硕士生导师，贵州大学阳明学研究中心主任
张　新　民：贵州大学中国文化书院教授兼荣誉院长，贵州阳明文化研究院副院长
赵　金　刚：清华大学人文学院党委副书记、清华大学哲学系副教授

序言

撰文 / 陈来

　　王阳明是中国明代著名的哲学家、思想家，其心学思想对中国乃至东亚文化产生了深远影响，阳明学是在近古东亚文明中影响仅次于朱子学的思想体系。王阳明"知行合一"的思想理念，不仅革新了传统儒学，更深刻影响了后世数百年的文化与哲学发展。

　　王阳明的一生充满传奇色彩，从浙江余姚的书香门第走出，经历了官场的沉浮，在贵州龙场驿的贬谪生活中，完成了他哲学思想的转变与升华。在贵州的贬谪生活是他哲学思想形成的重要时期，特别是在玩易窝的隐居与悟道经历。

　　这本《阳明·问道十二境》，旨在深入探讨王阳明在贵州的生活轨迹，以及他的思想如何与这片土地紧密相连，并对后世产生了怎样的影响。

　　阳明文化是近二十年复兴中国优秀传统文化大潮中最为耀眼的热点之一，而在宣传、弘扬、研究阳明文化的大潮中，王阳明悟道之地贵州则是无可争议的重地。本书通过丰富的历史文献和实地考察，详细梳理了王阳明在贵州的生活和思想发展情况。从他初至贵州的困境，到在龙场驿悟道，再到他在贵州各地的讲学和实践活动，生动地再现了王阳明在贵州的心路历程。在"居夷处困"的艰苦环境中，王阳明并未放弃成圣之理想，而是将个人苦难转化为思想的磨砺，从自然与民间生活中汲取智慧，提出了影响深远的心学理论。

　　龙场悟道比较有传奇色彩。王阳明到了龙场以后第一关是名利关。他从中央被贬到偏远地区，当一个小小的驿丞，在心理上怎么适应？先要过名利关。怎么在那个时代把名利都忘了，不再计较得失？他采取的办法主要是静坐，第一关他很快就破掉了，对于名利这些东西他已经看开、看破了。然后就是生死关，传说当时当朝权宦从北京一路追杀王阳明，因此他还要预防对方派人到龙场对他不利。有这种担心说明他对生死还没有看破，精神上还没有达到真正的自由。名利已经摆脱了，可是生死怎么能看得开呢？王阳明还是静坐，静坐了一段时间后，这个关他也突破了。在这期间他悟道了。王阳明在贵州的岁月，不仅是他个人思想成熟的重要阶段，更是他心学思想形成和发展的关键时期。

　　王阳明在贵州的岁月，也促进了当地文化与教育的发展。王阳明的讲学和实践活动，使心学思想在黔地生根发芽，成为推动社会进步的重要力量。他在文明书院、龙冈书院等地的讲学，吸引了众多学子前来求学，推动了贵州文化教育的发展。同时，王阳明还积极参与当地的社会治理，通过教化和实践，推动了贵州社会的和谐与进步。本书特别关注了王阳明思想在贵州的传承和发展。从明代到现代，王阳明的心学思想在贵州得到了持续的传承和发扬。许多学者和思想家——陈文学、汤冔、孙应鳌、蒋见岳等，都深受王阳明思想的影响，他们在贵州开展了一系列讲学和实践活动，推动了黔中王学的形成和发展。这些活动不仅丰富了贵州的文化传统，也为当地的社会进步和现代化建设提供了精神支撑。

现在一大批学者关注怎么把阳明文化转变为对当代社会——特别是对经济发展、对现代企业管理——有作用、有益的文化，关注阳明学在现代生活中的作用。可以说，王阳明的思想，在当代社会具有十分广泛的意义。以"知行合一"为例，不管在王阳明所处的时代，还是今天，不管是对党员干部，还是一般人，践行"道德的知识"都是现实的要求。因为每一个人都会碰到道德的选择、善恶的选择，都会碰到这些问题。怎么把知道的东西，在践行中体现出来，这是王阳明时代和我们今天共同探讨的问题。

王阳明在贵州的足迹，如玩易窝、文明书院、龙冈书院等，已成为重要的文化遗产和旅游资源。通过对这些文化遗址的保护和利用，不仅可以传承和弘扬王阳明的思想，更能推动贵州文化旅游的发展，促进地方经济的繁荣。王阳明的心学思想深深植根于这片土地，影响了贵州的文化、教育、社会发展，成为贵州乃至中国传统文化的重要组成部分。

本书希望通过对王阳明在贵州的生活和思想的深入探讨，让读者更好地理解这位伟大思想家的生平和思想，感受他的智慧和魅力，这在弘扬和传承中华优秀传统文化的今天是尤为重要的。

目录

壹 走近王阳明

觅循足迹，体认行道 —— 004

到贵州，遇见简易自在的王阳明 —— 018

言论—当我们说起王阳明，我们在说些什么？ —— 030

王阳明年谱 —— 055

简史—儒学11人 —— 056

第七境　水西论象

水西论象：中原与边地的相遇 ——167

水西彝人，象祠守护者
周游黔西、大方指南——穿梭古今之间 ——180

第八境　贵阳传道

贵阳传道：文明书院　声声不息 ——185

阳明道　文明之梦 ——191

第九境　南庵答和

南庵答和：天涯逐客 ——203

楼桥寺祠　历史的潜流 ——207

第十境　南祠咏怀

南祠咏怀：心法无穷 ——217

达德学校　世纪转折 ——221

第十一境　东山遗韵

东山遗韵：山水成癖 ——231

阳明祠　群贤毕至 ——237

畅游贵阳指南——感受山水、历史与市井生活 ——242

第十二境　镇远留书

镇远留书：心学在贵州的回响 ——247

镇远道中：一座军商重镇的多元之路 ——253

黔东南巡游——多彩秘境之旅 ——260

贰 问道十二境

第一境 兴隆书壁
兴隆书壁：如此黔境 —— 065
飞云崖：湘黔古道上的文化印记 —— 073

第二境 平越思隐
平越思隐：欲通大道，先行鸟道 —— 083
源源不断的福泉 —— 089
深游黔南指南——体验风土变迁 —— 096

第三境 龙场悟道
龙场悟道：世间传奇 —— 101
向腹心延伸，向中原走近 —— 113

第四境 龙冈开讲
龙冈开讲：王阳明的明月之境 —— 123
良知之源：千古龙冈漫有名 —— 129

第五境 陆广晓发
陆广晓发：王阳明的山水之境 —— 137
如王阳明一般恣意山水间 —— 143

第六境 古道心旅
古道心旅：王阳明的达观之境 —— 151
捡拾古道的吉光片羽 —— 157
探秘修文指南——打卡灵感山水 —— 162

叁 四海有王门

黔中王学的传衍及其对贵州文教的影响 ——264

黔中王门传承脉络示意图 ——269

阳明学的流变及其影响：从中国走向世界 ——270

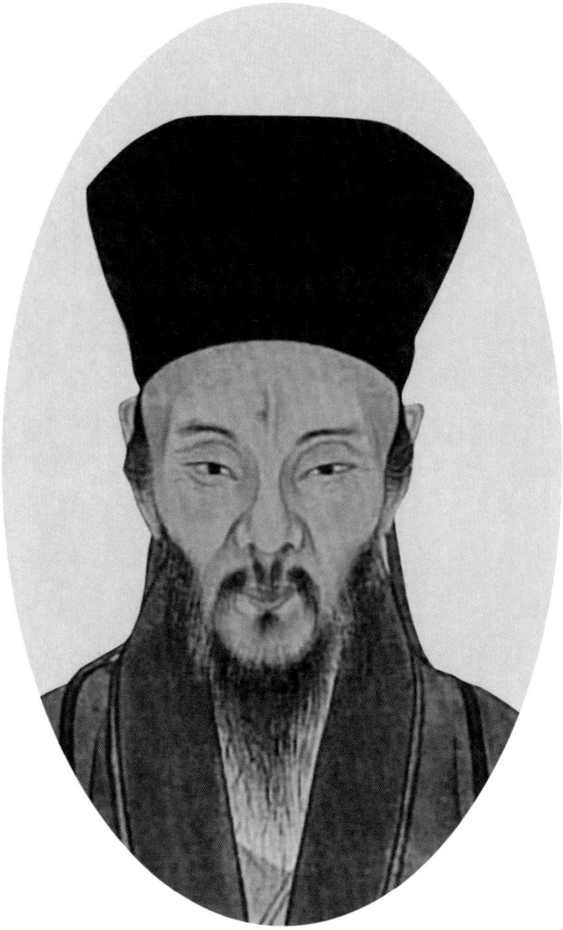

走近王阳明

壹

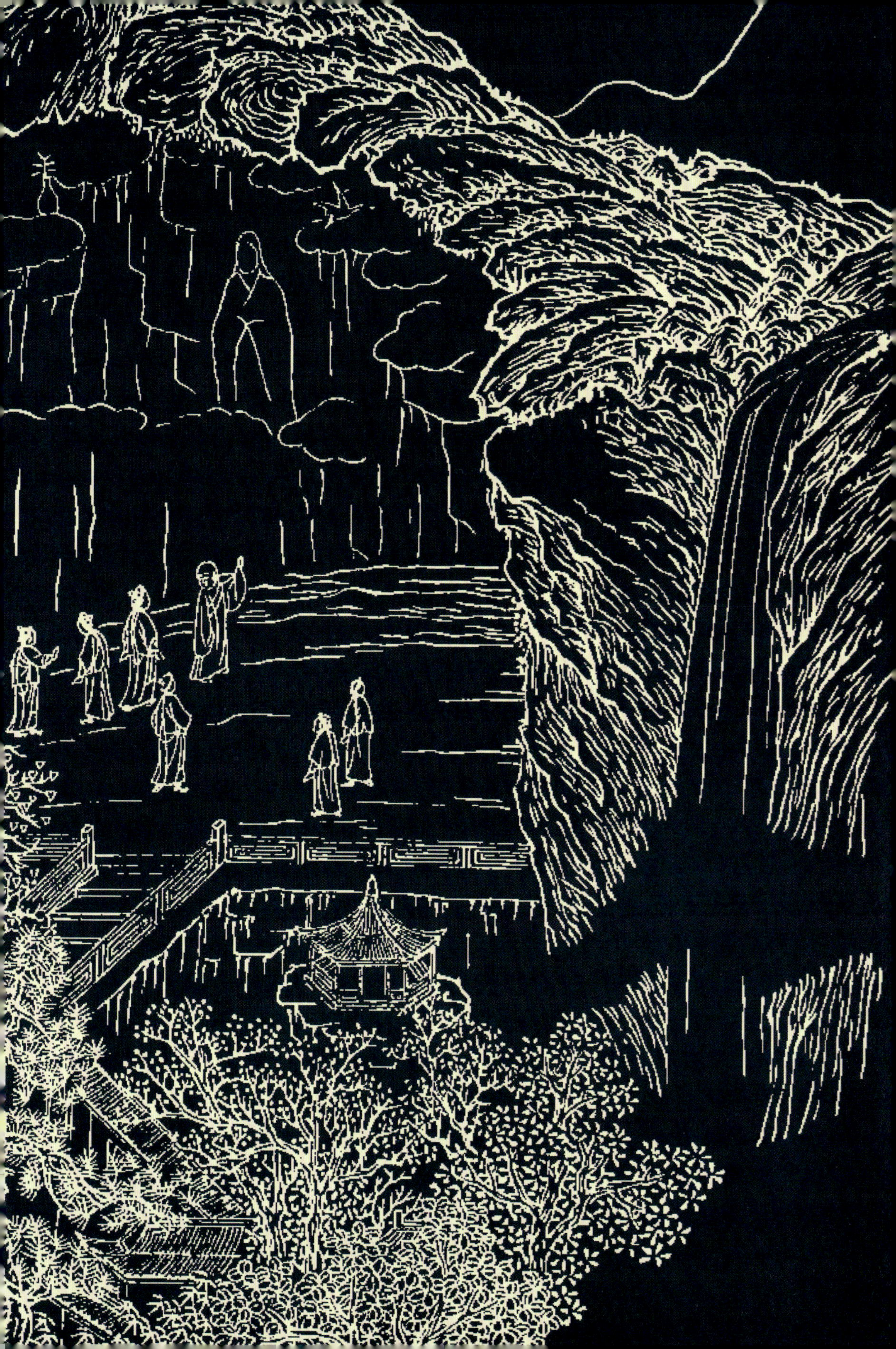

觅循足迹，体认行道

撰文 / 钱明

作为"显学"的王阳明研究，在21世纪前20年所取得的最大进展，主要表现在学术视野和研究方法上。概言之，就是把以往基于观念、义理、解释和考证的多层面研究，延伸到经学、宗教、民俗、民族、社会心理、历史文化、士人心态等诸多领域，尤其表现在区域性、地方性、民间性的全方位扫描上，并将局部场景、个案研究拓展到整个阳明学派的传播、展开、转化和演变的网络系统中，使之成为王阳明研究的新范式，从而为世人勾勒出在明中后期乃至近现代社会之多维空间中，作为地域学术研究和私学存在的王阳明学说及阳明后学迅猛扩展的一幅立体感极强的历史画卷。

正是在从田野中获取史料、发现问题、解读历史日益成为学界共识的背景下，王阳明研究亦逐步迈入两种叙述方法互补取益的新模式：一种是把阳明学按纵向分解为若干阶段，以展开各个历史时期或代际的阳明学研究；另一种是把阳明学按横向分解为国、省、州、县等区块，以展开对区域与地域之历史文化的整合研究，使之成为官方文献、民间文献及口述文献相互补益的"在野之学"，以便在探究历史人物思想世界的同时，深入挖掘该人物的生活世界和"日用常行"。

我本人因受恩师冈田武彦先生"王阳明遗迹考察"及"体认之学"的影响，很早就把注意力集中于"在野之学"，数十年来几乎走遍了王阳明的所有行迹地以及与阳明后学有关的重要遗迹点。这种方式用较为专业的术语说即"思想考古"，其过程中可以运用并易于见效的重要手段便是"体认之学"。

何谓"体认"？朱熹的解释是："体"就是"置心在物中……与'体、用'之'体'不同"，"是将自家这身入那事物里面去体认"，亦即把"身心"放在对象里面或融入对象之中，在人与事或人与物的心灵共鸣中去再次经历、重新感悟，以通透心境，体认初心。宋明理学家都重视"体认"。程颢说："吾学虽有所受，天理二字乃是自家体贴出来。""体贴"即"体认"，说的就是从自家生命中体验出来或从修身功夫中磨炼出来的"自得之道"，唯有"自得"，才能内外合一、体用不二。

然而，对于大多数人来说，如何才能最大限度地真切感受思想家曾经体验过的生活，呈现其社会生活画卷，乃是最让人困惑的事情。要想完全重复，显然不可能，除非真有什么时光隧道。或许下沉到乡村社会、踏入"思想田野"，对地域思想文化进行考察与研究，才不啻为一条走出空洞疏阔，接近地气、还原生活的重要路径。

当今社会，地缘已今非昔比，但地理地貌、自然条件、语言文化乃至民俗习惯的变化并不大。而所谓"思想田野"，除了实地性和现场感，还应包括地方史志、宗族谱牒、出土碑刻、手札回忆、诗歌日记乃至民间故事等载体以及口述的文献和数据。王阳明研究所要利用的文献材料和数据分析，既有官方的、精英的，又有民间的、庶民的。以往的阳明学研究，往往对前者用力较多而疏略后者。提出下沉到"地缘社会"、踏入"思想田野"，就是为了补课后者。不在"田野"里，对文献素材的解读往往会陷于单纯的形而上的思考中；走在"乡土"上，才会发现书斋中百思不得其解的问题不过是一个常识。

若把焦点进一步汇聚于王阳明的"龙场悟道"，将他在黔中大地的思想活动和"日用常行"进一步放大，就会对王阳明在贵州的历史作用及地位有一个逐渐清晰并取得共识的过程。如果说其大弟子王畿较为看重晚年的王阳明以"天泉证道"为代表的"熟化"思想，那么《阳明年谱》的主纂者钱德洪和主校者罗洪先则比较看重中年的王阳明，即"龙场悟道"。在后阳明时期，最早肯定王阳明在贵州的地位的是其挚友湛若水，他说过："（阳明）不死，谪贵州龙场驿。万里矣，而公不少怵。……及居夷，端居默坐，而夷人化恶为善，有声。"而最不满于轻忽"龙场悟道"的代表人物则是并未真正入门的罗洪先，他曾批评同门中一些人的做法是"舍龙场之惩创，而第谈晚年之熟化"。

其实，只要细品一下阳明本人说的话，即可明白他为何对贵州的一段经历看得如此之重。他曾于1512年和1519年分别在书信中写道："某平日亦每有傲视行辈、轻忽世故之心，后虽稍知惩创，亦惟支持抵塞于外而已。及谪贵州三年，百难备尝，然后能有所见，始信孟氏'生于忧患'之言非欺我也。""往年区区谪官贵州，横逆之加，无月无有。迄今思之，最是动心忍性砥砺切磋之地。"而他亲笔上奏的《给由疏》则留给后人一段至今争论不休的模糊记录："正德元年十二月内为宥言官去权奸以彰圣德事，蒙恩降授贵州龙场驿驿丞。正德五年三月内蒙升江西吉安府庐陵县知县。"要框定王阳明在贵州的行迹，首先得弄清他在这段近三年半的时间内究竟去了哪里、做了哪些事；有了时间框架，便能觅循他的"龙场之路"、贵州行迹。

而要真正实现"体认行道"的目的，则有必要遵循两条原则：一是要将认识我们脚下的人和社会即人文生态，建立在认识我们脚下的土地即自然生态的基础上，发掘每一个相关地域的阳明文化资源，并且尽量做到从文化生态的角度、社会细胞的角度和世俗生活的角度，来观照自己所生活的这块土地，实现从"地域阳明文化"到"阳明文化地域"的一种方法论和学术意识的自觉转化。二是要在体认中尽量做到资料选择上的有"正"有"野"、有政有学、有兵有文、有雅有俗、有讲有会、有古有今和遗存现场上的有遗迹有遗址、有原物有重修、有整体有局部、有硬件有软件。

贵州施秉云台山"四面削成，独出于云霄之半"的美景。云台山是世界自然遗产，也是中国南方喀斯特地貌的重要组成部分。贵州是中国最典型的山地省。王阳明对黔地多山、人们倚山而生的特点印象深刻。初入贵州时，在平溪卫（今玉屏侗族自治县）写下的《平溪馆次王文济韵》中就称其为"山城"，王阳明还对贵州的山川发出"天下之山，萃于云贵"的感慨。摄影 / 孙超

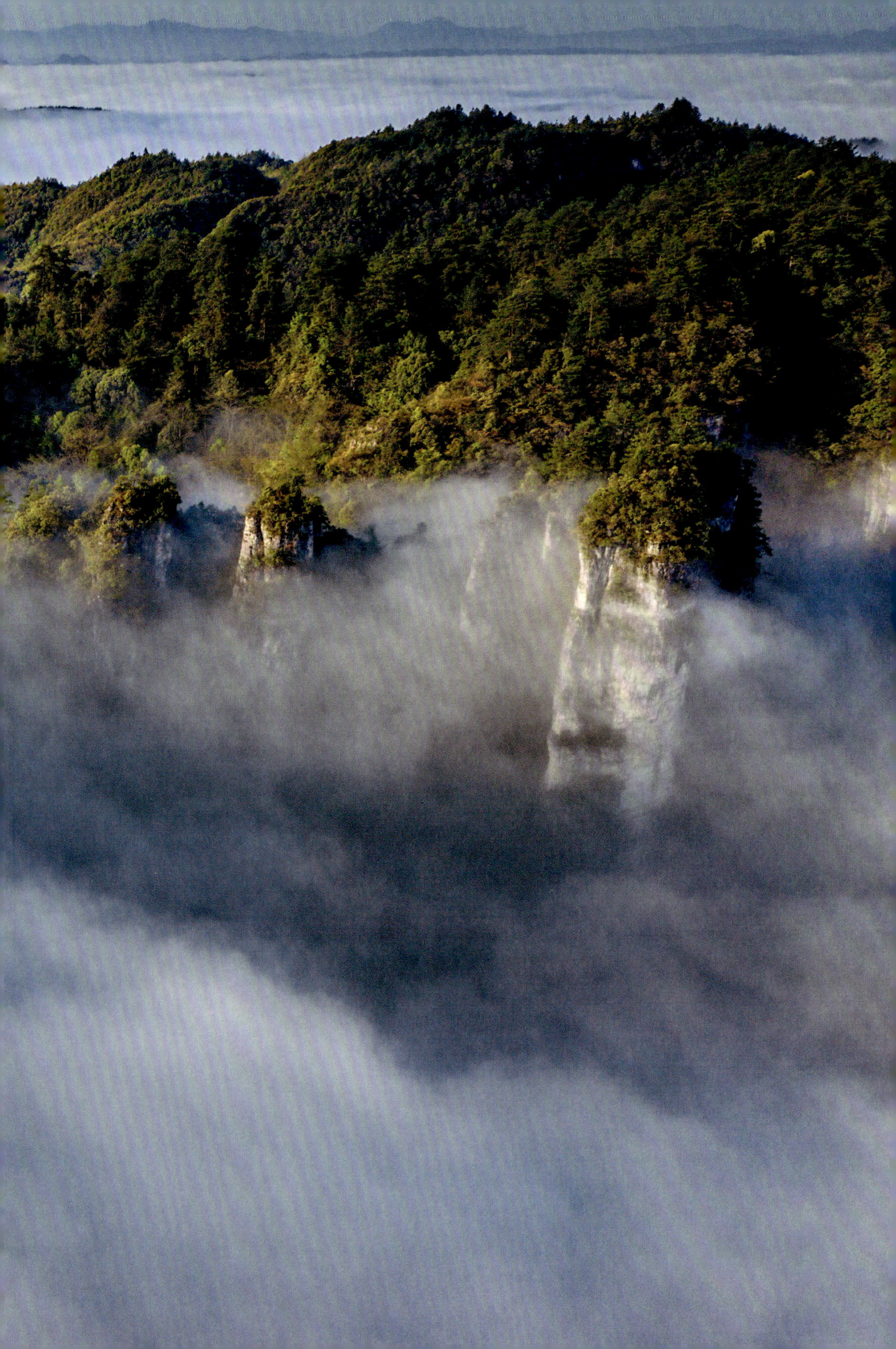

潕阳河属长江流域沅江水系，自古以来就是贵州连接湖南的"黄金水道"，王阳明当年由湘入黔便是乘船沿潕阳河而来。在陆路交通不发达的时代，水道是贵州对外经济、文化交流的主要通道，如乌江连接黔渝、柳江沟通黔桂、南北盘江共同构筑了贵州通往两广地区的交通要道等。摄影 / 李贵云

黔东南地区的苗族人身着盛装，载歌载舞欢庆苗年和鼓藏节。贵州是多民族共居的省份，世居少数民族较多，民族文化是其历史文化的重要组成部分。王阳明谪居贵州时期，黔地少数民族与汉族杂居，他与当地彝族、苗族、仡佬族等人交往，有了独特的体验和收获。 摄影 / 梁文

贵阳市中心的黔灵山绿意盎然，人们在黔灵湖中享受游船之乐。作为贵州从未动摇过的核心——贵阳，其名字的意思是贵山之南，黔灵山公园东北角的关刀岩被普遍认为是贵山。摄影/周睿曦

阳明

水西论象
陆广晓发
古道心旅

问道十二

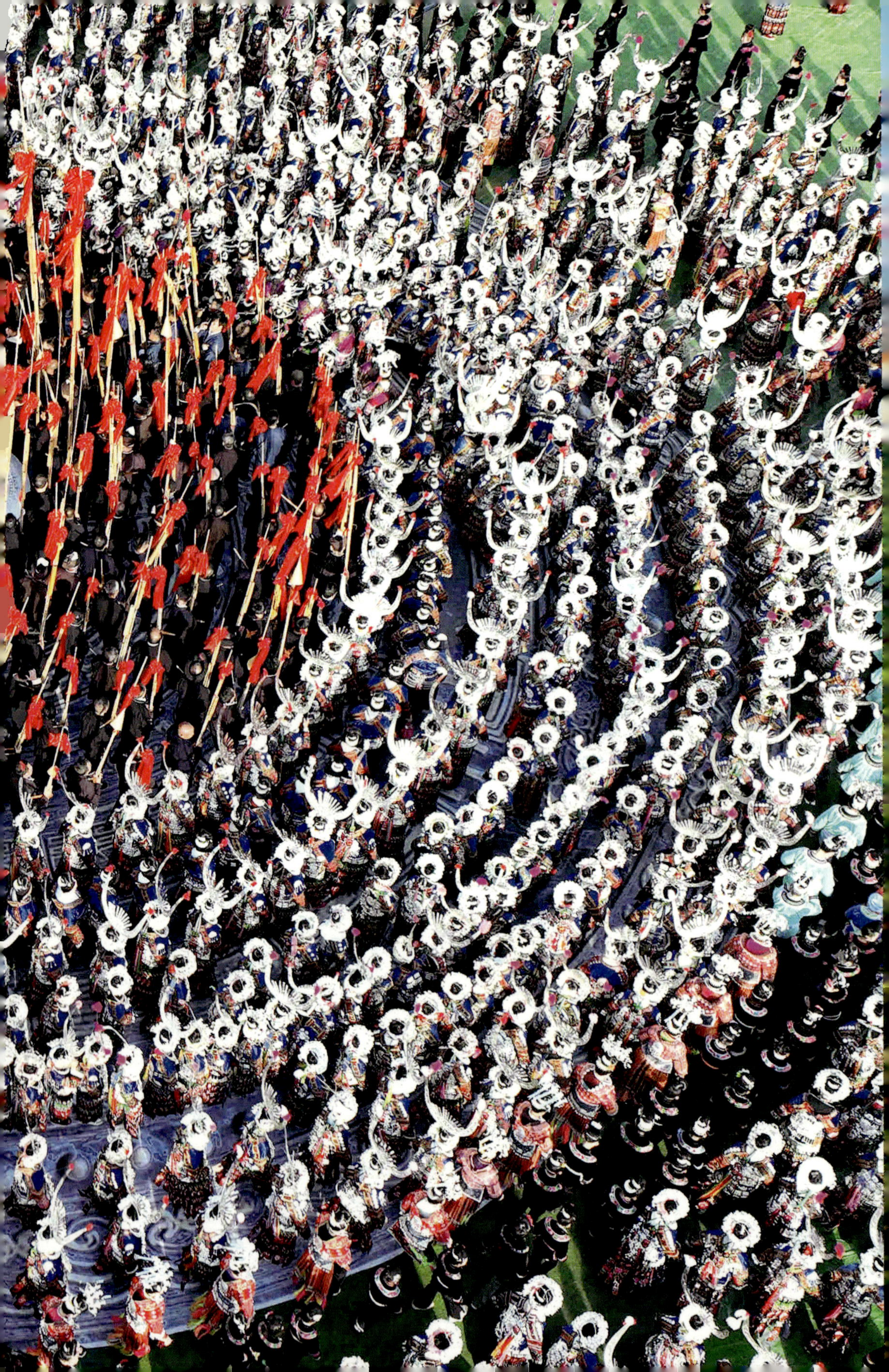

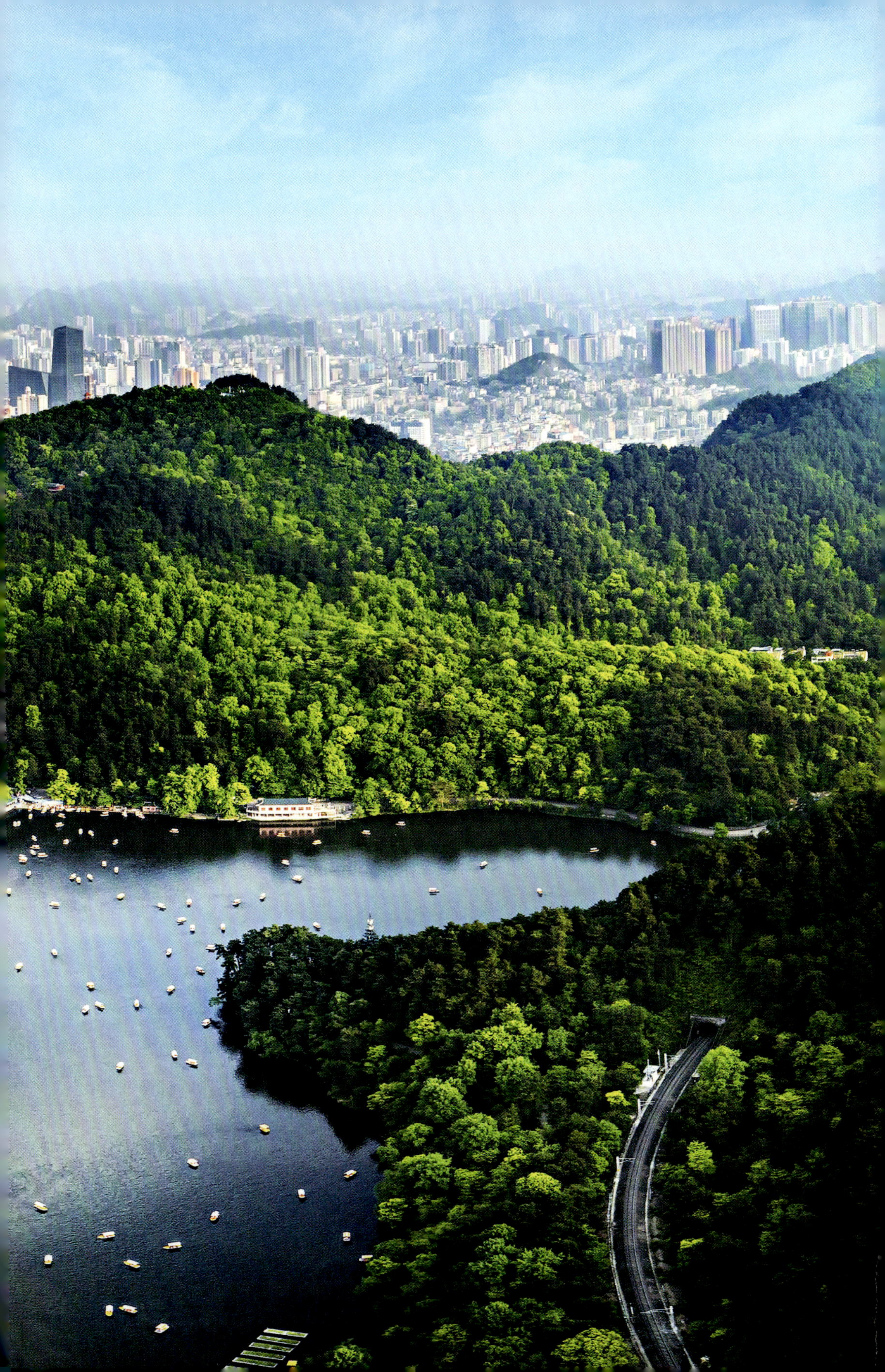

平越思隐

兴隆书壁

镇远留书

境

南柯咏怀

贵阳传道

东山遗韵

南庵答和

到贵州，遇见简易自在的王阳明

撰文 / 张佳玮

说起王阳明时，我们会提到一堆头衔与标签：明代著名思想家、哲学家、文学家和军事家，文武全才。论学术，他创立的"阳明心学"，是儒家思想的重要流派之一，后世影响深远。论事功，《明史》里直言"终明之世，文臣用兵制胜，未有如守仁者也"，说他开始以直节著称，之后军事上大有成就，扫除积年逋寇，平定孽藩。若考其行事，甚至还可以冠以教育家、战略家等头衔。

梁启超先生说到余姚，硕儒辈出，学风沾被全国及海东。第一句就是"阳明千古大师，无论矣"。

当我立于贵州的群山中、溯着乌江水，回望这位承着大儒身份、拥有传奇头衔的王阳明的一生，却觉得他实在是个极简易自在的人——从人，到学说，都是如此。

王阳明的名作《传习录》，乃至阳明学的核心"致良知"，妙处恰在于简易。阳明门生王艮评说王阳明的"致良知"："简易直截，予所不及。"

《传习录》里，王阳明自己也说得明白——他提倡的用功，不求日增，只求日减："减得一分人欲，便是复得一分天理，何等轻快脱洒！何等简易！"

他不喜欢闹虚文，直白地说：知者行之始，行者知之成，知行不可分作两事；凡谓之行者，只是着实去做。他批评霸道过于功利，却也强调因时致治，不必非要行太古之俗。他求的是大道天理，但并不泥古，也不沉迷于寻章摘句的理论研究。

整本《传习录》，便可如此读。弟子们许多被已有的见识拘束，于是求问讨论，王阳明以开阔宏亮之气，将道理说得畅晓明白。化用经典，譬喻妙解，斩钉截铁地告诉弟子们——只用在天性上精一用功，只用日减私欲。

这种做派，当然并不是谁都喜欢，而这大异于传统的"求圣方法论"，也难免被非议。然而王阳明的魅力，恰在于这份气象。

话说，这份简易明快、洒脱不羁的人格学问，是如何养成的？

王阳明本名王守仁，出身书香门第，其家族据说可以追溯到东晋名相王导。父亲王华是成化十七年（1481年）的状元。如此家庭，诗书蕴藉、志节操守，自然是齐全的。

他的幼年经历颇有传奇色彩：出生时叫王云，五岁了还不能说话，被异人拊了（拍了拍），改名叫"守仁"，就会说话了。这故事无论真假，此名无疑反映出家族希望他谨守仁义，是为读书人立身之本。毕竟《论语》有云："知及之，仁不能守之，虽得之，必失之。"

明蔡世新绘《王阳明肖像轴》（局部），上海博物馆藏。画面中的王阳明科头燕服、颧骨高耸、目光炯炯。他盘膝端坐于席上、右手持书卷的姿势，以及所处的环境，突出了其学者的形象。蔡世新号少壑，为王阳明弟子。

《明史》说王守仁"天姿异敏",然而他并不是个皓首穷经的书呆子。十五岁时,他已经到访过居庸关、山海关,甚至出塞纵观山川形胜。

十七岁那年,王守仁去拜见上饶名士娄谅,跟他讨论朱熹的"格物"学说。回家之后,王守仁每天端坐,讲读《五经》,不苟言笑,坚持"格物"。

弱冠之年举乡试后,他喜欢谈论兵事,还能射箭。

弘治十二年(1499年),他中了进士,负责处理威宁伯王越的丧事,还针对西北边防事务上了条陈,担任过刑部与兵部主事。

至此,王阳明文则进士,武则善射;出塞看过山川形胜,又对带兵之道颇有兴趣;谋略西北边防,主事刑部兵部。可以说,他已经是个文武全才——理论与实践都齐全的人了。

然而,命运转折来了。

王阳明生于成化八年(1472年)。当时明朝建立已有百年,"永乐盛世"与"仁宣之治"已成过往,宦官猖獗导致的"土木堡之变"与混乱的"夺门之变"已是旧事。成化时期,明宪宗宠信万贵妃与宦官汪直等,开始置皇庄,鼓励豪强兼并土地。

年轻的王阳明曾经历了"弘治中兴",但弘治皇帝之后的继位者便是历史上赫赫有名的正德皇帝。民间传说正德皇帝如何"游龙戏凤"是一回事,他在位时,大宦官刘瑾

明或清时期佚名(旧传顾恺之)绘《会稽山图》卷(局部),美国大都会博物馆藏。会稽山是中国历史上的文化名山,王阳明曾在会稽山游览、筑室、思辨、讲学,其字号"阳明子"就出自会稽山"阳明洞天"。

深得宠信、内外战事频生则是真的。这是个动荡的时代，外部鞑靼进犯，边疆防御压力增大；内部宦官势力增强、百姓生存艰难。

乱世之中，刚则易折，但明亮的声音，也能惊动天下。

正德元年（1506年），刘瑾逮捕了南京给事中御史戴铣等二十余人。王守仁上奏章抗争，触怒刘瑾，最后挨了四十廷杖，谪贵州龙场驿（在今贵阳市修文县）驿丞。他的父亲王华被连累，出为南京吏部尚书，之后被罢免。

这年王守仁三十四岁。状元之子、少年进士、文武全才，拥有出塞阅历、历任刑部兵部主事的天之骄子，英年被贬，到了贵州边陲。

《明史·王守仁传》记载：王阳明被贬黜的龙场那地方，"万山丛薄，苗、僚杂居"。

民国《修文县志》说："修文本乎敷勇，敷勇衍乎龙场。"

贵州简称"黔"。彼时说起黔地，对浸润中原文化的读书人而言，大概是偏远的、羁縻的、有无数传说但没几个人真正涉足过的地界，被视作"尚未开化"之地。

春秋以前，贵州还属于所谓"荆楚"或"南蛮"的地界，说起来便是"蛮夷之地"。战国后期，大部分疆域在贵州境内的夜郎国，已是西南地区大国，但终究与中原交往不多，所以被误传"夜郎自大"。

明"阳明山人"牙章，上海博物馆藏。"阳明山人"为王阳明自号，是其书法作品的常见落款。

秦一统华夏后，夜郎地区有了郡县与官吏。汉武帝时，四川南部到贵州西部有了道路。三国时，贵州属牂牁郡、朱提郡、兴古郡、江汉郡、涪陵郡，基本在蜀汉境内。

唐朝时，贵州大体分为经制州与羁縻州。宋朝开宝七年（974年），土著首领普贵以控制的矩州归顺，宋朝在敕书中有"惟尔贵州，远在要荒"，从此贵州与大宋正式挂钩。到明朝永乐十一年（1413年），设置贵州承宣布政使司，从此世上有了贵州省。

龙场的历史还稍早一点，明洪武十九年（1386年），贵州宣慰使广开龙场九驿，龙场是首驿。龙场驿所在的修文县地处黔中丘陵盆地地区，四分之三的地域为中丘陵区，岩溶地貌分布广泛，地貌形态复杂多样，大部分地区在海拔1200米以上。虽然这里称得上冬无严寒、夏无酷暑，然而降水多，雨热同期。对中原来的人而言，这里未免太"野"了——山水重割，干旱与暴雨常作。

被贬贵州，寻常人会一蹶不振，但王阳明没有。

正是在贵州，王阳明摆脱了求道而不得法的焦虑，找到了"自己"。

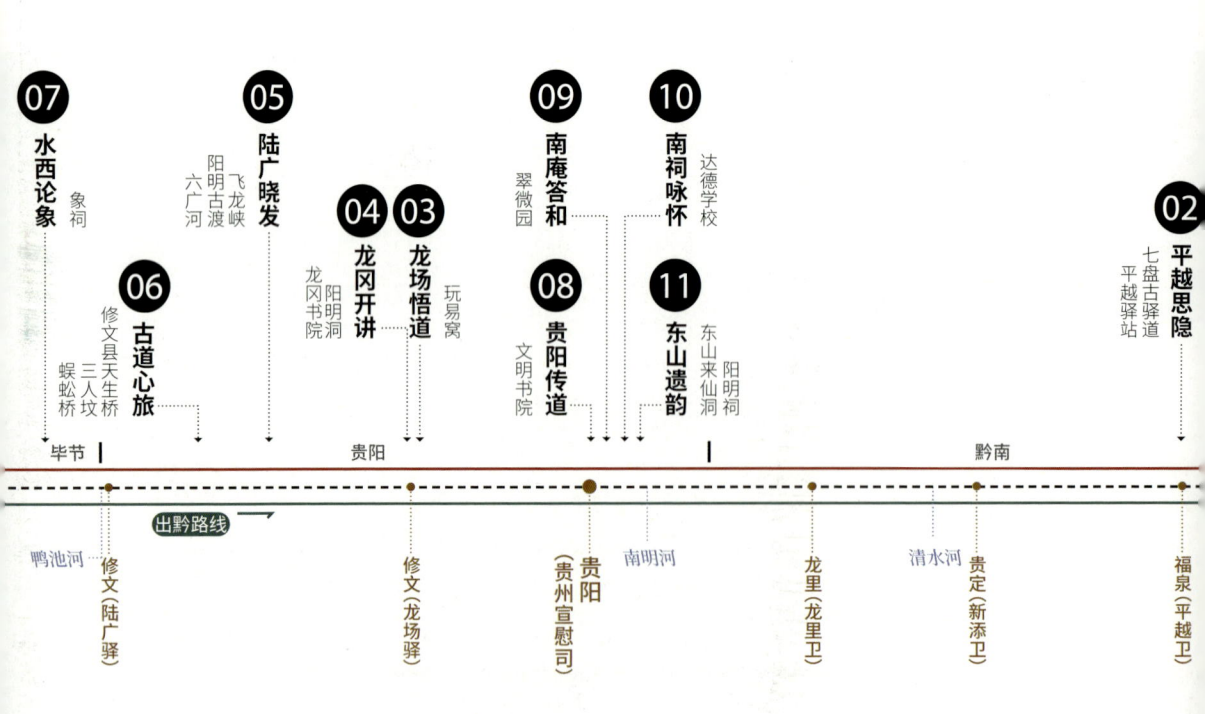

07 水西论象　象祠

05 陆广晓发　飞龙峡　阳明古渡　六广河

04 龙冈开讲　龙冈阳明洞　龙冈书院

03 龙场悟道　玩易窝

09 南庵答和　翠微园

10 南祠咏怀　达德学校

02 平越思隐　七盘古驿道　平越驿站

06 古道心旅　修文县天生桥　三人坟　蜈蚣桥

08 贵阳传道　文明书院

11 东山遗韵　东山来仙洞　阳明祠

毕节　　　贵阳　　　　　　　　　　黔南

出黔路线 →

鸭池河　修文（陆广驿）　　修文（龙场驿）　贵阳（贵州宣慰司）　南明河　龙里（龙里卫）　清水河　贵定（新添卫）　福泉（平越卫）

谪居贵州后期，王阳明写下了名文《瘗旅文》。不妨将此文看作是"万山丛薄，苗、僚杂居"之外龙场的形态，看作是王阳明自己在贵州时生活的写照。

正德四年（1509年）秋天，王守仁目睹一个京城前来、不知姓名、带着一子一仆的吏目，经过龙场时投宿在当地苗人家。阴雨绵绵，天色昏暗，次日三人便死在了蜈蚣坡。王守仁带了两个童子，备了畚箕和铁锹前去收埋尸体，写祭文感叹：我们都生在中原，怎么到这里来做鬼？看你冒风霜寒露，翻山越岭，饥渴劳累，外有瘴气瘟疫，内心忧愁苦闷。大概荒山狐狸、暗谷大蛇也会吞了你们。我到这里两年，还能苟且保全，是因为我从不忧伤。

随即他歌唱道：羁泊他乡的游子怀念故土，辨不清西和东。只有天空在哪里都一样。他乡异地，都是环抱在四海之中。达观的人四海为家，不一定非要有固定的住处。不要伤心悲痛！你我都远离故乡，蛮族的言语丝毫不懂。寿命的长短不可预料。路旁累累的坟头，多是流离至此的中原人士。如果死了，就和你做伴吧！

王守仁掩埋尸首，为之作祭文，是同病相怜，长歌当哭。本来他被贬到龙场，觉得自己

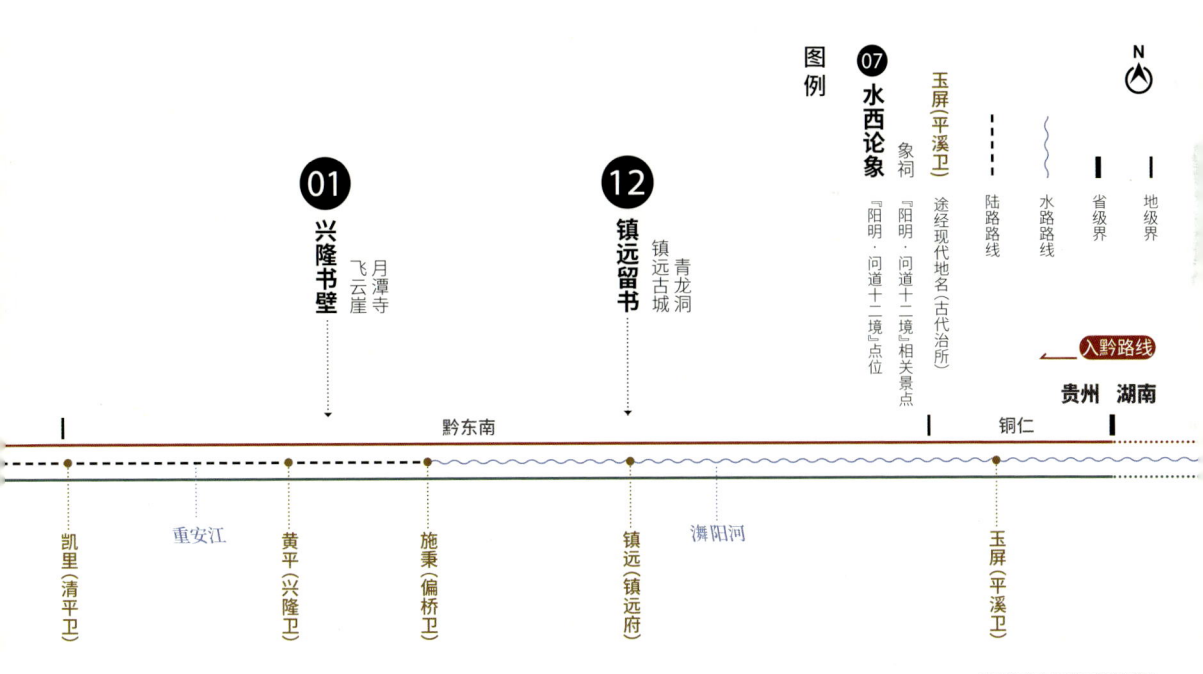

贵州地形示意图

数据来源：《贵州省自然资源地图集》贵州省自然资源厅

贵州省简称黔或贵，位于中国西南部，云贵高原东部，海拔介于148—2901米之间，总体地势具有坡度大、起伏大、落差大三大特点，地势由西向东向南梯级下降。据统计，总面积约17.61万平方千米的贵州省约有125.8万个山头，平均每平方千米有7个山头。喀斯特作用的基础物质——石灰岩的分布占贵州全省面积的62%，境内石林、溶洞、暗河、峰林和天坑等喀斯特景观资源丰富。王阳明在《重修月潭寺建公馆记》中亦总结"天下之山，萃于云贵"，可见他对贵州"多山"的特点印象深刻。

大娄山

大娄山脉如一条巨龙，自西向东穿越黔北大地，它西起金沙石场，主脉由金沙北部经遵义下辖的仁怀市、汇川区、桐梓县等向东北方延伸。在这条壮丽的脊梁之上，雄踞着川黔边界的咽喉要塞——娄山关，它犹如一道天然的守护屏障，矗立于贵州北部。大娄山脉的最高峰位于重庆金佛山，海拔2251米。

乌蒙山

乌蒙山脉平均海拔超过2000米，横跨贵州省西部，穿越毕节、六盘水大部及黔西南州西端，延展数百千米。其中，韭菜坪傲视群峰，以海拔2901米的高度标示着贵州高原的天际线。乌蒙山特殊的地形架构促成了云贵高原独有的气象奇观——云贵准静止锋。这一现象源于北方冷空气与西南暖湿气流在山脉间的僵持对峙，两者力量均衡，形成了持久的静态对抗，给当地带来绵长的阴雨季节。

苗岭

苗岭山脉横跨贵州腹地，其山系大致呈东南北方向延伸，山峦连绵不绝，而东西方向则展延成一片片历经侵蚀的高原台地。这些山系和台地联合形成苗岭。雷公山挺立于苗岭之巅，海拔2179米。贵州的江河以苗岭为分水岭，分属长江流域和珠江流域。

武陵山

武陵山脉自北向东延伸，深入湘西，划分了长江南岸两条重要支流——乌江与沅江，并向西南延伸触及石阡与施秉交会处的佛顶山。此区域蕴藏着完整的原始森林，拥有中亚热带山地极其珍贵的自然植被遗产，同时也是珍稀物种黔金丝猴的家园。

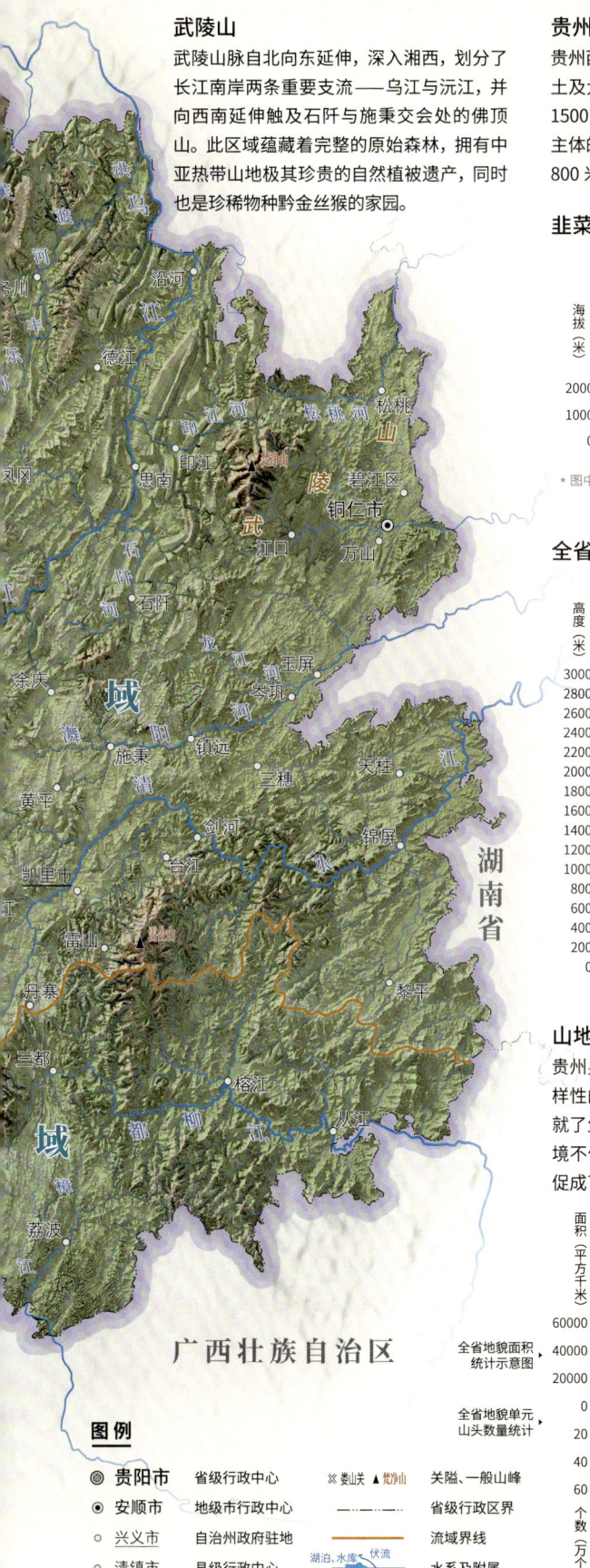

贵州的"三级阶梯"

贵州西部海拔 2200—2901 米，地形起伏大，以高原丘陵、平地、红土及大湖为特征，形成第一梯级面。向东至中部，海拔降至 1000—1500 米，地形亦有大起伏，高原丘陵、平地及红土广布，构成贵州主体的第二梯级面。再往东至镇远、铜仁、黎平等，海拔降至 500—800 米，多低山丘陵、宽谷，形成与湖南低丘相连的第三梯级面。

韭菜坪——两河口剖面示意图

| 第一梯级面 2200—2901 米 | 第二梯级面 1000—1500 米 | 第三梯级面 500—800 米 | 三级梯级面 |

剖面途经地：韭菜坪、织金县、花溪区、榕江县、两河口

* 图中剖面线为全省海拔最高点韭菜坪与海拔最低点 - 黎平水口出省处的连线及其延长线

全省高度带面积构成

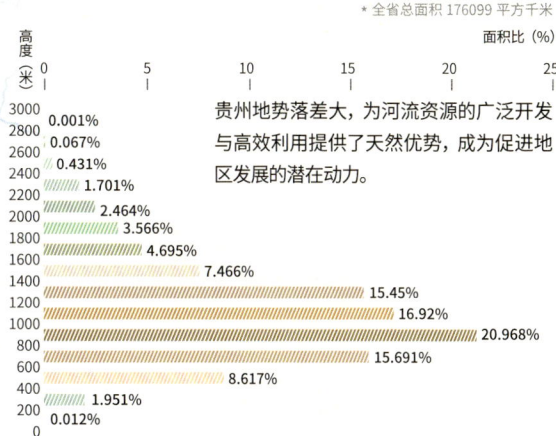

* 全省总面积 176099 平方千米

高度（米）	面积比 (%)
3000	0.001%
2800	0.067%
2600	0.431%
2400	1.701%
2200	2.464%
2000	3.566%
1800	4.695%
1600	7.466%
1400	15.45%
1200	16.92%
1000	20.968%
800	15.691%
600	8.617%
400	1.951%
200	0.012%

贵州地势落差大，为河流资源的广泛开发与高效利用提供了天然优势，成为促进地区发展的潜在动力。

山地公园省贵州

贵州身为喀斯特地貌博物馆，自然景观兼备雄奇与精巧。其中，多样性的地貌随大梯坡、大起伏、大落差的地势形成不同的形态，造就了生态类型的多样性，保护了众多古生物种。这种独特的自然环境不仅孕育了丰富的生态，还为各民族营造了特色生活生产空间，促成了既保持文化个性又相互融合的多彩文化生态体系。

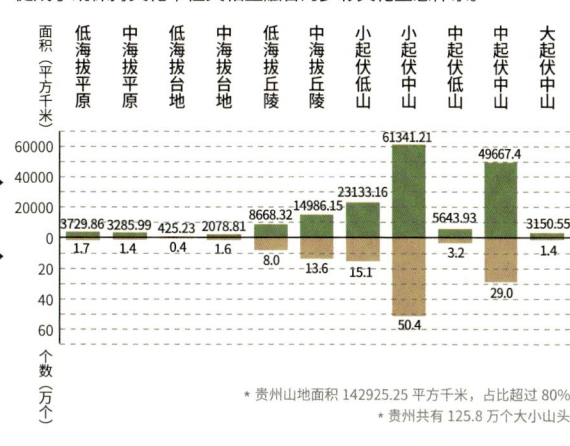

地貌类型	面积（平方千米）	数量（万个）
低海拔平原	3729.86	1.7
中海拔平原	3285.99	1.4
低海拔台地	425.23	0.4
中海拔台地	2078.81	1.6
低海拔丘陵	8668.32	8.0
中海拔丘陵	14986.15	13.6
小起伏低山	23133.16	15.1
小起伏中山	61341.21	50.4
中起伏低山	5643.93	3.2
中起伏中山	49667.4	29.0
大起伏中山	3150.55	1.4

* 贵州山地面积 142925.25 平方千米，占比超过 80%
* 贵州共有 125.8 万个大小山头

图例

- 贵阳市 省级行政中心
- 安顺市 地级市行政中心
- 兴义市 自治州府所驻地
- 清镇市 县级行政中心
- ※ 娄山关 ▲ 梵净山 关隘、一般山峰
- 省级行政区界
- 流域界线
- 湖泊、水库、伏流
- 水系及附属

要死在这里，没想到自己还活着，却看到别人死了，伤心惨目。所谓借他人之酒杯，浇自己心中之块垒——吊死者，亦表达活着的自己。抬头看接天山峰，不辨西东，只好自求旷达。

王阳明初到龙场时没房子住，只好先住在草庵之中，再到东峰的东洞。夷民纷纷砍伐木材，为他搭建了一座轩房。他开始种桧柏、竹子，又栽上芍药等花卉，与易书相伴，交游的人也渐渐多了，自得其乐，于是将住处取名"何陋轩"：这轩自然有些简陋，但"君子居之，何陋之有"？

王阳明在龙场驿丞任上，居边陲蛮荒之地，如《瘗旅文》中自我总结——到此两年，还能苟且保全，是因为我从不忧伤。可见，他终究是个达观的人，自有蓬勃元气。

除了自由洒脱的秉性之外，王阳明能如此对生之艰难、死之叵测举重若轻，或许还因为他的求圣之路在贵州发生了重要的转折、求道前途豁然开朗，带给了他无穷的信心和快乐。

早在十七岁那年，王阳明已经怀疑过格物致知的正确性，他始终对求道之路有所疑惑。当然，这点疑惑不影响他后来中进士、论军事、出入刑部与兵部，各方面都取得令人瞩目的成就。

但到贵州后，境况不同了。《明史》里说，他被谪到龙场后，身处一个山峰连天、狐狸成群、蛇大如轮、与麋鹿猿猴相伴相栖、生死悬于一线的边陲之地，身边接触的都是率真淳朴、帮他建何陋轩的当地人。王阳明承认这些人崇尚巫术、敬奉鬼神、轻慢礼仪、放任性情，然而这并不有损于他们淳朴的本质。

《明史》记录，他忽然悟到了致知当自求于心、不当求于外物，于是喟然道："道在是矣。"是所谓"龙场悟道"。

所以再看他离黔后所著《传习录》里的描述——整本《传习录》，说繁复也繁复，其中涉及儒佛道诸家词句，若不熟读典籍，怕未必能字字句句都明白；说简单也简单。王阳明自信地宣称：至善就是心的本体，心就是理，没有心外的事和理。又说，忠孝诚信仁都出于心。比起其他学者追求一大堆规矩，王阳明"只求日减"：减却私欲，心发至善，自然做到忠孝诚信仁。他反问：此理岂容分析？又何须凑合得？圣人说精一，自是尽——精一用功就是了。

在贵州撰写另一篇名文《象祠记》时，王阳明所求的"道理"越发明晰了。

象本是虞舜的弟弟，多次试图谋害虞舜而不成，在主流历史叙述中实在不算个好人，唐朝时就有正经人拆过象的祠堂。王阳明在龙场时，受贵州宣慰使安贵荣邀约，给位于麟角山——他称为灵博山——的象祠写《象祠记》，见当地人对象诚心祭祀，于是感悟到：象虽然凶暴，但被虞舜感化了，能够任用贤人，把恩泽施给百姓，因此死了以后得到人们的怀念。王阳明进一步认识到：人的本性善良，天下没有不能感化的人。

后来，王阳明的"致良知"认定，每个人人格本自健全，只是要针对每个人自己的问题，要完成天赋给你的内容，实现人的使命。比起他所在时代主流的"朱子学"，阳

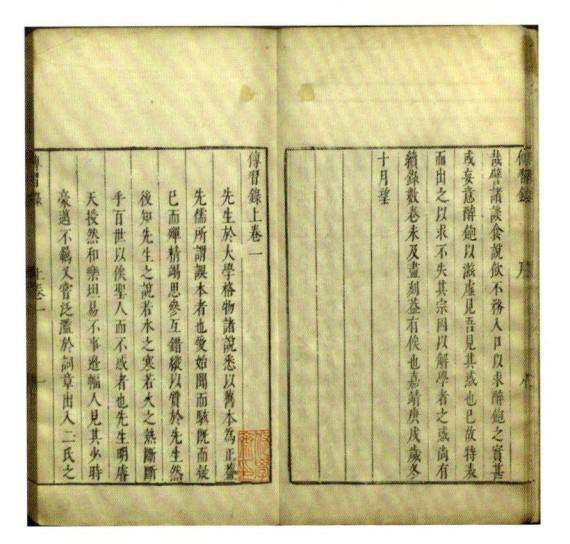

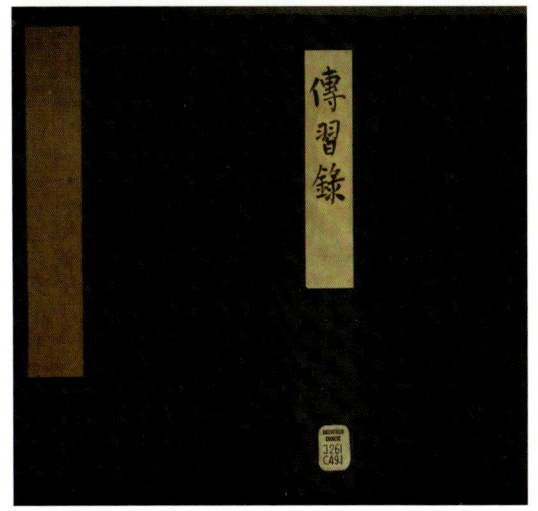

明学强调的是自己。强调每个人了解自己，主动自觉地去改变自己。

这种对人性本善、天下人人可以感化的相信，这份不用分析、不须凑合、"心即是天理"的自信，甚至王守仁在历史上留名为"王阳明"，都来自让他真正领悟到了"天然"的贵州龙场。

王阳明离开贵州一段时间后，依然在赞美贵州的大自然近乎天理："花事纷纷春欲酣，杖藜随步过村南。田翁开野教新犊，溪女分流浴种蚕。稚犬吠人依密槿，闲凫照影立晴潭。偶逢江客传乡信，归卧枫堂梦石龛。"

他对黔地人生活恬淡、与世无争的气派，始终欣赏。贵州这份勃然的自然之气，也始终没离开他。

五十二岁时，王阳明自称："吾自南京已前，尚有乡愿意思。在今只信良知真是真非处，更无掩藏回护，才做得狂者。使天下尽说我行不掩言，吾亦只依良知行。"

他自认年轻时也曾想过流俗伪善，但年纪到了，便只相信良知，相信大是大非。纵然被天下说他狂，他也只依良知行。结合他著名的遗言"此心光明，亦复何言"，他自己将知行合一，执行到了生命最后。

我突然意识到，为什么来到贵州便使王阳明在我心中变得栩栩如生起来。不只是因为龙场是王阳明开悟之所，更因为这种行为本身就是对王阳明最好的致敬与实践。

王阳明一直认为，实践就需要修身，需要诚意正心。体认之学，就是知与行。追随着先生的脚步去到达，本身就是一种行。王阳明的生命逝去，学说留存；而那片曾让他"悟"的接天山峰与贵州，依然存在于世上，等着每个人去亲自感受。

明嘉靖二十九年（1550年）王畿重刻本《传习录》，美国国会图书馆藏。《传习录》是王阳明心学的集大成之作，以问答语录和论学书信集的形式记录了其讲学、言论和生平重要事迹，论述了包括"心即理""知行合一""致良知"在内的王阳明的主要哲学思想。

贵州修文玩易窝洞内景象。王阳明到达龙场驿后，与仆役在这处昏暗潮湿、低矮处需俯身而过的天然溶洞中居住，并取名"玩易窝"，写下著名的《玩易窝记》。有学者认为玩易窝即王阳明谪居贵州期间的悟道之地。摄影 / 吴学文

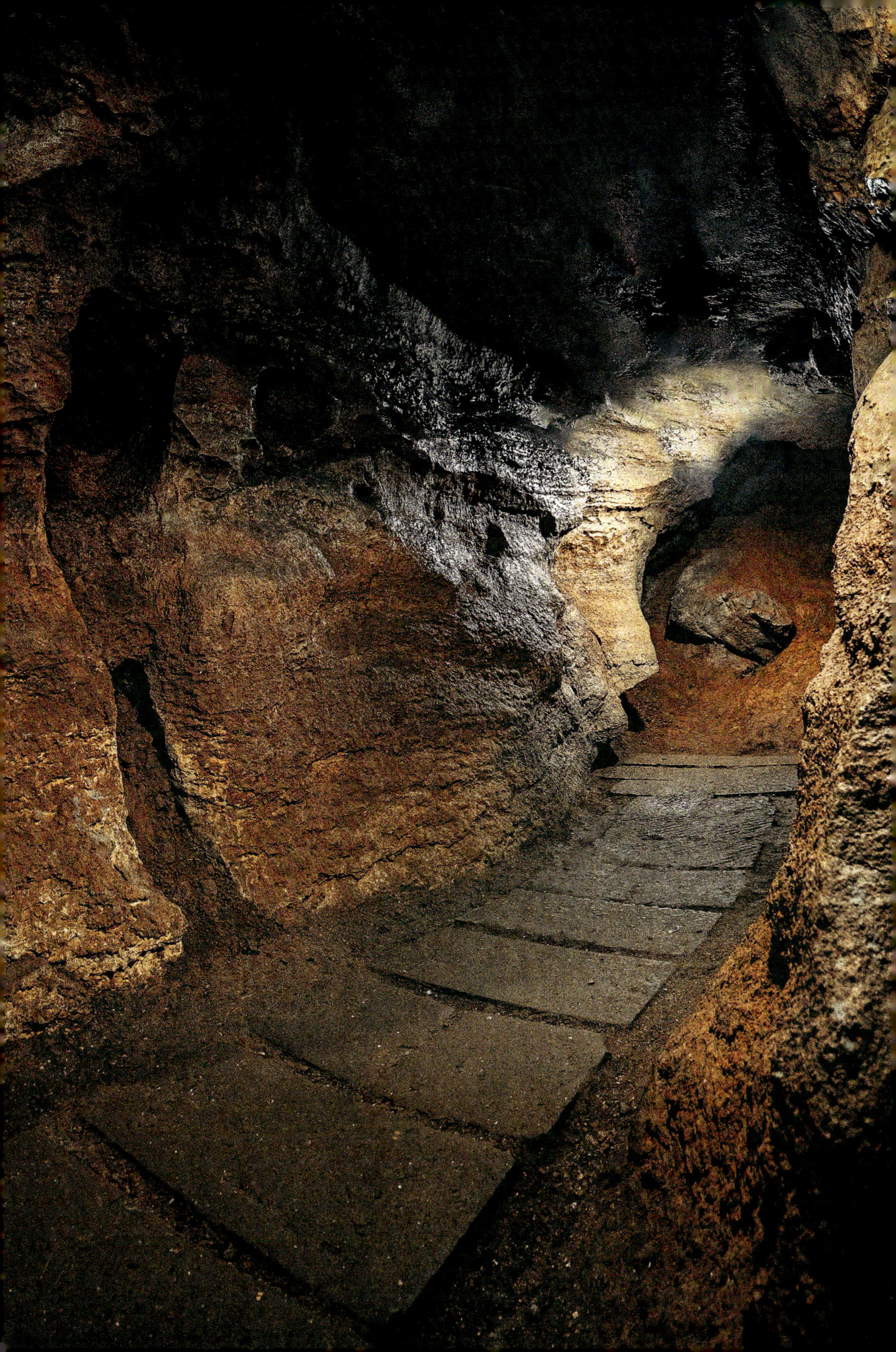

言论　当我们说起王阳明，我们在说些什么？

地 / 地道风物

董平

浙江大学"求是"特聘教授，哲学学院博士生导师，
中国哲学史学会副会长，中华孔子学会副会长，浙江省稽山王阳明研究院院长，
尼山世界儒学中心学术委员、国际儒学联合会理事、浙江省文史研究馆馆员，
曾在央视百家讲坛主讲《传奇王阳明》《名相管仲》等。

地：当我们说起王阳明，常会联系到中国传统文化。中国传统文化发展时间那么长，是一个特别复杂、不断变化的系统。从您个人的理解来说，其核心是什么？阳明心学或者王阳明的精神在其中又是什么样的地位？

董：中国传统文化中最核心的、适用于整个社会的公共价值体系，毫无疑问是以儒家为代表的，这确实也是历史选择的结果。春秋战国时期，各种思想都获得自由表达，儒家当时也只不过是诸子中的一家。秦朝统一六国，不仅没有用儒家之学，甚至于"焚书坑儒"。到汉武帝时，国家各方面的问题都已经得到较好处理，国家财富也积累到了相当程度，文化身份认同、继承何种文化，实际上就成了当时的一个重大问题。汉武帝时经学成立，儒学得到推崇，即所谓"独尊儒术"，其实并不是消除了其他学派，而只是使儒学成为国家的政治意识形态、作为社会的公共价值体系来统一国人的价值信仰，由此而确立文化的主体性。一个国家不只是一个生活的共同体，还必须是一个道德的共同体。我们今天要继承和弘扬优秀传统文化，仍然需要重视儒家价值体系的底层结构。这个底层结构是什么呢？显见的是"仁、义、礼、智、信"，内核则是"天道"本身的大中至正。

　　阳明先生的思想是传统文化发展过程中的一个重要环节。它是一座高峰，但并不是孤立的，而是连绵不绝的山脉当中凸现出来的一座高峰。阳明心学思想的底层结构是什么呢？是"心即理"，是人的实在性与天道实在性的本原同一。这种实在性本身，就是"良知"。王阳明强调，不仅人人都本来就有良知，并且人人都本来就有体现良知，即"致良知"的能力。良知就是天道。"致良知"就是以人道的方法去实现天道的实在。

人人都能够"致良知",也就是人人都能够循天道。当我们在事实上把自己的良知本体表现出来的时候,我们就表现出了"仁、义、礼、智、信"这些属于人类所共有的普遍价值。

阳明心学中所特别具有的两种精神,我认为恰好是我们今天所特别需要的。首先是一种特别的内省意识的觉醒。"认识你自己",某种意义上是全部哲学的开端。在王阳明那里,"真己"就是良知,对于它的体察是必须通过反思的。其次,则是要求在"成物"过程中实现"真己"的"求是"精神,"真己"的实现才是"成己","求是"即是"求真",因此,"致良知"是完全能够与"求是"的科学精神相互接契的。

地: 在您眼里,王阳明是一个什么样的形象?或者他具备什么样的性格,才让他成为"连绵山峦中的一座高峰"?

董: 不知道从哪个年代开始,我们对儒家产生了一个本质上的误解,认为儒家是很懦弱的、唯唯诺诺的,只讲顺从。真正的儒家,实际上是非常具有刚健气质的一个学派。"天行健,君子以自强不息",讲究"刚健中正",讲究"智、仁、勇"为天下之"达德"。孔子讲"知我者其天",孟子讲"我善养吾浩然之气"。"浩然之气"是"配义与道"的,是"我"的精神与"道"相契合而形成的一种精神状态,它总是与"义"同在的,所以也就是"勇气"的根源。根源于"智、仁、勇"三达德所形成的精神力量是无限的,可以"乘桴浮于海",也可以"虽千万人吾往矣"。孔夫子周游列国,便是仗剑走天下的形象。"勇",因把握了"道"、实现了"义",所以就叫作"仁勇""义勇",这一直是儒家所提倡的。除了对"儒"有误解以外,对"忠"的误解更大更深,以为"忠"就是听上面的,上面让我怎么做我就怎么做。这种理解与"忠"相距太远!"忠",就是"心"上有"中",就是盘庚迁殷时与大臣们说的"各设中于乃心",就是《洪范》里面讲的"皇建其极",要"建中立极",这样才能使自己的心保持在"大中至正"的状态,这就是"忠"。有了"忠",现实行为上的中正、正义才有可能,这也正是"智、仁、勇"三达德之所以可能的根据。因为儒家是有理想的,是有内在心灵本体之"忠"的自我建立的,是有行为上的大中至正作为自己现实的道义法则的,所以儒家是敢于真实地面对现实社会的。它一直是中国古代社会现实的冷静观察者,历史文明价值的诚实守护者,社会弊病的严厉批判者,价值正义的坚定执行者。

王阳明有什么不同呢?其实他与常人的不同,恰好是他与圣人之所相同。他的一生是完整地体现了"智、仁、勇"三达德合一的儒家的全人格理想的,因此是最富有古典儒家精神的。不论他讲"心即理",讲"知行合一",还是讲"致良知",最后都必定落实到一点：面对事实，还原真相，心身一致，用实践活动来展现自己的本心本性，这叫作"正心诚意"，叫作"事上磨炼"，就是行为上的大中至正，就是道义上的坚持真理。总体上说，这才叫作有道德。王阳明的一生，实在是因为他实现了我们大家都共同具有的道德生命与价值理想，所以不同时代甚至不同国度的人们，只要了解他，就都会钦佩他，因为人人心中都有大中至正，那本来就是我们生命的意义与价值的所在。我们没有表现出来，并不意味着我们不向往；我们不敢或者没有条件表现出来，却完全可以对此击节赞叹。

如何正确认识并理解王阳明，我觉得这似乎仍然是一个问题。2010 年，我在央视"百家讲坛"主讲《传奇王阳明》。没有想到节目播出之后，王阳明迅速走红，阳明心学几乎成为一种时代思潮。阳明心学之所以能够成为当代的一种现象，定然是在某种意义上契合了当代中国人的某种社会文化心理。但事情的另一方面是，我们也看到，不少人谈论王阳明仅仅是因为王阳明成了一种时髦。人们在观念的相互比附之中自以为是，在口耳相传之中"发现"传奇，在传奇的夸饰之中自我沉湎，而不再去追索事实的真相究竟若何。我举个例子，今日讲王阳明的人，往往会说中国历史上只有两个半圣人，一个是孔夫子，另一个就是王阳明，半个则是曾国藩，并说这一观点是梁启超在《中国历史研究法》中提出来的。我在讲学中多次表明——这一观点绝不可取，不管它是谁提出来的。在一种以圣人为终极人格理想的文化中，如若上下五千年只出现了"两个半圣人"，那么这并不是王阳明的荣幸，反而是中国文化的悲哀。我曾翻检梁启超的《中国历史研究法》及《补编》，似乎并未见到这一观点。这一无根之说未知究竟出于何人之口，"大言炎炎"，居然成为"定论"，足见人云亦云实在是一种强大且缠绵而又难以摆脱的流俗力量。

但是我想说，王阳明恰恰是一个勇于摆脱流俗力量、敢于回归真理本身的人。当阳明的时代，宋代以来以朱熹为代表的理学，由于各种原因，其中也包括元代以来朱熹学说成为科举考试的核心内容，已经成为一种被普遍接受的知识体系。当朱熹之学逐渐脱离圣人之学的本初目的，而成为一种强大的流俗力量之时，独有王阳明，敢于把"格物"付诸实践，敢于在格物的挫败中直面"圣人之学"的本质，敢于否定朱熹所建构的知识体系，认为它不足以达成圣人之道，敢于确认以道（理）为外在的知识路线必将导致圣学目的的背反。正是经过王阳明对于圣人之学的重新建构，重新揭示了以"心即理"为根基的生存境域，"知行合一""致良知"遂成为人人都能自我达成的通往圣人境界的现实道路。

地：我们知道，王阳明在贵州期间经历了他人生重要的转折点——"龙场悟道"，他在贵州的这段经历，在他个人生命史中是什么样的地位或作用？

董：从好的方面说，贵州是王阳明的"福地"，因为他在那里实现了自我生命的更新；但换一个角度说，贵州是王阳明生活上、精神上的双重"炼狱"。正是通过了"炼狱"的考验，他才战胜了心身两方面的"百死千难"，实现了自己生命的本质突破。他既经历了"绝粮"的身体磨难，也亲身见证了死亡的生命消逝。他亲手埋葬了客死龙场的陌生人，其实也埋葬了"自我"，埋葬了那个"眼、耳、鼻、舌、身"的"我"。他写的《瘗旅文》，其实也是对他"躯壳之我"之死亡的纪念。从此他不再有任何的自怨自艾，而只以坦荡无我之心面对这片虽有山峦阻塞却又与云天相接的辽阔世界。在贵州，他经历了一个完全的心灵蜕变过程。贵州的水土、贵州的百姓，在特定时期为阳明先生精神境界的升华、生命境界的转进提供了特定现场。

我对阳明先生的确是很佩服的。他"龙场悟道"之后，尽管语言不通，但是很快就和当地老百姓融为一体，在龙场开始讲学，教大家"立志、勤学、改过、责善"，这就是"亲民"的表现。如果"悟道"即是"明德"的话，那么"明德"的显化就是"明明德"，显化的状态就是"亲民"。通过这些实践，他随即把所"悟"之"道"转换为自己的新思想，在贵阳文明书院开始宣讲"知行合一"。如果"心即理"还有前人之说为基础，那么"知行合一"却是他真正所独创的新学说。因此，贵州是王阳明生活的转折点，也是他思想与精神的转折点，是"阳明心学"真正诞生的地方。

地：可能很多人听到"致良知"或者"知行合一"这种词，会觉得这是一个非常高的标准，或者是一个非常难达到的目标。

董：听起来好像是的，可是实际上，我们每一个人都有良知，因此也就是每一个人都有"致良知"的能力。在阳明先生看来，"致良知"才是我们表达自己真实存在、实现自己真实生命的根本手段和方法。人的存在是完整的，"眼、耳、鼻、舌、身"的存在是一方面，另一方面还有"仁、义、礼、智、信"，如果前者是"天性"，则后者同样是"天性"。我们可不能厚此薄彼，只看重前者，忽视甚至忘却后者。孟子讲"见孺子将入于井，皆有怵惕恻隐之心"，把这种"恻隐之心"表现出来就叫作"仁"。诸如此类的人类普遍情感都能得到恰当的体现，就是我们通常所讲的"仁、义、礼、智、信"的道德价值的实现。这些是每个人都应该并且也是能够做到的，所以便是人道的最低限度。我们大概不会愿意告诉人家"我是个恶人"，也不愿意好不容易过了一辈子，最终却成了个恶人。既然如此，那么就把好的一面做出来，这就叫作"知行合一"。有人问我：社会上有没有恶？我说有啊，但是你不能因为人家恶，就认为恶是合理的，于是你也跟着去恶，跟着人家"摆烂"，只可能更烂。难道阳明先生自己经历的社会险恶还少吗？但最后还是要讲"为善去恶"，这才是不忘初心、回归人道本质的根本方法。

地：我们讲阳明学，也在反复讨论其当代意义。阳明学对广大的普通人，特别是年轻人，究竟有什么意义呢？或者说我们应该用什么样的方法去了解和接近它？

董：我想说，不管我们是否真正意识到，其实我们就是生活在历史之中的。因此很重要的一点是，要有一种历史意识。这种历史意识把我们带进历史，并因此而成为一个"历史的存在者"。社会发展到今天，我们仍然需要儒学或者心学，需要文化或者精神文明。就好比一个人，即使他个子很高，身体壮硕，力能拔山，思想上却是个"脑残"，缺乏理性思考的能力，这样的一个人，是不会得到人们的普遍尊重的，因为他人格不健全，实在就不是一个完全意义上的人。一个国家、一个民族其实也是一样的。今天的中国，我们的农业生产、工业制造、科学技术、综合国力等，都已经达到一个相当高的水平，但是，如果我们没有足够支撑这些强大物质文明持续发展的内在精神、内在价值构造，那么这种发展也是不健全的。现在讲传统文化回归，实际上就是要重新激活我们自己的文化历史记忆，将其转变为一种现代的精神文明，一种具有现代性的文化意识，一种能够融历史性与现代性为一体的价值结构，将它注入当今时代的生活，使我们这个古老民族真正能够焕发出新的生机。"周虽旧邦，其命维新"，我们就在这种生命的维新过程中实现文化连续性的无限绵延。

　　我们不可能完全不加改变地把传统文化移植过来，因为时代在变，生活的实际状况在变。在变中求不变，中国文化特别讲究这个。基于时代变动的体认，实现出不变的、永恒的东西，"一以贯之"，就是实现了文化生命的绵延。"道"是永恒的，但它的表达形式可以是无限多样的。"气"可以变，但以"气"来彰显"道"这个原理本身不变。正因为时代一直处于变动之中，所以我们要"随时撰述"，在今日的生活方式之下把永恒之道实现出来，实现中国文化的"旧邦新命"。

钱明

浙江省稽山王阳明研究院副院长、研究员，国际儒学联合会理事，中国哲学史学会理事，中华孔子学会常务理事暨阳明学会副会长。

地：在您眼里，王阳明是个什么样的人？

钱：现在我们都评价王阳明多伟大，其实回到他给自己的定位——他就是个常人。

神化可能不可避免，对任何历史人物的研究都会有这个过程。不光是当下有，中晚明出现"阳明热"的时候，就有宗教化的倾向，当时还有人称其为"教主"。如果说神化是由宗教化所导致，那么庸俗化便是由过分世俗化的倾向所导致。世俗化不完全是民间化，儒学的民间化是要提倡的。如今也有庸俗化的情况。宗教化和庸俗化其实是一枚硬币的两面。所以我们现在要还王阳明本来的面目。比较好的途径就是走近王阳明。"走近"的办法，除了读书，更主要的是增强现场感。

地：我们为什么要走到与王阳明有关的现场去？

钱：两个方面，一方面现在中国确实已经进入了高质量文化旅游的阶段，到了旅行方式"升级换代"的时代。普通游客对人文历史积淀浓厚的地方感兴趣，如古迹、古城、古镇、古村落等，这个趋势很明显。近年来兴起于福建、江西等地的"重走朱子之路"，就是在这样的背景下出现的。"重走阳明之路"也体现了这样的精神诉求。另外，这也跟王阳明的生活经历有关。阳明的人生经历非常曲折，其行迹地遍及现在的13个省、市、自治区，几乎覆盖了明代版图的大半个中国。而且其行迹地大都集中于几大水系，这些水系如同网络，在他的吸引感染下，逐渐形成若干个地域性、跨地域性的思想文化圈。我们寻觅重走这些原汁原味的行迹地，也是一种很好的体验。重走阳明之路所蕴含的文化信息非常多，不仅进行现场考察，还包含诸多文化形态的体验和复活。到这些承载着诸多人文符号的地方去考察，不仅关乎个人修养，还能整体提升中华民族的精神素养。

地：您认为阳明学具有什么当代意义，对我们这些普通人，它能发挥什么具体的作用吗？

钱：阳明学可以分成两方面，一方面是它的社会性，另一方面就是它的个人修养性。个人修养方面，不光是王阳明，中国的许多先哲、先贤在阐释儒家思想时，都非常强调个人修养，只不过王阳明更强调自我主体性的良知发掘罢了。当今时代，经济社会高速发展，面对随之而来的浮躁，面对想象不到的、变化极快的现实世界，我们的精神世界还没有做好准备，根本适应不了，由此产生了各种心理疾病和社会疾病、心理问题和社会问题。其实社会疾病与每个人的心理疾病是紧密相连的。因此，社会问题或者个人问题，都要回归每个人的自我，从自我本性中寻找答案。阳明学从一定意义上说，强调的是自我的安定与社会的安定及其相互关系。王阳明在其人生几次大的磨难中所表现出来的勇气和智慧，证明自我安定是有意义的。这也许就是当下弘扬传统文化、传习阳明精神的要因之一。

欧阳祯人

武汉大学中国传统文化研究中心教授、国学院教授，
武汉大学阳明学研究中心主任、《阳明学研究》杂志执行主编，
中华孔子学会副会长、中华孔子学会王阳明研究委员会副会长。

地：在您眼里，王阳明是一个什么样的人？

欧阳：王阳明的人生跌宕起伏，生活的变化会带来他性格相应的变化。

总的来讲，王阳明是一个异常早熟的人，立志较早。11岁作《蔽月山房》诗："山近月远觉月小，便道此山大于月。若人有眼大如天，还见山小月更阔。"非常好的诗，而且已经接近于他后来心外无物、心外无理、心外无事的哲学境界。到北京后，王阳明问他的老师："何为第一等事？"老师说当然是读书登第，像你爸爸一样，当状元。王阳明说："登第恐未为第一等事，或读书学圣贤耳。"他才11岁就知道了生命真正的目标，人生的真谛，就是要超越目前的荣华富贵而志在圣贤。

第二个就是饱读诗书。王阳明家学渊源非常厚实。王阳明遍读所有经书以及各种各样的书籍。他后来大力提倡顿悟之学，但实际上他从小接受的是真正的完美的经典教育，是地地道道的渐教。

王阳明从小就有豪侠气，喜欢读评书、勾栏瓦舍的历史故事、下围棋、下象棋，而且15岁的时候，就一个人骑着马自己闯居庸关，到少数民族地区去和当地骑马的人追逐。再后来阳明学传到日本以后，他的这种豪侠气对日本的浪人文化产生了深远的影响。王阳明在贵州龙场的时候说自己牙齿都松了，每天都在咳嗽，头发掉得差不多了。这样的一个人后来居然运筹帷幄之中，决胜千里之外，特别是在平定朱宸濠之乱的时候，面对各种诡计，他都能够转被动为主动，先发制人、克敌制胜。可以说，在整个中国历史上也很少有这么强大的个人。

另外，王阳明是一个艺术家，他是书法家、画家、诗人、辞赋文章高手。王阳明能够把他的政治观点、教育思想、军事学说、哲学思想以及对生活的洞察熔铸在他的文章之中。

王阳明是一个口才一流的人，演讲水平相当高。在其代表作《传习录》里面，我们能够看到他和学生的对话往往都是点到为止，能够把深刻的、只能意会而不能言传的话表达清楚，启迪了不同时期、不同立场、不同思想派系的人。当时没有像如今的传播媒介，但听王阳明讲座的人，动辄数百。如果没有绝顶口才，不可能有这么多人来。

王阳明平定宸濠之乱以后，彻底地把他的学问投入"致良知"这方面来。他对理论的信心已经达到了高峰，自封为儒学界的狂人。但是到了晚年，他说一个人千万不能骄傲，应该像周易的谦卦一样，人才能够真正地取得圆满。

地：阳明心学经历了一个什么样的形成过程呢？为何是在贵州龙场出现了这么重要的转折呢？

欧阳：王阳明的核心理论，首先都是针对明代中叶所出现的各种问题，完全是有目标的。他所经历的官场，人人满口仁义道德，但是贪官污吏祸害国家和老百姓，已经无法控制。特务横行、宦官当政，商人与政客、士大夫结成各种盘根错节的党派扰乱朝纲与社会。

王阳明从小志在圣贤，自然必须面对当时的问题，并试图要解决问题。

于是乎他就要在朱熹的书里面找答案，发现没有办法通向圣贤的世界，所以就把追求的重点放到了词章、佛教、道家等方面，寻寻觅觅，到处探索，一直没有解决。

直到他到贵州龙场时，通过亲自参与劳动和当地老百姓打成一片，看到了他们的质朴、真诚，他才认识到，原来儒家孔子、孟子的性善论没有错，错在满朝文武充满私心、贪婪、偏见、成见，把良知给遮蔽了，完全被七情六欲所左右，把他们的家庭、把整个国家都带进了深渊。所以王阳明这个时候就从佛教、道教以及各种各样的学问之中，从人生的迷惘之中，回归到了孔孟的思想上来。

但是，王阳明厉害就厉害在，他不仅仅是回归到了儒学，而且还把佛教、道教的思想融入孔孟的学问当中去。这样一来，儒释道高度融合，各种思想资源被整合到他的理论体系中去了，而且表达得淋漓尽致。王阳明超常规的整合能力，使他对原始的儒家思想进行了改造和突破，并且形成了一整套行之有效的理论体系。所以说王阳明是一个非常了不起的思想家、哲学家。

地： 我们总是能从古人身上汲取养分和获得启示。我们也希望能有新的接近王阳明的方式，老师到访过王阳明的许多行迹地，您觉得这种到达的意义是什么？

欧阳： 王阳明到贵州去之前，还到过洞庭湖，写了非常有名的《吊屈原赋》。他其实在表达：我像屈原一样那么忠君爱国，没想到你们把我贬谪到贵州去，心中有很多委屈。王阳明始终有一颗面对天下苍生、赤胆忠诚的心。应该说，这也是王阳明最终走向成功的原因之一。王阳明被贬谪贵州，但到过的不少地方依旧显露出其情怀。比如：贵州的镇远，在当时不仅仅是一个经济、文化、政治要冲，更是一个军事重镇。王阳明的一生始终有一点值得我们学习，那就是哪怕到山穷水尽的时候了，他都心胸开阔，始终关注着天下地理山川，有意无意地在扩展自己的军事见识。从他在镇远给学生的书信，我们可以看到王阳明对人生的思考，对贵州的缱绻留恋和对改变时局的思考。换句话说，王阳明时时刻刻都是以天下苍生为念，以国家的前途为念。把小我置放于时代、国家的寥廓背景之中，这才能够有真正宏大的格局。

王阳明打造"君子亭"，在君子亭的四周都种上了竹子，并且写了一篇《君子亭记》。他用"德、操、时、容"四个高度凝练的字来概括竹子的德行，说要向竹子学习谦虚、宁静、中通外直的君子之德；学习竹子分明笔直、四季不变的君子节操；学习竹子"与天地合其德，与日月合其明，与四时合其序"的君子之时；学习竹子像历代圣贤一样彬彬有礼的君子之容。如果没有他这样一种接受视域，也就不可能看到这里所隐含的君子德性，这基于他志在圣贤，并接受过良好的中国传统文化教育。如果被功利主义所左右，所裹挟，我们就再也看不到王阳明身上的优点，欣赏不到这些遗迹处所蕴含的文化价值了。

王阳明的一生进不求名、退不避罪，唯有一颗报国丹心，真心实意地面对天下苍生、面对整个社会，志在圣贤。这是一种不屈不挠的精神。正是由于有了这种精神，所以就赋予了贵州与其关联的山水、景点真正的历史文化意义。

顾久

贵州省人大常委会原副主任
贵州省文史馆原馆长、《贵州文库》总纂。

地：在您眼里，王阳明是个什么样的人？

顾： 王阳明是非常刚烈的，他一辈子饱受打击，李白说"古来圣贤皆寂寞"，王阳明不光寂寞，他立功的时候恰好是很多人想置他于死地的时候。读一读他40多岁时写的信，他说皇帝不是好皇帝、百官太腐化，他认为大明王朝撑不了太久了，他也想过退一步。打完平定宁王一仗，王阳明基本上看清没有必要在官场继续追求仕途了。他说，现在自己基本上是个狂狷之士，什么都看开了。

所以王阳明是孤独的、决绝的孤勇者。大家都在迎合上位者、在权力面前跪倒、在金钱面前跪倒，没有自由精神，站不起来。但王阳明就不信这些，他只信自己的良心直接跟天理连接在一起，才有功德，才成就了一个儒者。我们称他为圣人，是因为他在逆境中坚守着道德责任，不愿意倒下去。

描述王阳明的生平都说他"百死千难"，这四个字可以一个个捋一捋。"致良知"，是他从骨子里提出来的精髓。"致良知"不光是面对自我。他上书弹劾刘瑾时，其他人其实都不愿再说了，当年几个大臣因为站出来反对刘瑾，资历深的，退休回家；年轻一点的，下狱；再敢说话，往死里打。这个时候他站出来上书，为什么？他认为既符合天意，同时又很正义，完全按照圣人之道来的。

在我看来，儒家的核心精神可能可以用两句话概括：用我心中美好的心灵秩序去达成整个社会的美好秩序，前者叫作"内圣"，目的还是"外王"。所以王阳明为什么要上书？因为他觉得这个国家要改变，如果皇帝不能直接去改变的话，他希望百官们能改变。

地：到贵州的时候，王阳明是什么样的状态呢？有些人说王阳明在贵州经历了人生重大转折，对此您怎么看？

王阳明书《象祠记》卷(局部),台北故宫博物院藏。

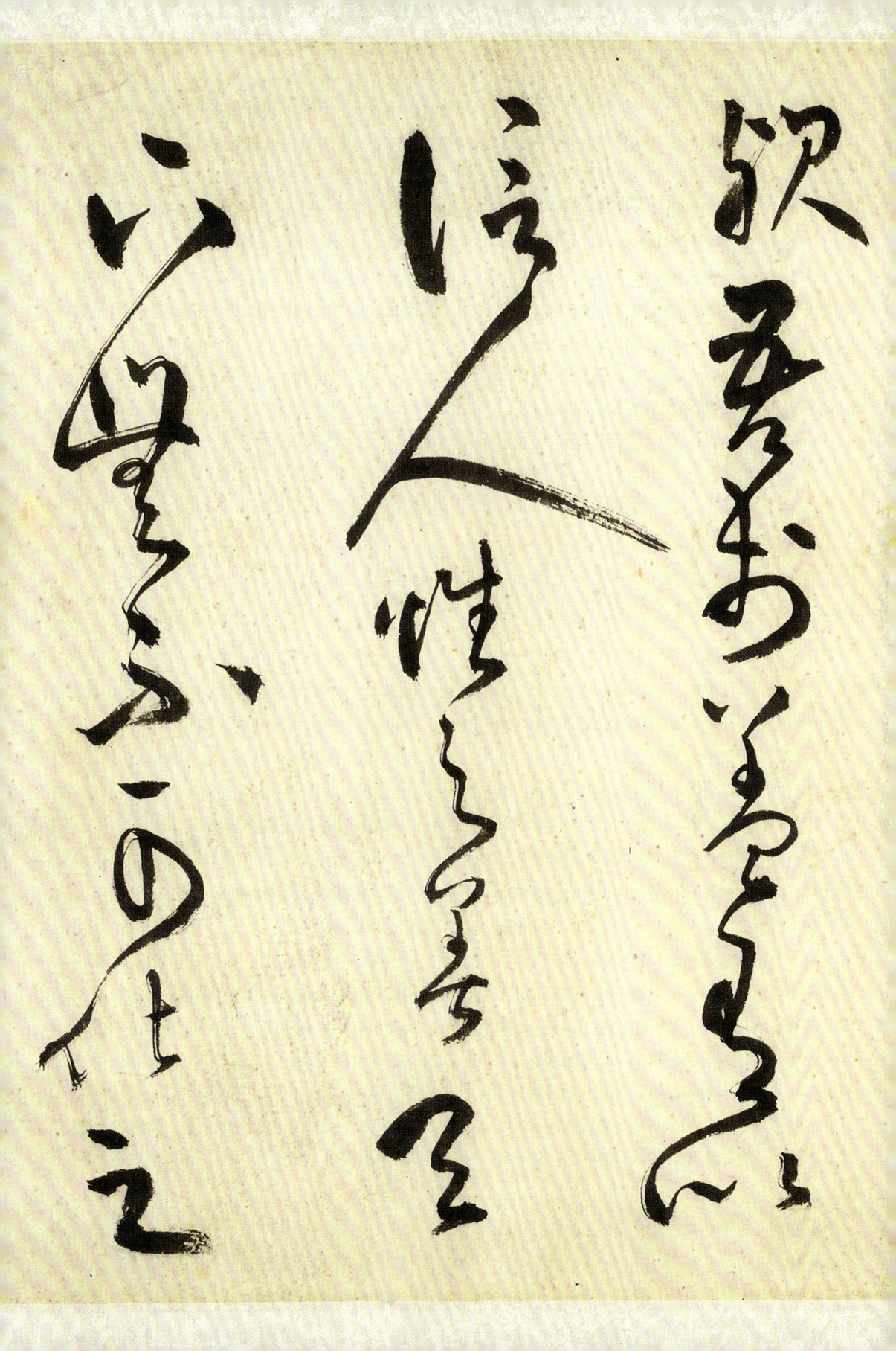

釈尊お生れましになつた人生のはじまり

顾：那肯定的，"心即理""知行合一"这些阳明心学的核心，就是在贵州期间萌芽的。在此以前，包括宋代，上有天理，中间是国家制度，是按照天理建立的，皇帝就是天子。"三纲五常"也是按照天理，还有经典，是人间的秩序。最后是个人，个人怎么去进入圣贤境界呢？理学强调经典，读到开口闭口都是经典，就学得差不多了。王阳明那个时候，觉得整个人间秩序坍塌了，从皇帝到百官、到所有知识分子都已经趴下了，于是他只好用自己的内心——我的良知——直接跟这个天理相关，中间这个环节不要了。他悟道悟什么呢？圣人之道、吾心自足。我犯不着去迎合别人，我犯不着在书本上去寻找答案。

为什么发生在贵州？我认为有这么三点。第一点，有人过去叫"生命的中断"，严格地说应该是"仕途的中断"。如果王阳明上书，得到了皇帝的肯定，天天搞政治，将主要精力放在仕途上，也许永远不会有悟道的王阳明。中断，追求理想的过程被打断了，按照良心、按照天理去做一件事，结果被暴打一顿、发配边疆。王阳明又是一个自尊心特强的人，他可能会想：我该不该活下去？我凭什么活下去？我为什么还要活？

第二点，长期的孤寂。身边的人其实不能解答他心中的疑惑，于是他会不停地追寻——我的生命有什么价值和意义？这个很重要。

第三点，王阳明一定会想：在我落难时人们的良知在哪里？相反，在贵州，身边的这些老百姓看似没什么文化，语言不通、大字不识、跟孔孟之道八竿子也打不着，但是他们看见他在盖房子，会伸手来帮助他，这家送一把草、那家送一点柴。传说后来有官员挑他毛病、侮辱他的时候，身边人觉得王阳明是个好人，于是还帮他教训了那官员一顿，这就叫良知。为什么不读书的人有良知？为什么读了这么多书的人会没良知？可见良知这东西不在书本上，在人的心底。

地：贵州的这种山水风土对王阳明的内心或他的知识体系有什么影响呢？

顾：我自己是下过乡的，到凯里一个叫脚里苗寨的地方，非常幸福。你会感到人和人之间是平等的，情感很纯朴。直到现在我还很感谢这些苗族同胞，他们在我遭遇冷漠的时候拥抱过我、帮助过我。王阳明是个精英，他有时候也会用"蛮夷"之类的词。但是他在《何陋轩记》里说，这种粗俗中本能的良知，比朝野中有些满口仁义道德的人要高尚得多。我觉得这是心学的一个重要的组成因素。满朝文武读那么多书，结果为什么没良知？所以他要提倡每个人面对自己的内心。在贵州讲圣学也许没有那么多人明白，但是老百姓也不需要讲，"头上三尺有神明"，做什么事都要凭良心。他看出来了，彼时彼地，人的世界观里边是有天地、鬼神、祖宗、儿孙的，是这些信仰在支撑，如果没有信仰，道理就是空架子。

地：您认为阳明学具有什么当代意义，对我们这些普通人，它能发挥什么具体的作用吗？

顾： 在我看来，当下提倡阳明心学基于两点。第一个是道德方面。进入市场经济以后，整个道德基础跟农耕社会不同，怎么去张扬、彰显中国传统好的一面。另外，就是希望我们的国民有信仰，有骨气、底气、血气、志气。然后大家用这个气，建成中华民族伟大复兴的中国。

现在全面建设小康社会，"小康"了就往"大同"走。大同是什么？孔夫子是有答案的——"老有所终，壮有所用，幼有所长，矜、寡、孤、独、废疾者皆有所养。男有分，女有归……"我把这一套话归纳一下：有保障，有温度，有尊严，有诗意。这是传统社会的理想境界。我们不该为这样的生活去努力吗？这才是我心目中的中国社会现代化，这样的国家才叫强国。让每一个人都相信爱情、看病不收费……而不是什么东西都用来卖，难道不应该是社会的追求？不应该是王阳明的思想在这个时代的体现吗？我们要把古人说的一些好的话用到今天来，变成今天努力生活的目标。

刘勃

青年作家

地：在您印象里，王阳明是个什么样的人？

刘： 显然，他身上是有一点偶像气质的。在那样一个迷惘的时代，拥有这样气质的人，注定会有一种额外的吸引力。

地："迷惘的时代"该怎么理解呢？

刘：阳明心学的影响传播，反映了它特别符合晚明的时代需求。晚明时期市民阶级兴起，世界市场也形成了，商品经济的繁荣要远远地超过之前。在这样一种情况下，社会上很多人都强烈感受到，原有的秩序好像并不能面对这个时代的问题。但是新秩序会是什么样的？又没有人知道。所以这个时候大家就会有一种强烈追求内心释放的状态，好像对既定的、旧的秩序的摆脱是特别值得追求的事情。

所以王阳明的学说、思想的传播必然就形成了一种风潮，他强调的追求内心及内心当中的真，好像要远远地比社会事实要更可爱也更可贵。这满足了很大一批知识分子和所谓市民阶级的心理需求，影响自然特别大。

地：那对比当时主流的"程朱理学"，阳明心学有什么特点？它在儒学发展过程中有什么地位和作用呢？

刘："程朱理学"强调所谓"天理"，很大程度上与外在秩序关联，解释权很容易就落到掌权的人手里。所以"程朱理学"更适合成为官方所需的学术。而心学，跟西方的新教有一点相似之处，对世界的解释权回归到了自己，也就更方便根据自己所面对的现实来随时调整、解释。从这点来说，它的灵活性肯定是要比程朱理学更强。另外，因为程朱理学在当时已经被确立为官方学说，就会有一套很成熟的解释体系。很多人分析，特别是到了清朝，人们并不关心朱熹到底在想什么、在讲什么，它就是考试内容，但如果真的把它当作社会实践的内容，可能会有很多问题。

程朱理学一方面本身确实是规定性更强，另外一方面官方已经有了很成熟的解释体系。阳明心学显然就意味着更大的空间。就是说那个时代没有谁能够给这套思想的解释提供特别明确的规定，大家可以去发挥，变成王艮的想法、变成李贽的想法，甚至于更民间的，比如《水浒传》这样的作品也会拿他的一些观点进行发挥，确实意味着更大的可能。

谈中国传统文化，儒学肯定是主流。我觉得儒学最大的特点、最核心的态度就是：要兼顾各方利益，不把人往绝路上逼。儒家的主流一直比较强调等级制的作用，这一点现在很多研究也会承认。拨开我们现在很多浪漫主义对平等的歌颂，实际上任何一个社会要有效运转，还是离不开等级秩序。但儒家又会强调不把任何群体往绝路上逼，这种思维在整个儒学体系里无处不在。总体上，儒家是传统中国的社会各阶层都能够接受的，不管作为君主，还是作为社会精英，还是作为普通老百姓，在儒家思想里边都可以找到相对有益于自己的部分。阳明心学在平等观念方面，还是大大迈进了一步，尤其是王阳明的一些弟子的思想——"满街都是圣人"。

地： 关于"历史的现场"的部分，您长期从事历史或历史人物这方面的研究，您本人会喜欢到访古迹或行迹地吗？

刘： 中国变化太大了，历经大的社会动荡、巨大的人口流动，真迹保存下来的难度特别高。面对历史，我感觉还是要有一种废墟感，可以唤起的东西会更多一些，但我们现在很多时候都是在刻意地要抹去这种废墟感。

地： 说到这里，那您觉得在现实生活中，对普通个体而言，儒学的这些核心思想、精神具有什么样的现代意义或者真的有助于解决现实生活的具体问题吗？

刘： 说到人和人之间关系协调的技巧，儒家经典里边的不少话，今天确实还是管用的。政治运转的很多逻辑也是适用的。你看到很多社会新闻，甚至国际新闻，你会联想到中国史书中的一些记载，会有似曾相识的感觉，这不是刻意借古讽今，而是古和今很多事情确确实实没有什么区别。有一段历史材料，我哪天突然想到去写它，很可能是因为现实中碰到的某件事、某种现象，让我一下子觉得文献当中的空白被现实给填上去了。尤其是涉及人和人之间的关系，现在的科学昌明、物质享受是古人无法想象的，但确实人和人之间行事逻辑最为稳定。

另外，我们还是生活在一个由主权国家构成的世界上，这一点没有办法太浪漫主义地去超越它。你就是这个国家的人，就要接受国族认同的问题，国族认同又一定离不开传统文化的叙述。

雷博
中国社会科学院古代史所助理研究员

地： 近些年，阳明学在学界之外受到很多人的欢迎，其中也包括一些企业家。你认为阳明学吸引他们的是什么？

雷： 我对王阳明的理解可能跟其他研究哲学思想史的老师不完全一样。王阳明作为哲学家这个部分很重要，但我首先想谈的是他作为军事家的这一面。王阳明的特殊之处在于，他向我们展示了一个有理想、有哲性追求的士大夫可以怎样掌握强大的军事力量。史书中王阳明有"狡诈专兵"之名，他非常擅长将治军与治心相结合，将军事上的英武独断与社会治理、基层治理、民风教化融为一体。

在《传习录》里我们读到王阳明和他的弟子关于良知的讨论，以及阳明后学讲良知时，比较偏向于从日常生活伦理的角度来讲。其实良知不仅仅体现在日常生活伦理当中。王阳明自己讲，他的良知之学不是坐在家里面凭空想出来的，他是在血与火的争斗中，在百死千难当中历练出来的。对于将领来说，他的良知也就是他的决策，关键时刻一个念头，就可能决定一场战役的胜败，一支军队的生死，而日常决策没有这么大的压力。王阳明为什么要说"一念发动处，便即是行"？在日常生活当中，其实没有必要给自己这么严苛的伦理要求，好像只要起一个恶念，我就是坏人了。但在军事指挥当中，在千钧一发的决策斗争的当口，每一次起心动念都可能会带来非常复杂的后果。因此，作为一个时刻承受高压力、高张力的治理者，必须在日常环境当中不断地去打磨自己的心，打磨自己的感知，这样到了决策的关键时刻，到了战场上，才不至于进退失据。

我觉得这个角度对于理解阳明学特别重要。为什么近世以来很多军事家崇拜王阳明，近年来很多企业家也重视王阳明，原因可能就在于此。治军是复杂的系统工程，企业经营投资同样包含非常多的因素，怎样在复杂的利益关系中做决策，怎样在起心动念间洞察行为因果，在这方面，商场与战场是相通的，王阳明的良知之学可以在这样的心灵锤炼过程中，体现出独特的意义。

张新民

贵州大学中国文化书院教授兼荣誉院长、
孔学堂学术委员会委员、贵州阳明文化研究院副院长、
贵州省文史馆馆员、香港阳明学堂顾问、中国明史学会王阳明研究会副会长

地：王阳明在您心中是一个什么样的人？

张：现在很多人盲目崇拜王阳明，不断地将其神圣化或神秘化，阳明变成了一个大家顶礼膜拜的外在权威。其实阳明本人是反对盲目崇拜外在权威的。他认为"学贵得之心"，最重视"自得"之学，强调"良知"才是每一独立个体的"天则"明师，即使是被人奉为金科玉律的孔子，如果求之于自己的本心良知以为"非"，也不能跟着潮流大众违心地说"是"。他讲的良知是遍及一切人的，不分东西南北地缘差别，无论高低贵贱身份殊异，任何一个独立的主体性个体都有自己的良知，也有依据良知判断是非对错的自由意志。如同阳明反身求诸本然真实心性而觉醒悟道一样，人人也都能反身求诸自我真实心性而觉醒悟道，问题只在于愿不愿意，愿意后又怎么去做，能不能痛下生命实践的切身功夫，真正在内在心性品质上形成强大的精神行动力量。真理的大门是向一切人敞开的，悟道的可能性也是向一切人敞开的。当然，就本体论而言，无人不有昭明灵觉的良知，但从存在论出发，不少人的良知又会昏昧迷蒙，区别在于是否受到私欲的遮蔽，是否因为习染而有所阻断。所谓功夫就是走出阴霾，解构习染，重新回归本然真实的心性，彻底开显人性本有的至中至大光明。整天生活在私欲和习染所造成的心理阴霾中，人当然只能异化扭曲为小人；终日坦坦荡荡地一派通透光明，人必然是廓然大公的正派君子。但小人并非没有本体论意义上的一派光明的良知，只要扫荡阴霾回归本然真实的自我依然是君子。

因此，阳明的哲学是最重功夫的生命实践的哲学，他的功夫是以良知本体的存在为前提而展开的。如同孔子活到今天肯定还会讲仁爱一样，阳明如果活到今天也一定会讲良知。但他在讲本体论意义上的良知的同时，当然更会强调证悟良知本体的实践性功夫。本体是一，功夫是多，本体是能开出功夫的本体，功夫是能紧扣本体的功夫。儒家从来都重视下学而上达，不上达即不成为功夫。作为本体实践方法的功夫虽然是多，但灵性生命本体论意义上的良知则是一。针对今天更加复杂多元和日愈功利化的世界，最重要的仍是在功夫论上开出更多适合现代人躬行实践的新路径。我们一方面要透过各种方法来恢复人性的光明，启蒙人的良知，维护人的尊严；另一方面也要凭借各种方法来解决

现实问题，形成良好的道德风气，建构合理的制度秩序。

同样值得思考的是：王阳明当时能够以儒家为本位来吸收佛教和道教的思想和智慧，难道我们今天就不能以中国文化为本位来借鉴西方的思想和智慧吗？毕竟良知说是着眼于整个人类并关怀每一个作为主体的个体的人的。

地：王阳明在贵州的经历，对他一生来说具有什么样的意义？您觉得他在贵州直接留下来的文化遗产是什么？

张：王阳明在贵州龙场大彻大悟之前，曾经有过漫长的渐修的心路历程。我们不能只讲他的悟道，遗忘了他的功夫。没有脱胎换骨般的社会化实践功夫，怎么可能会有龙场惊天动地的大彻大悟。生命的学问较诸知识的学问，艰苦和困难的程度或许更难以想象。

王阳明在龙场悟道之前，实际也有几次小悟。他徘徊于儒、道、释三家之间，长期和俨然已成为官方权威的朱子"对话"，心路历程异常艰苦和曲折，但始终都在寻找方法证入本体，是经历了种种人生困惑后才有了最后的大彻大悟。从早年的立志求圣到后来的龙场大悟，前后有将近整整20年的生命奋斗历程，我们当然不能只讲最后的大彻大悟，而遗忘了早期奋力锤炼的生命历程。即使最后谪居贵州的龙场悟道，也是百死千难用生命换来的。

我们一再强调阳明的学问是生命的学问而非知识的学问，生命的学问也可说是生命成长或生命超越的学问，是要一层层地超越自私狭隘的虚假小我，回归廓然大公至中至正的真实大我。因此，必须深入心源深处，体悟真实人性本来与天地万物浑然一体的存在状态，然后再由性而心而意而行而事地进行各种对象化的道德实践活动。可见是从有分别智回归无分别智，再从无分别智开出有分别智。时时有分别，时时无分别，不断地层层否定，不断地层层超越，最终由俗谛入真谛，又由真谛返俗谛，形上形下打成一片，最终大彻大悟人生与天地宇宙的本然真实。

阳明不断地层层否定，不断地层层超越，譬如先否定和超越了患得患失的自我，再否定和超越了落入毁誉窠臼的自我，再否定和超越了盘算外在荣辱的自我，最后连从命根中带来的生死一念也全然化去，从而彻底解构了一切束缚和捆绑生命自由的杂欲妄念，严格讲它们都是牵引生命疲劳奔驰而必须扫荡破除的虚假幻象。人一旦从虚假幻象中幡然觉醒过来，所获得的就不仅是全然属己并具足一切潜在创造活力的真实自我，同时也如解缆放舟般获得了生命的大自在与大自由。把虚假的"自我"一层层地从生命中剥离净尽，从本然真实生命中涌动而出的只能是无穷的创造活力，那是所有悟了道的人都必然产生的既神奇又平凡的行为表现。王阳明的龙场悟道不过是树了一个儒家人物实践哲学的历史典范而已。

龙场悟道是他一生心路历程跋涉最重要的一个转折点，也预示了朱子学之外另一个心学思想新天地的时代的到来。

从根本上讲，朱子学与阳明学都属于儒家内部的派别，二者在其形成发展的早期，都是从边缘向中心突破，然后再不断传播扩大乃至风行天下，从而丰富和完善了中国学术文化的生态结构。与朱子学的形成产生主要在边远偏僻的福建山区类似，阳明学的形成产生也主要在边远偏僻的贵州山区。相对朱子所处的政治经济生态环境，阳明所处的政治经济生态环境更为艰苦。然而阳明却在极为艰苦的环境中传播了他的学说，培养了一批精英人才，形成了全国最早的地域性王门心学学派——黔中王门。同时又以僻处西南一隅的贵州龙场为起点，一步一步扩大其影响的地域涵盖范围，最终成为可与朱子学比肩并立的全国性学术思想学派。明代大地理学家王士性讲，仅江西一地，便"家孔孟而人阳明"。离开了贵州龙场悟道惊心动魄的一幕，我们就很难设想阳明学后来欣欣顿起的全国性发展声势。

地： 我们想去了解像王阳明这样一个圣贤、一个古人，会到相关的古迹走一走。有的人觉得那里不一定有很具体的遗存了，你想了解的这个人都故去好几百年了，为什么要去呢？在您看来，这种到达有没有意义呢？

张： 当然有意义，这叫"走进历史的现场"，也可称为思想史的"现场考古"。阳明在贵州遗存的思想文化资源是极为丰富的，不少自然山水在他的笔下都有了人文化的点染，成为自然与人文融为一体的意义物，当然值得人们走进历史的现场重新与其对话和交流，让生命与生命在对话与交流中变得充盈丰富和焕发创进活力。尤其阳明生前悟道地与讲学地，按照西方学者福柯"思想考古"的说法，我们完全可以在"历史的现场"重新回溯古人的心路历程，与古人同发一精神境界，从而深度体验和认知古人的思想情感和生命情趣，再思再认古人悟道的艰难处境，以及理论主张形成的社会环境条件依据，印证或质疑各种思想叙事文本的史料可信度与准确度。走进古人的思想世界不是为了发思古之幽情，而是为了更好地激活当下的生活热情与创造活力，在古今融通的宽广视野中来更好地为自己的生活定位，在与古人历史性的现场对话中重新审思自己未来的人生发展方向。

中国文化历来强调主体的人存在意义感通的重要，阳明所说的良知也是昭灵不昧能够活泼感通的。人不仅能在与人之间的相互交流中感通，而且能在人与天地万物的交流交往中感通，并以古贤大德和天地精神来激励人文生命的成长，以吞吐乾坤的气魄来承担未来人文事业发展的人生责任。但又脚踏实地始终注意一步一步积累的功夫，随时审视自己的行为是否符合天道人性的本质和本心良知的价值诉求。如同生命的成长不能封闭一样，人文的成长也是不能封闭的。古今中西历史通感的培养是十分重要的，"子在川上曰：逝者如斯夫！"讲的就是通感状态下涌动不已的生命大流，那是人世不断代谢而又传承不已的文化生命的巨大创进洪流，是乾坤并建意义上的生命自强创进事业生生不息的具体表现。

　　人立于天地之间，也生活在自己创造的人文环境之中，人要在天地之间为自己的生命定位，也要在历史的长河中为自己的人生发展定位。在这一意义脉络下，人总要感悟历史，领悟人生，体认生命，珍惜当下，创造未来，将过去、现在、未来与自己的生命连为一体，尽可能地转化利用一切有形无形的思想文化历史资源，来推动整个人类社会最大化地创造和实现自己的和平福祉。

　　人总是生活在大地上，人的诗意栖居当然离不开大地各种充满神奇韵味的自然景观，但人也总是在大地上实践性地留下了各种历史性的人文景观，人的诗意栖居同样离不开大地各种充满诗意妙趣的人文社会环境。与珍惜珍爱其他一切人文遗产与人文景观一样，我们也有必要珍惜珍爱阳明留下的所有人文遗产与人文景观。

地： 阳明心学发展到现在，当代人应该如何去理解它？王阳明及他的学问、思想，具有什么样的当代意义和现实作用呢？

张： 一个基本的前提，王阳明一生的学问到底是什么样的学问？人生的学问可分成两种：一种是生命的学问，一种是知识的学问。换成古代的说法，一个是"尊德性"，一个是"道问学"。《中庸》讲"尊德性而道问学"，生命的学问与知识的学问是并重的。就知识的学问的丰富性和复杂性而言，今人早就远远超过了古人，但德性生命的学问是否也同样如此，我想谁也不敢下肯定性的断言。知识的剧增意味着人的能力不断扩大，但扩大的能力究竟应该服从工具理性的支配，高歌人的无限扩张或膨胀的欲望？还是应该服从价值理性的支配，赞美人的无限同情或关爱的美德？如果我们的道德能力只是知识能力的奴婢，知识能力又听命于人无限膨胀的私欲，只知道"道问学"而遗忘了"尊德性"，良知完全消失在私欲的雾霾之中，或许辉煌成就的后面就是万丈深渊。历史的吊诡早就告诉我们，福与祸总是相倚共存在一处的。

　　因此，我们今天倡导阳明学，其实就是呼唤人的良知的实践性到场，呼唤重新建立人的独立个体的道德主体性，也就是重新落实王阳明所说的"致良知"社会化践行功夫，从而时刻防范人的异化和社会的解体。例如，自由经济很重要，但一定要有契约精神，契约精神后面一定要有道德情操和伦理责任来支撑——包括法制、民主等，后面都不能没有道德原则。而道德原则就中国传统而言，则一头连着天道和天理，是有客观必然性的；一头连着人性与人心，是有主观应然性的。任何社会行为都不能背天道、逆天理、伤天德，也不能反人性、害人心、违良知。所谓"头上三尺有神明"，"神明"就是天道、天理、天德与人性、人心、良知合为一体发出的道德律令。"我"所要服从的乃是内在的良知及其所发出的道德律令，而非任何外在的权威及其所表现出来的权力诉求。王阳明的哲学思想就提供了这样一个重新审视和思考现代社会和人生的维度，与西方康德倡导纯粹理性与实践理性的哲学完全相通并可以互诠互释。

严格地讲，王阳明的"致良知"也可称为一种治疗学，一种恢复身心健康的精神治疗学，能够治疗人的各种生命病相，解决人生受到私欲束缚捆绑不能自由，又难以自觉自悟的各种心理问题。人生难道只有身体或生理的疾病才需要治疗，心理或精神的疾病就不需要治疗吗？道德的问题当然不是教条或囫囵地讲一个良知就能解决的，必须针对每一独立的个体存在的心理问题的差异性和复杂性来具体解决。这就是传统中国一再强调的"因材施教"与"应机说法"，既是时机化的施教，也是施教的时机化。现代城市动辄上百万人口的规模，无论交往方式还是组成结构，都显得尤为复杂，小共同体之外更有大共同体。因此，我们在启发人的心智觉醒、重视个人修身养性的私德、强调人的自律精神的同时，也有必要培养公共伦理精神，建构民众交往集体性的公德，涵化社会制度契约化的他律精神。这是任何严格意义上的公民社会都必需的。

与此同时，了解或传播阳明学并非就意味着排斥朱子学，朱子学同样是重视"尊德性"的学问，但"道问学"的价值取向也十分突出，恰好能弥补阳明学某些方面的不足。我们之所以在讲"尊德性"的同时，也反复强调"道问学"的重要，乃是因为任何反智主义的做法，都为今天的时代所不允许。关心包括朱子学和阳明学在内的中国文化的世界性发展和世界性传播，任何人类普遍性的经验和智慧都要尽可能地吸收、接受、整合和消化。

王阳明可谓"震霆启寐，烈耀破迷，
自孔孟以来，未有若此深切著明者也"。

黄宗羲
明末清初经学家、地理学家、启蒙主义思想家、史学家、文学家、教育家

守仁勋业气节，卓然见诸施行，而为文博大昌达，
诗亦秀逸有致，不独事功可称，其文章自足传世也。

纪昀
清代学者、文学家、《四库全书》总纂官

夫阳明之学，主致良知。而以知行合一、必有事焉，为其功夫之节目。
独阳明之学，简径捷易，高明往往喜之。

严复
中国近代启蒙思想家、翻译家

他在近代学术界中，极具伟大，军事上、政治上，多有很大的勋业。
阳明是一位豪杰之士，他的学术像打药针一般令人兴奋，
所以能做五百年道学结束，吐很大光芒。

梁启超
中国近代思想家、政治家、教育家

明之中叶王阳明出，
中兴陆学，而思想界之气象又一新焉。

蔡元培
中国现代民主革命家、教育家、科学家

王阳明的一生是自强不息的奋斗主义的体现，
他是伟大的精神生活者，他是儒家精神的复活者。

郭沫若
中国现代文学家、历史学家、社会活动家

阳明以不世出之天姿，演畅此愚夫愚妇与知与能的真理，
其自身之道德、功业、文章均已冠绝当代，卓立千古，
而所至又汲汲以聚徒讲学为性命，若饥渴之不能一刻耐，
故其学风淹被之广，渐渍之深，在宋明学者中，乃莫与伦比。

钱穆
中国现代历史学家、思想家、教育家

王阳明学说之所以具有很大的影响力，
是因为它的思想既深邃而且有普遍的实践价值，
它继承和发扬了中国儒家传统的心性之学。
他提出"仁者与天地万物为一体"，就是要创造人与自然的和谐；
他提出"知行合一"，就是要创造个人与社会的和谐；他提出致良知，
就是要创造人与自身的和谐。
五百年来，儒家的源头活水就在王阳明。

杜维明
当代学者、美国哈佛大学亚洲中心资深研究员、现代新儒家学派代表人物

1506年
正德元年 丙寅 三十五岁
与湛若水共倡圣学。十一月，与锦衣狱。十二月，出狱，谪贵州龙场驿丞。

1507年
正德二年 丁卯 三十六岁
离京赴谪。三月，到杭城。八月，瑾派来的刺客，南遁武夷山。九月初，自武夷归南都。十一月，与父亲王华归居绍兴。

1508年
正德三年 戊辰 三十七岁
春至龙场驿。寻得「阳明小洞天」，默坐澄心。在当地人帮助下修造何陋轩、君子亭、宾阳堂等。阿贾、阿札叛乱，阳明致书宣慰安贵荣，劝其出兵平叛。
于龙场悟道。

1509年
正德四年 己巳 三十八岁
席书来任贵州提学副使，与阳明有书札往还。应邀赴贵阳，主教文明书院，始论「知行合一」。
年底离黔，赴庐陵知县任。

1515年
正德十年 乙亥 四十四岁
九月，立王守信第五子王正宪为后。十一月，序定朱子晚年定论。上谏迎佛疏。

1526年
嘉靖五年 丙戌 五十五岁
春中，与门人朱得之、杨文澄讲论良知心学，首揭『王门四句教』。十二月十二日，继室张氏生子王正聪。

1527年
嘉靖六年 丁亥 五十六岁
三月，召命赴京领诰券谢恩，受阻不行。四月，命邹守益、钱德洪编次刊刻文录。五月十一日，诏起阳明兼左都御史，总制两广、江西、湖广军务，征思、田。八月，将赴两广，将大学问著录成书，作为书院『教典』。九月八日夜，阳明在天泉桥发『王门八句教』（『四有教』与『四无教』）之说。

1528年
嘉靖七年 戊子 五十七岁
正月，招抚卢苏、王受、思、田平定。三月，进剿八寨、断藤峡。四月十日，破八寨。六月，马津荐阳明入阁辅政，为桂萼所沮抑。八月，自南宁启程赴广城待命。九月，抵广城。十一月一日，疾危，上疏乞骸骨，遂离广州北行。十一月二十九日（1529年1月9日），卒于南安（今江西省大余县）青龙铺。

主要参考文献：
束景南著王阳明年谱长编，上海古籍出版社，2017年版
束景南著阳明大传：『心』的救赎之路，复旦大学出版社，2019年版
冈田武彦著王阳明大传：知行合一的心学智慧，重庆出版社，2018年版
邓凯著王阳明年谱校注，宁波出版社，2019年版

王阳明年谱

1472年
明宪宗成化八年 壬辰 一岁
九月三十日亥时,阳明出生于浙江余姚(今浙江省余姚市),取名"云"。

1476年
成化十二年 丙申 五岁
传阳明始开口说话,祖父王伦改其名为"王守仁"。

1486年
成化二十二年 丙午 十五岁
出游居庸三关,有经略四方之志。梦中谒马伏波庙,题词赋诗。

1488年
弘治元年 戊申 十七岁
七月,迎夫人诸氏于洪都(今江西省南昌市)。

1489年
弘治二年 己酉 十八岁
十二月,偕夫人诸氏归余姚。舟过江西广信(今江西省上饶市广信区),拜访大儒娄谅。

1497年
弘治十年 丁巳 二十六岁
秋后,由余姚移家绍兴光相坊。寻访得阳明洞,筑灌山小隐,自号"阳明山人"。

1499年
弘治十二年 己未 二十八岁
二月,会试第二名,赐二甲进士出身第七人。

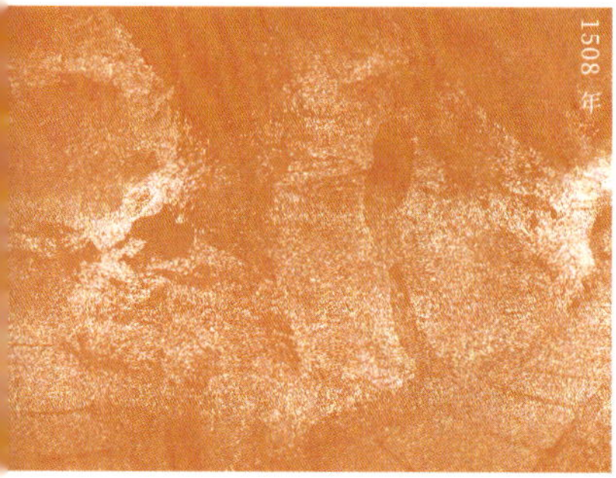

1517年
正德十二年 丁丑 四十六岁
正月十六日,至赣州。二月,往平漳乱。四月,班师。七月,改授提督南、赣、汀、漳等处军务。十月,出师攻横水、左溪。十一月,攻桶冈,平茶寮。

1518年
正德十三年 戊寅 四十七岁
正月,出征三浰。三月,班师回军。六月,刊刻朱子晚年定论于虔都。升都察院右副都御史。七月,序定大学古本傍释。

1519年
正德十四年 己卯 四十八岁
四月,阳明始发"良知"之说。六月十四日,宁王宸濠反。七月二十七日,宸濠乱平。九月,献俘发南昌,受阻而归。

1521年
正德十六年 辛巳 五十岁
五月,修定大学古本序刻石于白鹿洞书院。六月,应内召北上赴京,受阻而归。七月,升南京兵部尚书。阳明疏乞便道归省。十一月,封阳明为"新建伯"。

1522年
嘉靖元年 壬午 五十一岁
二月,父王华卒。阳明丁忧守丧。十月,朝廷禁阳明心学。

简史　儒学 11 人

孔子

公元前 551—前 479

春秋时期思想家、教育家
儒家学派创始人

思想核心：

（一）仁：孔子认为『仁』是个人修养和社会和谐的基石。他提出『己所不欲，勿施于人』，强调以爱人为本，实践相互理解和尊重。

（二）礼：孔子强调『礼』的重要性，认为礼是维护社会秩序和人际关系和谐的规范。通过遵守礼仪能表达对他人的尊重，并维护社会稳定。

（三）中庸：孔子提倡『中庸之道』，主张行事不偏不倚，追求平衡和谐，强调在各种行为和态度上寻找恰当的平衡点。

（四）孝：孔子将『孝』作为道德实践的基础，认为孝顺是人伦关系中的首要美德，强调尊老爱亲的重要性。

（五）教育：孔子提出『有教无类』的观点，强调教育的普遍性和平等性，认为人人都有受教育的权利和潜能，通过教育可以促进个人的发展和品格提升。

孟子

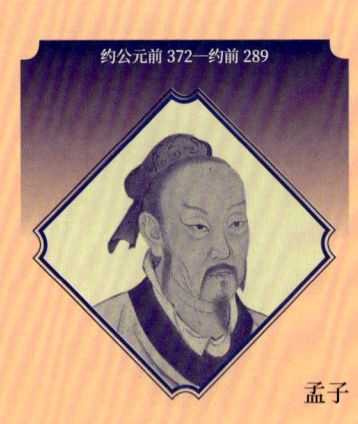

约公元前 372—约前 289

战国时期思想家
被尊称为"亚圣"

思想核心：

（一）性善论：孟子认为『人之初性本善』，『四端论』（恻隐之心、羞恶之心、辞让之心、是非之心）指出人性本有善的种子，通过后天的教育和修养，可以发展成为德行。

（二）仁义：孟子将『仁爱』和『行义』作为实现理想人格的基本要求。他强调以『仁政』治理国家，反对残暴统治，认为统治者应以民为本，爱民如子，从而实现社会的和谐与稳定。

（三）天命观：孟子提出『天命』概念，认为天命不是盲目的命运，而是与个人的道德行为密切相关。他认为只有道德高尚的人，才能得到『天命』的认可和辅助。同时，他也强调人可以通过自己的努力改变自己的命运。

（四）政治哲学：孟子提出『民为贵，社稷次之，君为轻』，主张君主必须以民众的利益为重，实行仁政。在必要时，民众有权推翻暴君。

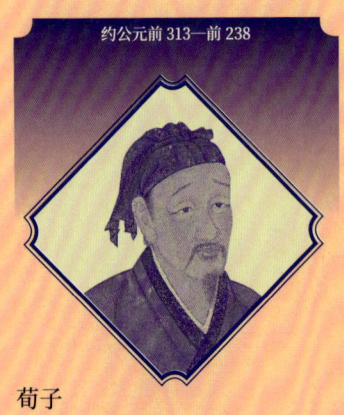

荀子

约公元前 313—前 238

战国时期思想家

思想核心：

（一）性恶论：荀子认为人的本性是自私的、好利而恶劳，因此需要借助外在的礼法和教育来约束和改造。

（二）重视礼法：荀子强调礼法的重要性，认为『礼』是社会秩序和教化、实现社会的稳定与和谐的天性进行规范和教化，实现社会的稳定与和谐的关键。通过礼法可以对人的天性进行规范和教化。

（三）崇尚教育：荀子认为人可以通过教育和学习来改变其本性，提升道德修养。他提出『不学无以广才，不问无以广识』，强调学习和探究的重要性。

（四）人与自然的关系：荀子认为人应当顺应自然法则，通过观察和学习自然界的规律，更好地进行生产和生活。

（五）政治哲学：荀子主张君主集权和法治思想，认为国家应由贤能的君主领导，运用法律和制度来治理国家。

董仲舒

西汉思想家
政治家

公元前179—前104

思想核心：

（一）天人感应：董仲舒认为天地与人类之间存在着深刻的内在联系。人的行为和国家的政治得失会影响天象，而天象的变化又是警示人间的信号。

（二）王道政治：董仲舒强调君王应当以儒家的德治思想为基础，实行『王道政治』。他认为君王应该仁爱百姓，以德行治国，反对暴政和专制。

（三）三纲五常：董仲舒进一步阐述了『三纲五常』的思想，即君为臣纲、父为子纲、夫为妻纲以及『仁、义、礼、智、信』五个道德基础。

（四）独尊儒术：董仲舒建议打破『百家争鸣』的局面，主张『独尊儒术』，将儒学思想作为国家的统治基础。

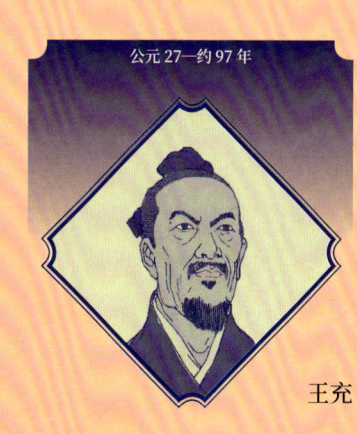

王充

东汉思想家
文学家

公元27—约97年

思想核心：

（一）反对迷信：王充反对盛行的迷信思想，批评神仙鬼怪之说和方术之术，主张用理性和科学的态度去认识世界。

（二）唯物主义：王充认为世间万物都有其自然的规律，强调分析自然现象背后的原因，强调实证的重要性，主张通过观察、经验来获取知识，反对空谈神仙和无根据的推测。

（三）伦理观和社会批判：王充主张行善应基于内心的善意而非外在的奖惩。同时，他也对社会现象进行了批判，包括对贫富不均、官吏腐败等社会问题的讨论。

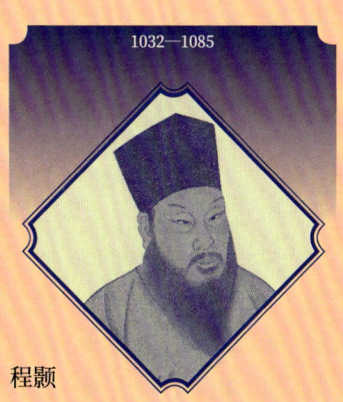

程颢

北宋思想家，与其弟程颐并称"二程"
宋明理学的重要奠基人之一

1032—1085

思想核心：

（一）宇宙本体论：程颢强调将『天理』作为宇宙的本体和根本原理，认为『理』是无形的道德规律和宇宙秩序的体现，贯穿于天地万物之中。

（二）性善论：程颢继承了孟子的性善论，认为人的天性本是善的，这种善由天理所决定。

（三）重视道德修养：程颢认为提升道德修养是人生的首要任务，通过诚意正心、致知格物等过程，达到『明明德』和『新民』的目的。

（四）崇尚格物致知：程颢重视『格物致知』的学习方法，认为学习的目的在于达到对事物本质的理解，即通过对外在事物的探究来实现内心理性的觉醒和提高。

（五）注重心性论和心学：程颢的思想特别注重对心性的探讨，他认为『心』是认识天理、实现道德修养的主体，心中自有天理，人应通过反省和内观来寻找和践行天理。

程颐

1033—1107

北宋思想家
与其兄程颢并称"二程"
宋明理学的重要奠基人之一

思想核心：

（一）理气二元论：程颐提出宇宙万物由『理』和『气』构成的观点，认为『理』是宇宙万物的本原和规律，是抽象的、不可分的，而『气』是构成万物的物质基础，是具体的、可变的。万物的生成和变化由理与气的相互作用所决定。

（二）重视『性理』：程颐在儒学上强调『性即理』的观点，认为人的本性是善的，这种善由天理所赋予。人通过学习和修养，可以达到『知止而后有定，定而后能静，静而后能安，安而后能虑，虑而后能得』的修身目的。

（三）道德修养的重要性：程颐认为道德修养是实现个人理想和社会和谐的基石。他提倡通过学习儒家经典，参与礼乐教育以及内心的审思和自我提升，来达成道德上的自我完善。

（四）崇尚『中庸』：程颐认为中庸是宇宙万物运行的根本规律，也是修身治国的最高原则。他主张在行动和态度上都应遵循中庸之道，避免走向极端。

（五）注重心性修养与对于天命的理解：程颐强调个人心性的修养，认为理解『天命』不是被动接受命运，而是顺应天理，主动实现个人的道德价值和社会义务。

朱熹

1130—1200

南宋思想家，宋明理学的集大成者

思想核心：

（一）理气二元论：朱熹认为宇宙间万物由『理』和『气』两个基本元素构成。『理』是事物的本质和规律，『气』是物质基础。理在先，气在后，理通过气而显现。

（二）性理学：朱熹强调人性即天理，主张『性即理』，人性本善，因为人的性本来就是理的体现。通过学习和修习，可以去除人性中的杂质，彰显本性。

（三）格物致知：朱熹强调通过『格物』来『致知』，即通过对事物认真的观察和思考，以达到对事物本质规律的认识，进而通达天理。

（四）重视道德修养：朱熹认为道德修养是从『诚意』到『正心』、再到『修身』的过程。强调在日常生活中不断修炼，实践儒家的道德规范，和自我反省来完成个人品德的提升。

（五）教育改革与注重经典教育：朱熹重视对儒家经典的学习，撰写了四书章句集注，规范了对《大学》、《中庸》、《论语》、《孟子》的学习和解释，使之成为后世科举考试和儒学教育的核心内容。他倡导科举考试题目从经典出发，强调理解经典的精神而非死记硬背。

陆九渊

1139—1193

南宋思想家，与朱熹并称为"陆朱"道学或性理学派别中的重要人物之一

思想核心：

（一）心学：陆九渊是心学的开创者，强调"心即理"，认为天理就存在于人的心中，而不是外在的客观存在。心是认识世界和修身立德的根本，通过内心的修炼和体证，人可以达到理解天理、彰显本性的目的。

（二）重视直觉与感悟：陆九渊重视直觉和感悟在认识过程中的作用。他认为通过直接的心灵体验和内在的觉悟，人可以直接把握道德真理。

（三）强调人性本善：陆九渊继承了孟子的"性善论"，强调人的本性是善的，天理与人性是一致的。通过心的修养和开发，可以实现"性善"。

（四）重视仁爱：陆九渊在伦理道德上强调仁爱，认为仁爱是天理的核心表现，也是人与人之间最基本的道德纽带。他主张以仁爱为行动准则，以实现个人的道德提升和社会的和谐。

王阳明

1472—1529

明代思想家、政治家、军事家

思想核心：

（一）心即理：王阳明提出"心即理"论，强调道德的根本在于人心。他认为天理不在外物，而是存在于每个人的内心之中，心中即有良知。

（二）知行合一：王阳明强调知与行的统一，反对传统儒学中知行分离的观点。他认为认知不应该与实际行动相脱离，真正的"知"必须体现为实践行动。

（三）致良知：王阳明的核心思想之一是"良知"概念。他认为良知是人内在的道德意识和道德判断能力，是人所固有的善的本性。提出"致良知"学说，主张通过对内心的观照和反省来实现良知的"致"与活用，从而达到道德自我完善的目的。

（四）反对经义考证：王阳明批评当时儒学界过分重视对经典文献的字句考证，忽视了儒学实际的道德修养和实践应用。

王夫之

1619—1692

明末清初思想家

思想核心：

（一）哲学思想：王夫之提出"道通为一"、"形上形下一理"等观点，强调宇宙万物和社会人生的规律本质是统一的。他批判了宋明理学中抽象的"理"的概念，提倡"道即是器"，强调"理"应当落实到具体事物和现实生活之中。

（二）政治思想：王夫之主张"民本"原则，强调"天下为公"。他批判了封建王朝的专制统治和士大夫的道德绑架，主张尊重人的自由意志，提出政治改革的思想。

主要参考书目：
梁启超著《中国儒学史》，山东文艺出版社，2017年版
程志华著《中国儒学史》，人民出版社，2018年版
汤一介、李中华主编《中国儒学史》，北京大学出版社，2011年版

问道十二境

贰

天下之山，萃于云贵，连亘万里，际天无极。行旅之往来，日攀缘下上于穷崖绝壑之间，虽雅有泉石之癖者，一入云贵之途，莫不困踣烦厌，非复夙好。而惟至于兹岩之下，则又皆洒然开豁，心洗目醒。虽庸倚俗侣，素不知有山水之游者，亦皆徘徊顾盼，相与延恋而不忍去。则兹岩之胜，盖不言可知矣。

——《重修月潭寺建公馆记》

第一境

兴隆书壁

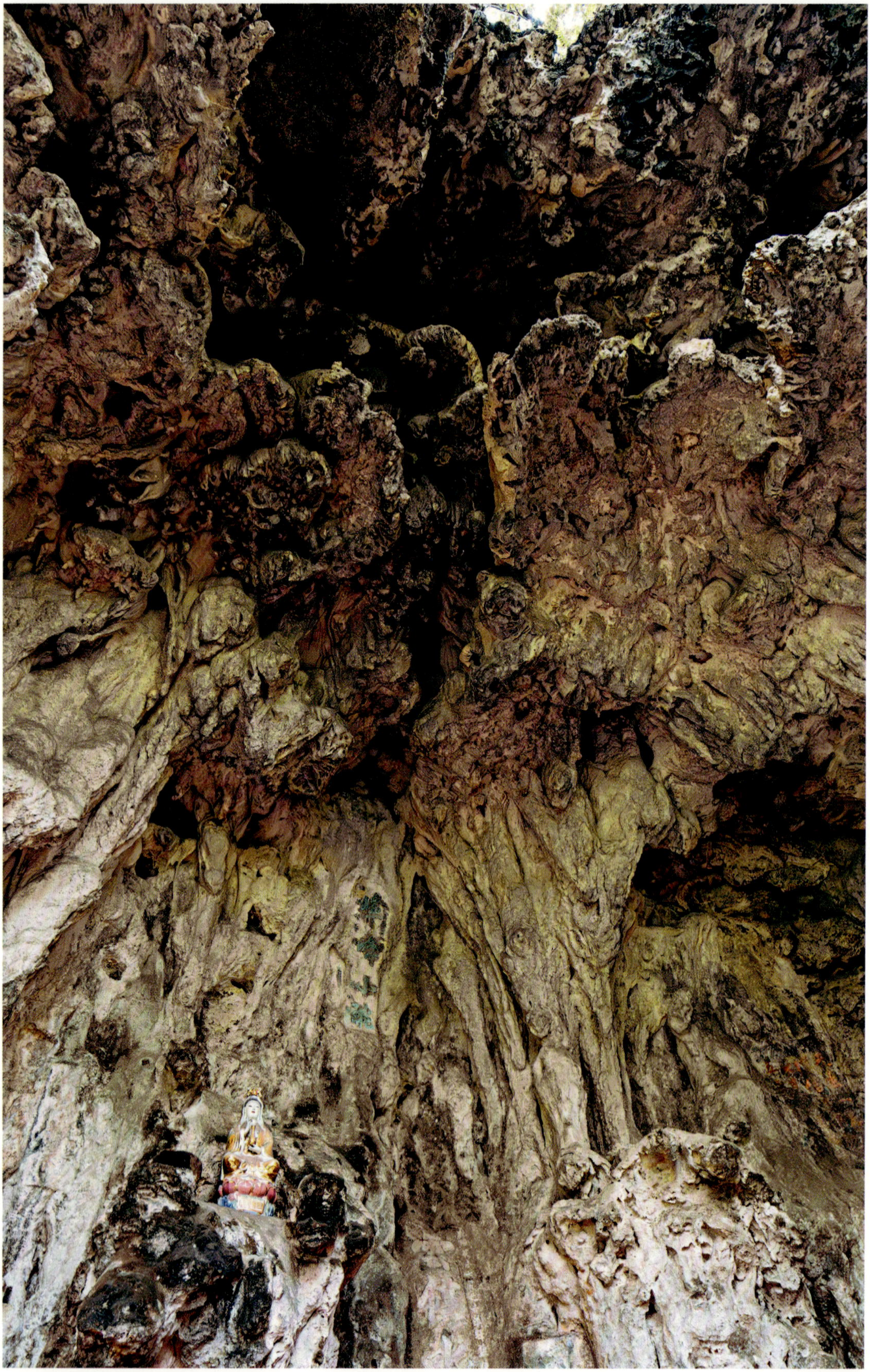

兴隆书壁
如此黔境

魏水华　撰文
陈伟红等　摄影

往黄平县城东北12千米，走到圣果桥畔，就到了飞云崖。飞云崖，又称飞云岩、飞云洞，此崖壁之上有一巨大的奇特穹隆，高达十余丈，宽百尺，恍若飞云。这里有颇具园林建筑风范的亭台楼阁，有月潭寺、书院与数十处摩崖石刻，也因此被称为"黔南第一胜境"。500多年前，王阳明赴谪所龙场，在镇远府下船之后，走陆路翻越巴施山、渡过秉水，由此进入兴隆卫，看到飞云崖。

在舟车劳顿的旅途中，遇见飞云崖和兴隆卫的人文生态和风光奇景，这样的贵州，让王阳明眼前一亮。他提笔写下《兴隆卫书壁》，还留宿于刚刚落成的月潭寺公馆，受正观和尚邀请，为重修的月潭公馆作记，留下一篇《重修月潭寺建公馆记》，赞颂风光，也由此书写了贬谪生涯中自己跌宕起伏、穷且益坚的内心。

> 兴隆之南有岩曰"月潭"，壁立千仞，檐垂数百尺。其上颍洞玲珑，浮者若云霞，亘者若虹霓，谽若楼殿门阙，悬若鼓钟编磬。幨幢缨络，若挟风之鹏，翻隼翔鹄。螭虺之纠蟠，猱猊之骇攫。谲奇变幻，不可具状。而其下澄潭邃谷，不测之洞，环秘回伏，乔林秀木，垂荫蔽亏，鸣瀑清溪，停洄引映。

> 天下之山，萃于云贵。连亘万里，际天无极。行旅之往来，日攀缘下上于穷崖绝壑之间。虽雅有泉石之癖者，一入云贵之途，莫不因踣烦厌，非复夙好。而惟至于兹岩之下，则又洒然开豁，心洗目醒。虽庸俦俗侣，素不知有山水之游者，亦皆徘徊顾盼，相与延恋而不忍去。则兹岩之胜，盖不言可知矣。

此时这里还未被称为飞云崖，在《重修月潭寺建公馆记》的

飞云崖以状如飞云的喀斯特溶洞景观闻名，崖间的巨型钟乳石形态特异，为历代名士所题咏，明代文学家钟惺曾称其"石以云为神，云以石为质"。

（左）月潭寺的西院有一个自成格局的四合院,这里曾是著名的飞云驿,是明代湘黔驿道上一处重要的驿站。摄影/吴学文　（右）位于月潭寺中的贵州民族节日文化博物馆的建筑细节。

兴隆书壁

站在飞云崖下,可俯瞰月潭寺全景,东西两院的古建筑群依山傍水形成开阔的空间。山崖与寺院相互呼应,形成独特的自然人文景观。摄影/顾嘉玮一开篇，王阳明就不吝对"月潭"岩的赞美之词。夸张的描述和五个"若"字引出一连串比喻，最后落脚到了月潭四周高山上风景之"谲奇变幻"，形象生动，也表达了王阳明本人对飞云崖风光的嘉许。

接下来，王阳明表露了在云贵地区长途跋涉"困踣烦厌"的情绪，但一个转折，却写月潭之绝美让看惯群山、厌烦山景的人们"洒然开豁，心洗目醒"，甚至不懂山水之美的普通人也忍不住"徘徊顾盼"，让读者不由心生向往。这种欲扬先抑的写法，为后文王阳明借物明志、借事抒情埋下伏笔。

岩界兴隆、偏桥之间，各数十里。行者至是，皆急顿饥悴，宜有休息之所。而岩麓故有寺，附岩之戍卒官吏，与凡苗夷犵狫之种，连属而居者，岁时令节，皆于是焉厘祝。寺渐芜废，行礼无所。

宪副滇南朱君子瑞按部至是，乐兹岩之胜，悯行旅之艰，而从士民之请也。乃捐赀备材，新其寺于岩之右，以为厘祝之所。曰："吾闻为民者，顺其心而趋之善。今苗夷之人，知有尊君亲上之礼，而憾于弗伸也，吾从而利道之，不亦可乎？"

则又因寺之故材与址，架楼三楹，以为部使者休食之馆。曰："吾闻为政者，因势之所便而成，故事适而民逸。今旅无所舍，而使者之出，师行百里，饥不得食，劳不得息。吾图其久而两利之，不亦可乎？"

使游僧正观任其劳，指挥狄远度其工，千户某某相其役。远近之施舍勤助者欣然而集，不两月而工告毕。

自是饥者有所炊，劳者有所休，游观者有所舍，厘祝者有所瞻依，以为竭虔效诚之地。而兹岩之奇，若增而益胜也。正观将记其事于石，适予过而请焉。

《重修月潭寺建公馆记》的第二部分，写出了月潭作为客商往来兴隆卫休憩之所，同时回顾历史，指出人们过去在月潭附近不只是休息，还要在此地行敬上之礼。但后来月潭寺逐渐荒芜，人们虽然还在此休息，但已经"行礼无所"。恰逢贵州按察司副使、云南人朱玑巡查经过此地，一方面"乐兹岩之胜"，一方面"悯行旅之艰"，所以顺应当地百姓的要求，捐资重建寺庙，新建了三间公馆。

王阳明由此称赞朱玑重修月潭寺让老百姓有了一个自我信仰寄托之地，利于管理，同时又顺应民心；也夸赞了当地百姓一呼百应，寺庙及公馆在大家帮助下很快建成，人文情怀与自然风光相得益彰。其中援引朱玑的一句话很有意思："吾闻为民者，顺其心而趋之善。今苗夷之人，知有尊君亲上之礼，而憾于弗伸也，吾从而利道之，不亦可乎！"

大意是，今天贵州边疆的少数民族，也有尊重君王、善待家人长辈的礼仪，却没有人帮他们宣传。我们顺应民心，引导人们的善心，这是一件很好的事情。言语之间，多少能够看出此后阳明哲学最重要的"致良知"思想的雏形，与后来王阳明写的《何陋轩记》里的文字："夷之民，方若未琢之璞，未绳之木，虽粗砺顽梗，而椎斧尚有施也，安可以陋之？"有明显的承继关系——即便是没接受文明的、化外的少数民族，也有着与生俱来的良知。遵从这种良知，是成就圣人的道路。

大官厅（右页上）、小官厅（右页下）曾是飞云崖古驿站的组成部分，大官厅也叫养云阁，是旧时接待往来官员游览歇息之所。右页上图摄影 / 杨爽

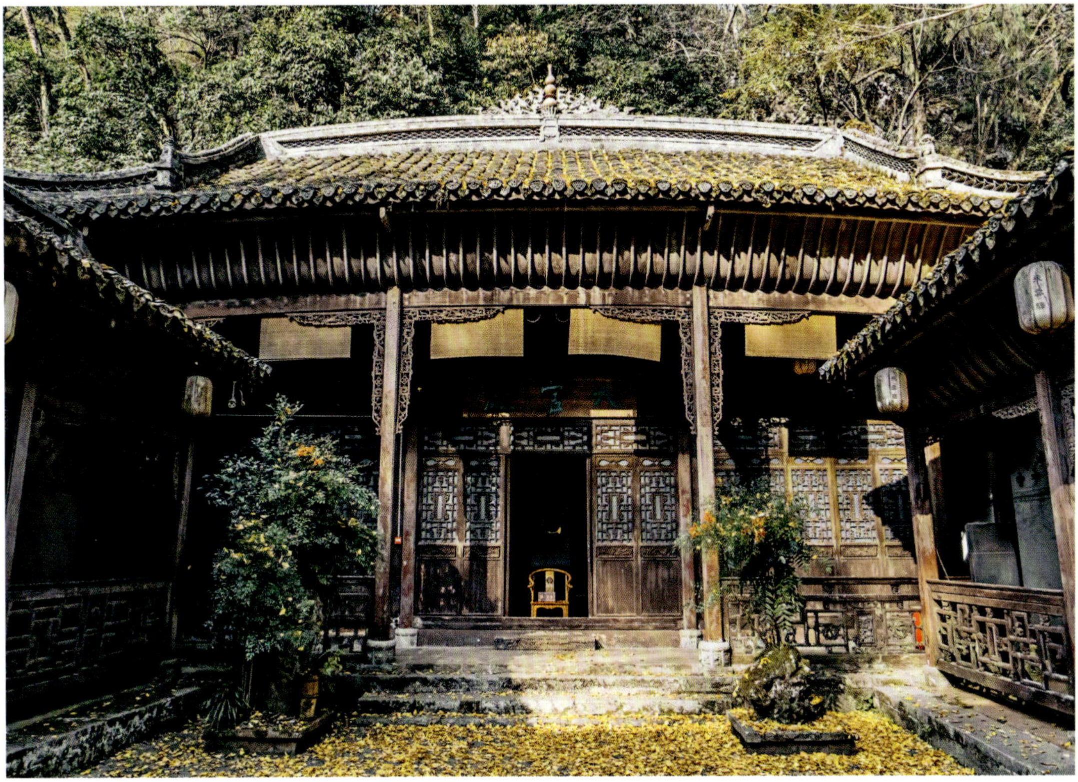

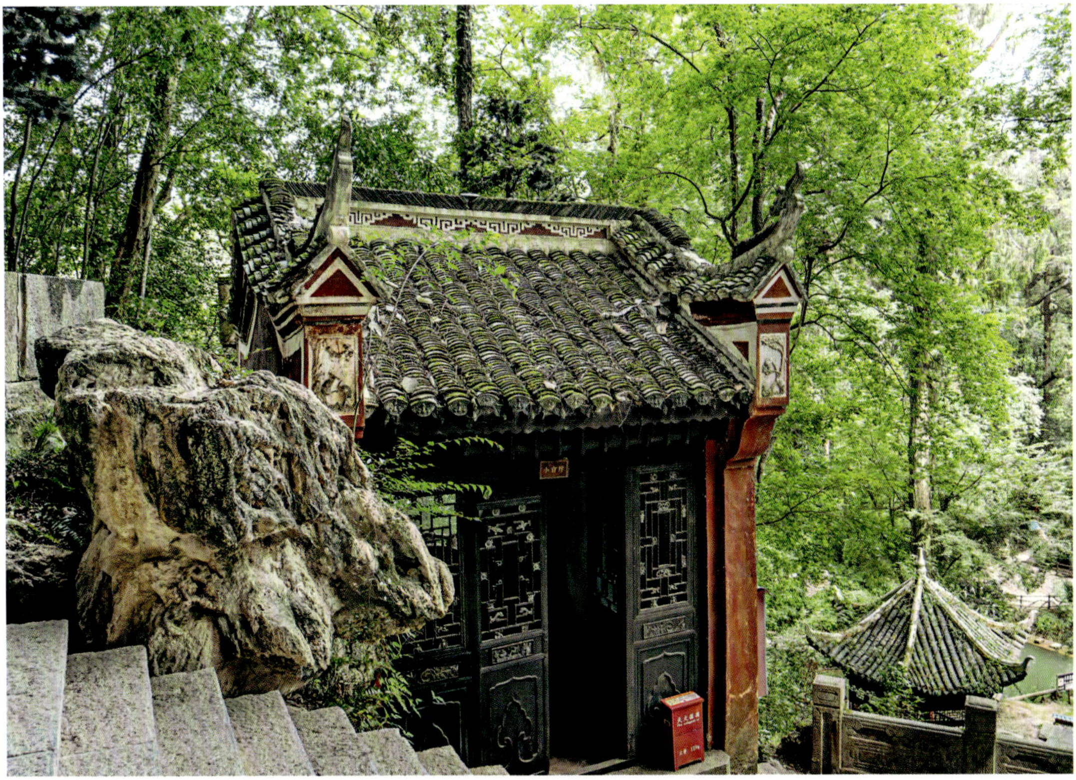

从某种角度来说，王阳明龙场悟道之后别开生面的哲学思想，在飞云崖、月潭寺已经悄悄起步。而启蒙他思想的那些人里，一定有来自云贵地区的淳朴的朋友。

《重修月潭寺建公馆记》的结尾，有感而发的王阳明写道：

> 予惟君子之政，不必专于法，要在宜于人。君子之教，不必泥于古，要在入于善。是举也，盖得之矣。况当法网严密之时，众方喘息忧危，动虞牵触。而乃能从容于山水泉石之好，行其心之所不愧者，而无求免于俗焉，斯岂非见外之轻而中有定者能若是乎？是诚不可以不志也矣。
>
> 寺始于成辛周斋公，成于游僧德彬，增治于指挥刘瑄、常智、李胜及其属王威、韩佥之徒。至是凡三缉。而公馆之建则自今日始。

不论是政还是教，最根本的还是要把老百姓导向一个自我管理的层面，他讲到了"以心化人，以善教人"，这表达了王阳明独特的政治观点与理念。同时流露出对当时"法网严密"的时局的不满，并将百姓之忧，与重修月潭寺之好做比较，引出了对"见外之轻而中有定者"之肯定和赞扬。

整篇文章不仅描述了月潭寺飞云崖的景色、月潭寺重修的历史和社会背景，还突出了劝人从善如流的教化。同时保持了景物的客观、事件的真实和内心活动的具象，秉承了韩愈古文运动以来，文人散文寄情于景、微言大义的传统。

有异曲同工之妙的是王阳明同时写下的《兴隆卫书壁》：

> 山城高下见楼台，野戍参差暮角催。
> 贵竹路从峰顶入，夜郎人自日边来。
> 莺花夹道惊春老，雉堞连云向晚开。
> 尺素屡题还屡掷，衡阳那有雁飞回。

很显然，在镇远府舍舟登陆后，王阳明经历了身心俱艰的驿道行旅。500年前的贵州与今天完全不同——交通不便、语言不通、生活习俗不同、未开化的少数民族遍布高山深谷。

但即便如此，他的理想、他的学识，从没有在贬谪中消磨。他尽情赞颂这里的美景，与淳朴的少数民族老乡们交朋友，并在这个过程中，努力让自己的思想更精进，实践更彻底。正如浙江大学哲学学院博士生导师董平老师所解读的，王阳明把自己的心境和这片山水融会到一起，转变为他的精神生命的新生之地。

在行经了兴隆卫、月潭寺和飞云崖之后，一个追逐更深、更博大的王阳明，由此出发。

飞云崖古建筑一隅。摄影／杨爽

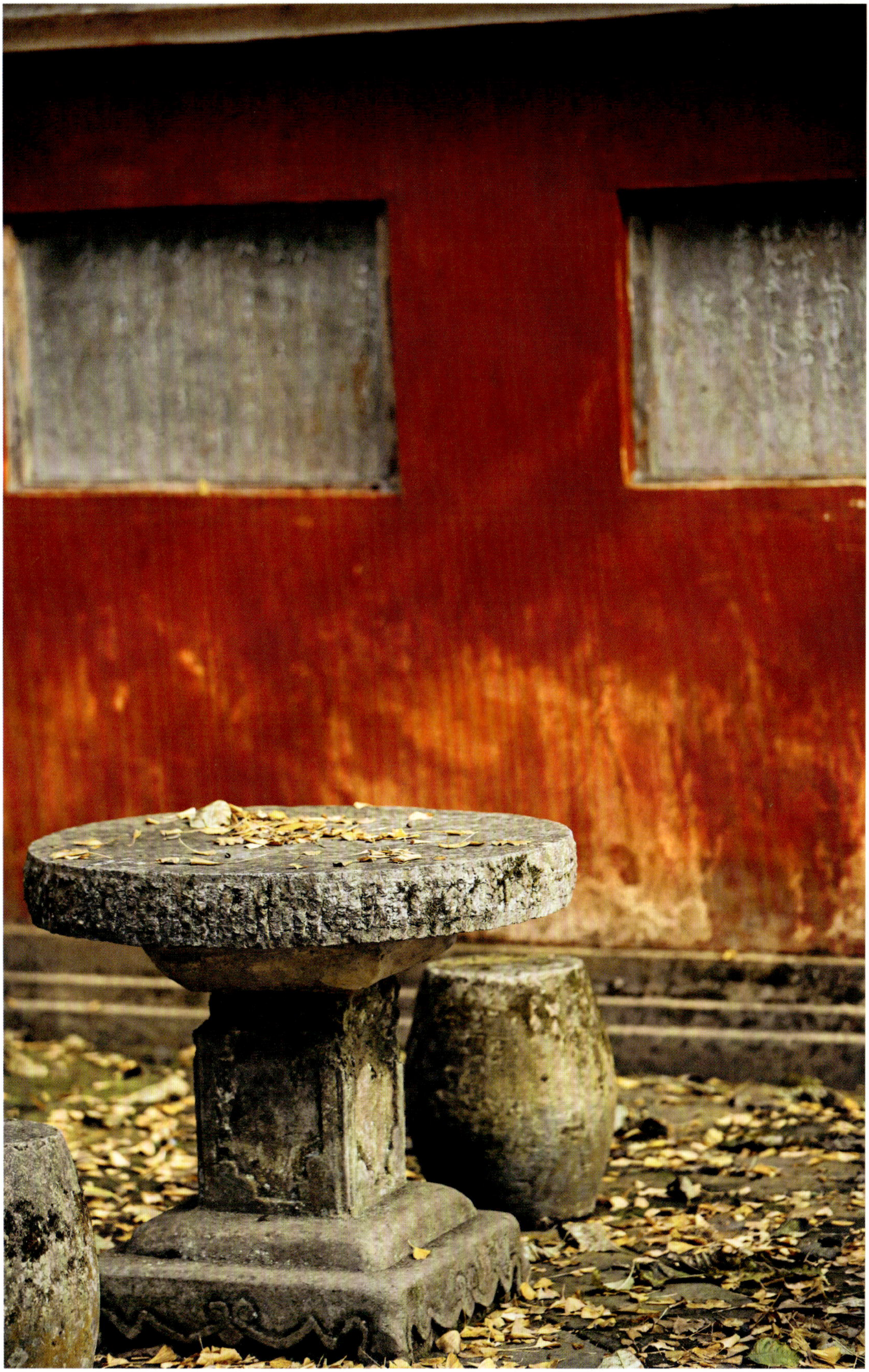

黔南第一洞天

飞云崖：湘黔古道上的文化印记

魏水华 撰文　梁文等 摄影

飞云崖的题刻很壮观。这处位于贵州黄平县城东北圣果桥畔的溶洞景观，除了汇聚了明代以来的儒、释、道文化建筑之外，还有16通印刻了明清游人赞咏此地诗文作品的石碑，是贵州文人题刻密度最高的一个地方。

这些诗文的作者，包括竟陵派文学家钟惺、贵州巡抚邓廷瓒、贵州巡抚郭子章、兵部尚书张镜心、广西右布政使周瑛、经学家洪亮吉、著名政治家林则徐、著名书法家何绍基等。他们之中最有名的是王阳明。

明代以前，飞云崖地区属"夷治，古所弗治"。明洪武二十二年（1389年）六月置兴隆卫后，此地即"有学佛者结庐，号普陀岩"。飞云崖的故事真正始于明宣德八年（1433年）。这一年，距离明初傅友德、蓝玉、沐英等人平定云南，建兴隆卫，已过去了快半个世纪。在这几十年里，贵州地区发生了重大的历史转折：原本属于边疆的少数民族聚居地，成了连接中原与云贵之间重要的战略通道。

湘黔古道，东连洪江、长沙，西接镇远、贵阳，一直延伸至南亚和东南亚地区，其"上控云贵，下制长衡"。而飞云崖，恰好处在湘黔古道的咽喉锁钥，是中原至云南、贵州及邻邦缅甸的古驿道必经之地。这里有可供饮用的活水，有可供暂住的溶洞，不远处还有军队驻扎的卫所，往来之人必定会在此停驻休整。物质需求得到补给的同时，人们的精神需求恰好也能在这里得到满足。

飞云崖是贵州典型的喀斯特溶洞，但与普通溶洞不同，洞壁溶蚀出了形似云卷云舒的奇妙模样；且不像一般溶洞里的石灰岩容易氧化发黑，直到今天，飞云崖依然保持着雪白晶莹的颜色。"飞云"之名，由此而来。

此时这里还未被称为飞云崖，当地百姓和往来客商们以之为

兴隆书壁

飞云崖大门建在路边，是一座屏风式砖石结构牌坊。清雍正年间，云贵总督鄂尔泰途经月潭寺，曾手书"黔南第一胜境"。摄影／陈伟红

（左）一年一度的贵州黄平飞云崖"四月八"民族节日活动的盛况。（右上、右下）"四月八"节日期间，除了举行传统祭祀活动外，当地少数民族还会举行吹笙、踩笙、民族舞蹈、对歌等赛事活动，还有蜡染、刺绣等非物质文化遗产展示活动。

兴　隆
书　壁

胜迹,在此观光祀拜。到1443年,一位名叫德彬的云游僧人,在飞云崖下的小水潭——月潭边,通过募款建起了一座寺庙:月潭寺。王阳明笔下这样描述当时的月潭寺:"……岩麓故有寺,附岩之戍卒官吏,与凡苗养犵狫之种,连属而居者,岁时令节,皆于是焉厘祝。"很显然,过往人员众多,本地居民笃信,成就了飞云崖,成就了月潭寺。

王阳明到访的时代,距离月潭寺初建又过去了70多年。多年风雨,月潭寺经历香火,却无修缮,已经破败不堪。在见证了当地人齐心协力将月潭寺修缮一新的过程后,王阳明写下了来到贵州后流传千古的第一篇散文《重修月潭寺建公馆记》。

除了详尽描述月潭寺、飞云崖的自然风光、人文风物和作者本人的心境之外,王阳明的这篇文章,还记录了月潭寺第一次修缮的动因和过程。今天,月潭寺和飞云崖已经成为国家级文物保护单位,保存了自明代以来近600年的各种史迹。实际上,这就是一代代人对月潭寺、飞云崖重视并反复修缮的活的标本。建筑的构建、寺中的壁画和雕塑不仅融入了中原寺庙风格和边疆少数民族艺术特色,还忠实反映出来往于此的人们对它厚重沉淀的塑造。

更有意思的是,当地少数民族至今还将飞云崖、月潭寺视作集会庆典的所在。每年农历四月初八,月潭寺的和尚过浴佛节,居住在附近的人们赶来烧香礼佛,观看佛像,年年如此,便演变成了三天的集会,斗鸟、吹芦笙、民间杂技、绝技、武术、服饰表演、山歌大赛、文艺演出等活动轮番上演;民族蜡染、刺绣、泥哨等各种工艺品琳琅满目;各式各样的地方美食香气扑鼻。

位于湘黔古道上、得交通之便的飞云崖,荟萃了佛教文化、山地文化和民族文化等多元文化,"黔南第一洞天""贵州第一名胜"的殊誉,名不虚传。

在驿路交通的不断变迁中,人们不仅到访飞云崖,更将目光放到飞云崖所在之地——黄平的长足开发上。驿路之外,明清时期湘黔间的内河运输也得到发展,潕阳河和清水江逐渐成为湘黔间的主要航道。随着潕阳河的疏浚,从中原入黔的船只不再需要停泊于镇远府舍舟登陆,距飞云崖不远的黄平旧州成了后来中原入黔的最后码头。时至今日,这个小小县城,已集中了高速公路枢纽、火车站,甚至黔东南州的机场也建于此。

古道冷落后的飞云崖,也许失去了它人来人往的商业和交通价值,但因为它荟萃的景致与人文积淀,加上以王阳明为代表的贤达们对它的赞颂,它也成了贵州最著名的景致名胜之一。后来途经此地的林则徐等人,便是经由水路交通往返,再由陆路交通抵达、畅游纵观。他赋诗赞此崖曰:"天然奇秀,真如金枝玉叶,轮囷葱郁。"飞云崖在文人士大夫心目中的"标杆"地位,可想而知。

王阳明行经兴隆卫,留下的不仅是诗文与遗迹,也为黄平留下了阳明文化的种子,事实上,也是因为以王阳明为代表的代代大儒的启蒙,黄平逐渐成为黔东南乃至整个贵州地区人文底蕴丰厚的城市之一。一个名叫王耘的年轻人,在王阳明去世的一百多年后,出生于飞云崖所在的黄平县。他考中进士、参与修纂《贵州通志》,还当上了贵州大学前身"贵山书院"的主讲老师。

王耘对阳明心学传播的重大贡献,就是整

月潭寺

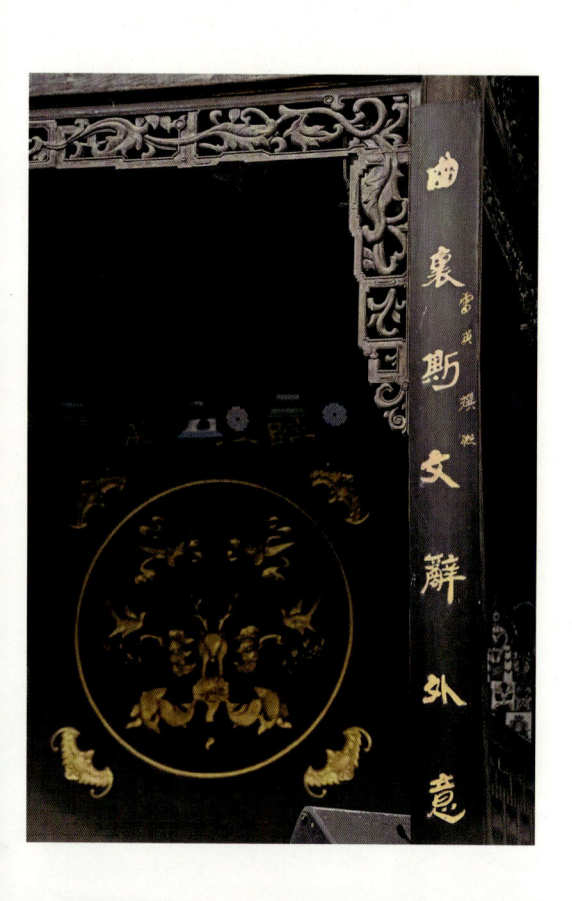

理了集黔中王学大成的孙应鳌的资料。又若干年后，王耘的五个儿子中，两人考中进士，两人中举人，一人成为太学生；直到清末废除科举，王氏家族先后六代均有功名。"五子登科、六代科第"，成了当地佳话。百年前王阳明"过化"之地，成了学风兴盛、人才辈出的西南邹鲁。

而取代镇远，成为中原入黔最遥远的水路码头的黄平旧州，所有京广百货均由㵲阳河水路泊来，自此转驳贵阳、安顺等地，当地土特产又经此水运到洞庭湖后，分销武汉、上海、江浙一带。货运频繁，商贾云集，市井喧嚣，经贸发达，福建的妈祖庙、江西的会馆、徽州的宗祠，甚至欧洲的天主教堂，都在小小的镇上汇聚，曾有"九宫、八庙、三庵、四堂"和2000余栋古民居，形成了将民族文化、汉文化、宗教文化融为一体的多元文化之乡。

1934年，中国工农红军长征时路过此地，毛泽东、周恩来、朱德、彭德怀、贺龙、任弼时等都曾在此留下了光辉的足迹。当先遣部队红六军团进驻旧州时，在天主教堂获详细法文版《贵州地图》一张，为红军顺利走出云贵发挥了重要作用。为红军翻译地图的传教士勃沙特，还有一段跟随红军一起长征的经历。七年后的抗日战争期间，中美两国政府又联合在旧州修建大型军用机场，直接参加长沙、衡阳等战役，使旧州为抗战胜利发挥了重要的作用。

鲜有人知的是，在与飞云崖古建筑群仅一涧之隔的崖壁之上，留有一处抗战时期所凿的弹药库遗迹。可以说飞云崖不仅荟萃了湘黔古道上的人文风景，从另一个角度来看，它也见证了贵州后来的革命历史与飞速发展。

（左页上、下）旧州古镇上的仁寿宫始建于清乾隆五十一年（1786年），后为江西临江会馆，由江西商人修建，包括戏楼、两厢楼、正殿、三步廊、后殿等，图为建筑及木雕细节。摄影／杨爽　（右页）作为历史上的黔东商业重镇，黄平旧州至今仍保留着丰富多彩的节日文化活动，端午临近，古镇上一处古宅中的人们正在包粽子。

鸟道萦纡下七盘,

古藤苍木峡声寒。

境多奇绝非吾土,

时可淹留是谪官。

犹记边峰传羽檄,

近闻苗俗化衣冠。

投簪实有居夷志,

垂白难承菽水欢。

——《七盘》

第二境

平越思隐

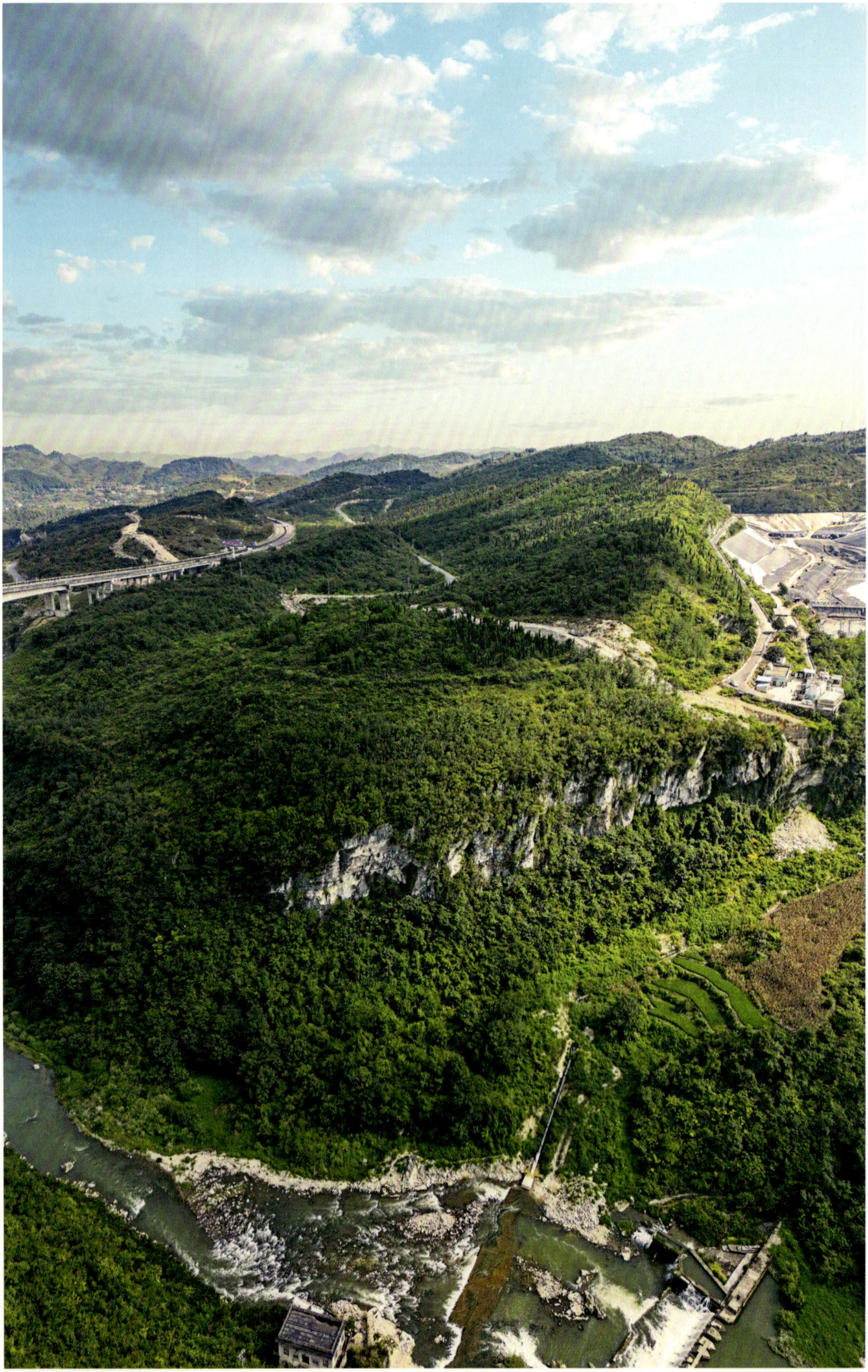

平越思隐

欲通大道，先行鸟道

魏水华 撰文
陈伟红等 摄影

福泉古称平越，在城东南五里处，有一名为七盘的山，这座山本地人也许知道，但其名字并未被标记在地图中。隔着河从对岸望过去，山的西面是兀立的绝壁，借助航拍，我们得以看到高处的形貌，曲折而罕有人迹的小径，掩映在一片苍翠树木中，重安江从其下穿流而过。

1508年，贬谪贵州龙场的王阳明沿沅水入黔，经玉屏，过镇远、施秉、黄平，进入平越的驿站前，所见到的就是这样一个险峻迂回的七盘岭。500多年前，这里是中原地区和云贵往来的必经官道，也是从黄平方向进入平越的最大阻隔。行走在盘旋狭窄的山路之上，王阳明心生感慨，写下一首《七盘》：

鸟道萦纡下七盘，古藤苍木峡声寒。
境多奇绝非吾土，时可淹留是谪官。
犹记边峰传羽檄，近闻苗俗化衣冠。
投簪实有居夷志，垂白难承菽水欢。

秦汉至宋代，贵州疏离于全国交通网络中，这条穿过七盘岭，串联湘黔交通的官道，始建于元代。明代，贵州的陆路交通在元代驿路的基础上进一步发展，"湘黔滇驿道"成为贵州交通发展的大动脉，沿线驿站于洪武末期悉数建成，平越即是其中一站。进入贵州，从镇远舍舟登陆后，王阳明一路沿驿道向西，过了平越驿，距离贬谪的目的地——龙场驿也越来越近了。

平越位于四川、贵州边界（明时遵义属四川省），地处清水江与乌江的分水岭地段，因河流冲刷，境内地表破碎崎岖，沟壑纵横，从平越东到平越西边，需要跋山涉水，经历"山溪之险"，由此王阳明在诗中记录了这一带古树萧森、峡江震耳的情景。此时的王阳明仓促就道，蹀躞于途，眼前奇绝的贵州山水给他留下

七盘岭山势雄奇，险道盘曲，王阳明就是由这条古老的驿道进入平越城的，而后经贵定、龙里到达贵阳龙场的。摄影/吴学文

（左）福泉城东的一段湘黔古驿道遗存。 （右）平越驿站位于福泉城南的南门桥，始建于明洪武五年（1372 年），曾是贵州著名的十六个驿站之一，王阳明入黔时在此小住。2018 年，在驿站原址上修建了一座驿站文化主题的酒店。

平越思隐

深刻印象，于是字里行间表达出"境多奇绝"但"非吾土"的感叹。

"犹记边峰传羽檄，近闻苗俗化衣冠"，路过平越时，王阳明看到当地的苗人在穿衣打扮上已受到中原文化的影响。平越古"为蛮夷所据"，自宋代起居住于此的少数民族开始与中央王朝有较多的接触。元代至明代，地处湘黔驿道沿线的平越一直为州府治所，"各军卫徙自中原，因沿故习"，当地土著民族深受影响，所以境内"风俗淳朴，通汉语，衣服亦近于汉人"。

"投簪实有居夷志，垂白难承菽水欢"，王阳明笔锋一转，有感于此地山水奇绝与风物土俗，结合贬谪路上的见闻——在兴隆卫时他已有"夷俗不陋"的认知，并表达出"见外之轻而中有定者"的居夷之志。此时此际，当他翻越盘曲险峻的七盘鸟道时，内心滋长着一种化民成俗的志向，并流露出些许弃官归隐之意。思隐的另一面，王阳明又念及垂垂老矣的父亲，对生命意义也有深度反思。与王阳明龙场悟道、超脱生死之后所书写的"夷居信何陋，恬淡意方在""久客已忘非故土，此身兼喜是闲官"的心境相比，这首《七盘》体现了王阳明在赴谪路上、抵达龙场前内心复杂的矛盾之情。

在此之前，七盘岭曾出现在明代官修地理总志《明一统志》中，卷八十八描述了当时的平越卫，"东有巀黎山，又有七盘坡"，七盘坡"高峻崎岖，盘回七里。坡下有溪"，与今日所见到的景象别无二致。在史书中，七盘是一个标准的地理名词，而王阳明行经平越卫之后，七盘被赋予了行鸟道、思归隐的情境，成为一处可供后人感知的山水。

王阳明之后，还有许多著名人物行经湘黔驿道上的七盘岭。这里曾走过明代著名诗人杨慎、大旅行家徐霞客、清代著名学者赵翼、诗人洪亮吉，以及爱国政治家林则徐。明代贵州按察司佥事罗昕走过七盘，留下诗云："建芦鸣镳度七盘，无人不道行马难。"明嘉靖三年（1524年）冬，诗人杨慎贬谪途中行经七盘岭，写下七首《七盘劳歌》，描述翻越七盘的曲折过程，其中之一写道："一盘溪谷低，仰首愁攀跻。蚕崖白云上，鸟道金天西……"这些对七盘古道险境的感叹，莫不是当时贵州交通情况的缩影。

王阳明去世多年后，古驿道经过的地区建起了座座跨越河流的桥梁，人们行走其间，再也不用翻越山岭，他走过的七盘，因而慢慢被荒草遮蔽。这个凝聚了哲人智慧与心境的地名，是一段曾经客观存在的驿路，反映着500多年前平越地区的交通甚至土俗，也是王阳明漫漫入黔过程中的心境坐标，在他的笔下，七盘岭由史书中的地理名词蜕变为一处具有人文意涵的山水。

据福泉人回忆，直到20世纪，当地人还会翻越七盘岭去往贵阳，仅靠双脚，来回需要一天的时间，而今高速公路通车后，只需要一个多小时的时间。但对当时的王阳明来说，却只有这样一条路，一个选择。今天，已经看不到王阳明在七盘上经历的那些险恶，那些鸟道萦纡、古藤苍木，都已经随着贵州地理交通的变迁发展而远去，但他谪旅之中所背负及思索的精神世界，那条致良知的大道，确乎曾经过七盘岭这段"鸟道"。

平越思隐

重安江为清水江支流，源出麻江县，由西南向东北流经福泉，历史上曾形成多处沟壑纵深、水流湍急的险境。如今福泉市内重安江上游段兴建了一座凤山水库，是黔南州首座大型水库工程。

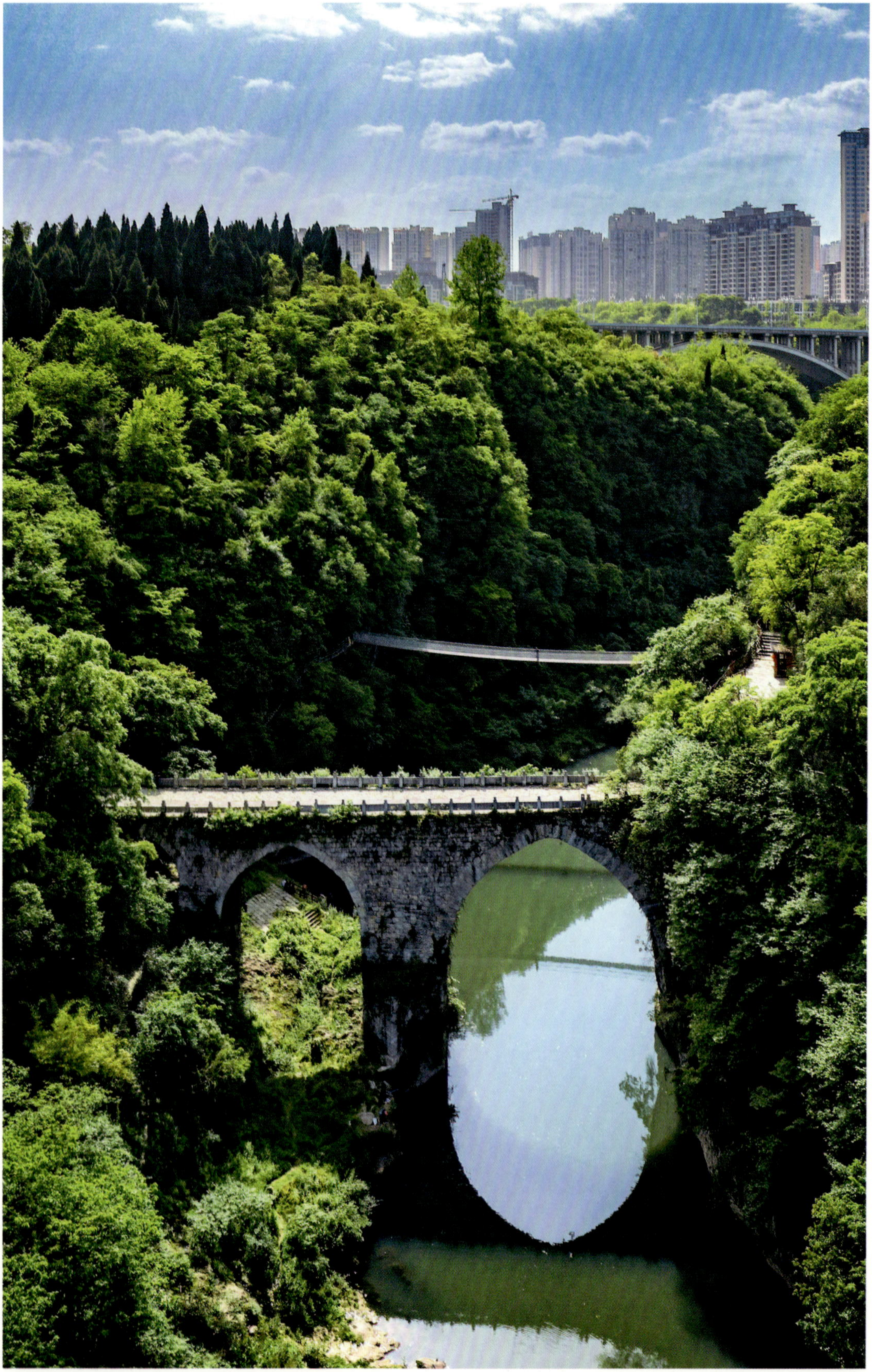

源源不断的福泉

魏水华 撰文
陈伟红等 摄影

中国至少有七座山以"福泉"命名。它们分别位于上海、浙江的绍兴和宁波、安徽的合肥和黄山、江西的上饶、贵州的黔南州。这些福泉山形态各异,传承各不相同,但有一个共同点:都是这个地区历史和文化的源起地之一。

有福之地,源源不断——这是各地福泉的底层共性,也是贵州福泉由古至今不断发展的历史脉络的关键词。

福泉建城的历史,始于元。当时的福泉山,还被称为"月山",元世祖忽必烈在这块依山傍水的平坦之地,安置了维护边疆稳定的军事机构——平月长官司。元朝疆域辽阔,因此特别重视驿路的建设,在贵州境内设置站赤,贵州开始被纳入全国的交通网络。明朝收复云贵地区后,承袭元朝的制度,于洪武十五年(1382 年)在此建立卫城,称平越卫。

贵州是连接湖广、四川、云南的重要地带。《明史》中记载"平越,贵州咽喉,无平越是无贵州也"。在平越地区设立卫所,使贵州原本割裂的东西部连成一个整体,从而将湖广通往云南的道路连接成线,极大地便利了行省之间的物资运输,也便于各府间的资源调配。重要的战略交通位置,加上当地是苗族聚居地,扼守湘黔要道的平越逐渐成为军事要塞,成为兵家必争之地。

在平越地区建造城池,也经过了精心设计,选址在山间险要之处,既加强了城池的防御,又可以得到良好的视野,周围的山地和河谷同时能为卫城提供天然的防御条件。明洪武十四年(1381 年),平越卫指挥李福"垒土为之"始建卫城,次年建成。初修的土城容易坍塌,不利于防守,于是在建文三年(1401 年),改土城为石城。

跟着福泉市文物保护研究中心的袁老师,一路从城中心的福泉山往城西走去,"福泉"之名源于这座道教名山,在至高处俯瞰县城,能够清晰地望见城市格局与发展脉络:明代沿山修筑的

平越
思隐

复杂的地形与地质条件,造就了贵州这个巨大的"桥梁博物馆",福泉的葛镜桥就是其中的代表之一。摄影 / 张晋铭

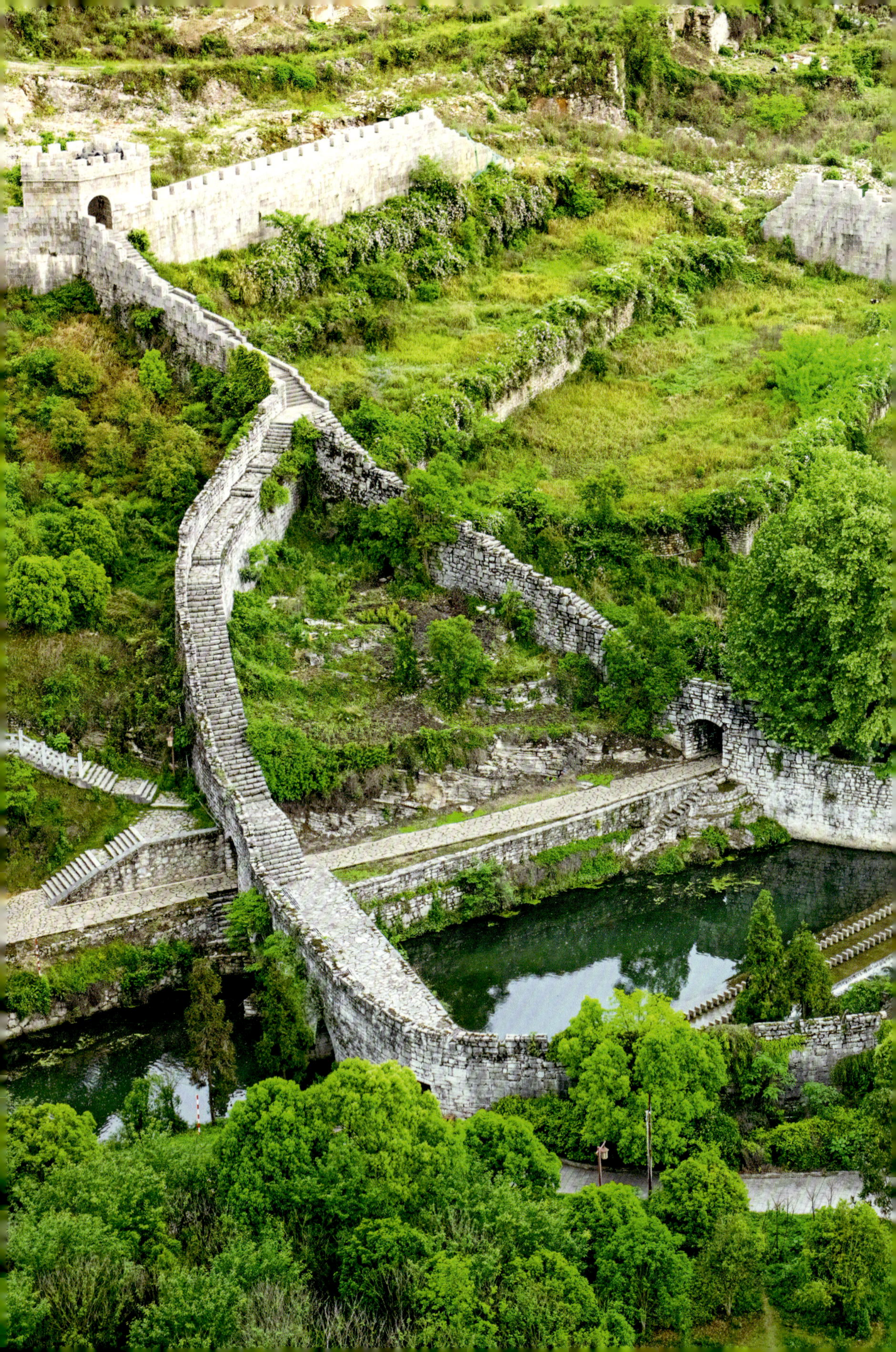

具有500多年历史的福泉小西门水城由内城、水城、外城三道城墙构成，设计巧妙，布局形式极具特色，至今大部分城墙仍保存完好。

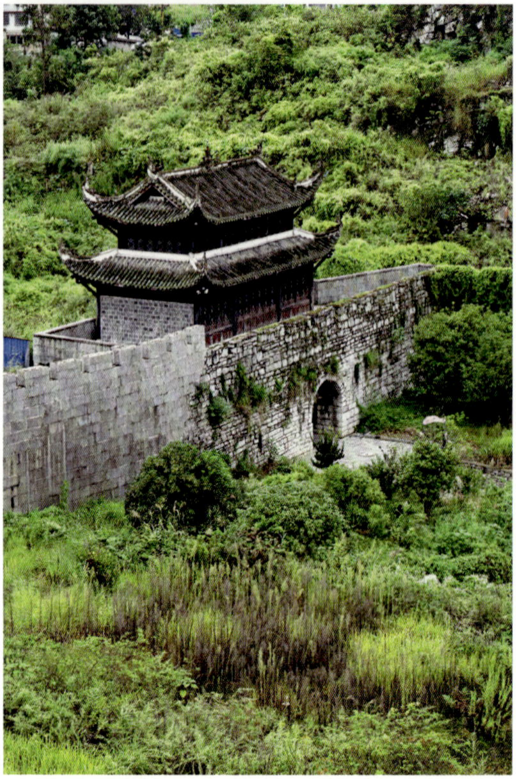

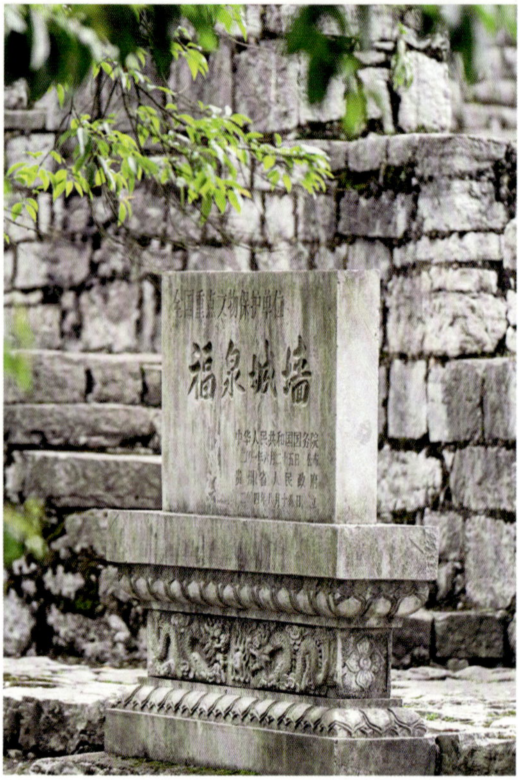
全国重点文物保护单位
福泉城墙
中华人民共和国国务院
贵州省人民政府

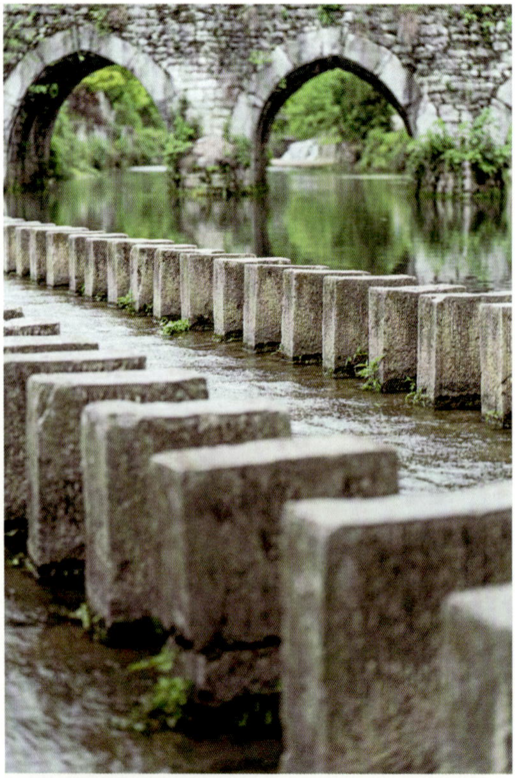

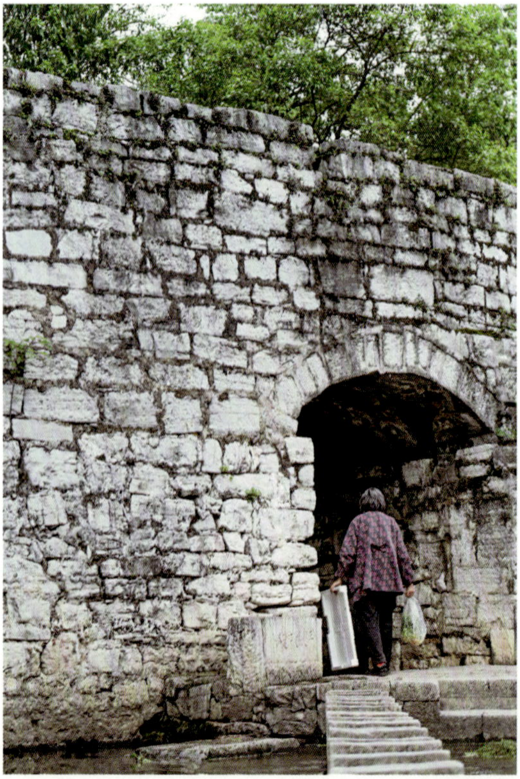

古城垣，在曾经的基础上正在被修复；平越驿站于旧址上重建，成为供往来旅人小住的酒店。福泉城内仍保留了很多有关平越卫的遗存，最显要的莫过于位于眼前的小西门水城。蜿蜒的城墙错落地向城外沿伸展，上下贯通，由石桥和石墩连接，脚下是由外河引入城的碧绿的池水。这段水城在16世纪中后叶几十年间集中建造，由外到内、源源不断的水，也串联起这座城市发展的脉络。

为什么会建造这样一处水城？明代，由于城墙建在山脊等高处，平越卫城内水源匮乏。当城被围困时，人、马常被渴死。于是在明成化年间（1465—1487年），平越卫指挥张能在城西增设小西门，将城墙延伸至河边，筑堰引水入城。小西门与原城墙一起，构成外瓮城的结构，既保证了水源供应，又增强了防守强度。明万历三十一年（1603年），平越总兵安大朝、指挥奚国柱、知府杨右陶等计议，在其外增筑一段城墙，将河段包入城中，形成内城、水城、外城的格局。经过三次修筑，平越城崇闳雄丽，固若金汤，为贵东之首。

百多年间，平越城几经修建且不断完善，曾经的轮廓、旧有的古城垣已变得十分沧桑，但它深深地影响了今日的城市格局，与福泉市中心的范围大致重叠。多段被保留下来的城墙和城门成为如今的城市风景，优美典雅，巍峨耸立，这个历史上的"平越卫"，已经融入福泉城市发展的肌理之中。

沿着沙河往福泉城外走去，距县城2.5千米的麻哈江，自西向东将福泉隔在了北岸，江水滚滚，三江汇合，形成了洒金河谷。河谷江流湍急，沟壑纵深，历史上是贵州通往湖广的古驿道必经之路。因为河流险急，行人到此，划桨渡江，往往覆没。不仅如此，明中叶之前，从平越东到平越西边，都需要跋山涉水，而且地处悬崖峭壁，所修道路狭窄，行进困难。王阳明贬谪贵州龙场途中，曾在此留下"鸟道萦纡下七盘，古藤苍木峡声寒"的感叹，这让后人对这里有了山高水急、难以翻越的印象。

距离洒金河谷不远处、麻哈江支流之上，有一座明代的石桥——葛镜桥，当地人叫它"豆腐桥"。这是王阳明去后百来年由当时致仕归乡的平越府人葛镜修建的，石桥的建成改变了这里原有的前路难行的境况。这里山势陡峭，水深流急，桥屡建屡塌，想在如此险恶的地理环境下，山间通路、河上搭桥困难重重，特别是要在没有任何现代化机械操作的明代完成，实属不易。

起初，葛镜选址在上游的马腰河建桥，但桥很快就被大水冲毁，因名"上倒桥"。继而建桥于下游鸭爪坝，也未成功，称为"下倒桥"。再建于中游，亦遭失败，称为"中倒桥"。几经失败，但葛镜仍不灰心，他对着滔滔江水发誓："桥之不成，有如江水。"于是他耗尽家财，前后花费30年时间，终于将桥建成。明代贵州巡抚张鹤鸣至此，深感敬佩，遂命名为葛镜桥。葛镜桥的建造，缩短了古驿道的行程，人们从此不必翻越七盘岭，就能轻松抵达福泉。

站在葛镜桥前，桥面虽斑驳，但结构与形制依然清晰可见。这是一座3孔石桥，全长51米，宽8.5米，高30余米。桥位于叠翠山北麓，从绝壁峭崖上堆砌起来，在江心建立一座30多米高的桥墩，最大跨度19.62米。其余两孔建在沟壑、山谷之中，实为旱桥，跨度分别为12.3米和6.26米。此桥用规整的石块

砌成，以糯米、石灰加羊桃藤拌和作黏合剂，并用铁水灌注桥面缝口，坚固异常。经历400年的风风雨雨，葛镜桥依然屹立，桥上布满藤蔓杂草，显得古老、苍劲。

抗日战争时期，国立交大唐山工程学院和北平铁道管理学院师生转移到当时抗战大后方的福泉县城，时任国立交通大学唐山工程学院院长、著名桥梁专家茅以升来到葛镜桥考察，写下了一句让福泉人引以为傲的话："竟有人建造出如此宏大的石拱桥，确实是一大奇迹。北有赵州桥，南有葛镜桥。"

在福泉两年多时间里，茅以升多次带领学生对桥进行测量和研究，40年后，在其主编的《中国古桥技术史》中，茅先生这样记录："唐山工程学院毕业班曾对葛镜桥进行测绘和用近代方法验算……可通10吨载重汽车……福泉葛镜桥，桥跨麻哈江共三孔，净跨为19.62+12.30+6.26米，变截面尖拱。葛镜桥独特的一整套技术运用，有的还尚待破解。其采用的小券石、变截面、石壁基础、无铰联等方法，也是大型传统石拱桥罕见使用的技术。"

今天的福泉已成为大西南出海的主要通道和华东、中南地区通往大西南的咽喉要道，四通八达的交通网络已将曾经的山河相隔、道路难行彻底变为了历史。这座黔南州北部的城市，也已成为黔中经济圈核心区的重要组成部分，同时也是地区生产总值第一、增速第一的城市。福泉的"活水"不断，20世纪90年代，地质工作者在福泉探明磷矿储量7.55亿吨，为中国之最，福泉甚至因此被称为"亚洲磷都"。对这些资源的发掘、利用已成为福泉重要的支柱性产业——这是一个源源不断的福泉。

（左页上、下）葛镜桥的石料端方整齐，形如豆腐，石块间借助拱券张力承载桥身的巨大压力，当地人也因此称它为"豆腐桥"。（右页）葛镜桥上，正在进行有600多年历史的福泉阳戏（傩戏的一种）表演。摄影 / 吴学文

平越

思隐

深游黔南指南
——体验风土变迁

王阳明曾以"鸟道萦纡下七盘,古藤苍木峡声寒"来感叹黔南的奇崛山水与艰险旅途,从清平卫(凯里市炉山镇)、平越卫(福泉市)、新添卫(贵定县)到龙里卫(龙里县),这片迷人秀丽的大好山水,在历史上却总被往来旅人引为畏途。在黔南,你最能读懂阳明心学在贵州的蓬勃发展,后来的贬官、边民、外地移民而来的建设者,都在这里延续着自己的认知与实践。

特色景点

都匀·东山公园
明万历年间,江右名士邹元标被贬都匀,与王阳明相似的"百死一生"的经历使他开始深刻体悟阳明之学,后在东山一带开席讲学,都匀由此成为王学重镇。东山公园内保留了诸多古迹、摩崖,山下的都匀一中,其前身之一便是邹元标所创建的南皋书院。

福泉·古城墙
依山而建的福泉城墙即是明初所建的平越卫城,是贵州省内修建年代最早、保存最好的古城墙之一。其最特别之处是在水城之外又建外城,可同时满足防卫与取水的需要。

福泉·葛镜桥
横跨麻哈江的葛镜桥地处湘黔间的交通要道,位于王阳明《七盘》一诗中所描述的七盘岭附近。此桥诞生于王阳明行经福泉约百年之后,由乡人葛镜历时三十年建造,可谓对"知行合一"的艰苦实践。此桥被茅以升誉为"西南桥梁之冠",也是福泉130余座明清石桥中的佼佼者。

都匀自然风景 摄影/卢文

旅行时节

贵定 · 金海雪山
春季
这里没有大海,也没有雪山,但在每年春季,大片油菜花如海潮般盛放,漫山李花、梨花则将山头装扮得雪白。附近的音寨村则被誉为"中华布依第一寨",已有600余年历史。

龙里 · 油画大草原
夏季
你可能想不到,在峰林耸峙的贵州也有这样连绵起伏、一望无际的草原景观,这是中国西南唯一的高山台地草原,最适合夏季前来避暑。

福泉 · 李家湾古银杏
秋季
这棵需要13人牵手才能合围的巨大银杏树据称已有约6000年历史,是世界上现存最古老的银杏树之一。每年秋冬之际,便落下满地金黄。

贵定油菜花　供图 / 视觉中国

风物小吃

都匀 · 毛尖
都匀毛尖是中国十大名茶之一,也是贵州最负盛名的茶叶。正宗的毛尖茶叶翠绿,叶片上有细小的"白毛毛",条索卷曲如鱼钩状者更是其中上品。

贵定 · 烧饼
新鲜出炉的烧饼散发着芝麻香气,内里的肉末、香肠、香葱馅料则混合鲜香甜辣的口感,这一口烧饼便是许多贵定人的乡愁。这种复合的"怪味"是许多贵定小吃的招牌。

都匀毛尖　供图 / 视觉中国

在地体验

福泉 · 平越驿站
酒店
平越是福泉的古名,明清时期是湘黔驿道上的重要一站。这座仿古风格的园林式酒店可以带你领略福泉的驿站文化。

贵定 · 云雾茶乡
采茶
东坪村是云雾茶的重要产地,春天的采茶季,可以漫步在葱郁的茶山茶园之中,也可以加入当地人的采茶队伍。这里也是苗族芦笙长鼓舞的传承基地。

贵定 · 洛北河
漂流
号称"黔中第一漂",全长达12.5千米的洛北河漂流确实体验不俗。出发时还水势平缓,很快就能感受到跳陇岩、磨子岩等滩点带来的惊险刺激。这里是与国家体育总局水上训练中心合作打造的体育公园,有不错的安全保障。

平越驿站　摄影 / 陈伟红

始知圣人之道，吾性自足，向之求理于事物者，误也。

——《阳明先生年谱》

第三境 龙场悟道

陽明玩易窩

此軒轅氏寄長生
鶻猶支生玩易
明萬曆庚寅龍源大圖立書

此刻，我正位于贵阳修文县城边上的一处溶洞之中，循台阶一路下探，洞穴幽深，数亿年任水滴石穿。岩壁狰狞，凹凸扭转，将空腔合围，居于其间如深入大地母体。这是贵州喀斯特地貌中最普通不过的微细毛孔，却足以让五百多年前的京城来客骇异，进而迷恋，并且意外成为影响中国哲学史的一处福地。

洞穴入口处的摩崖石刻是万历十八年（1590 年）水西土司安国亨的题字"阳明玩易窝"，而那位京城来客就是从兵部主事贬谪为龙场驿丞的王阳明。

贬谪之路

王阳明生平有诸多谜题，何时踏上贬谪之路便是其中之一。我们姑且采用学者束景南的考证：正德二年（1507 年）王阳明被贬出京，寓居钱塘（今杭州），假造被刘瑾追杀的桥段，借之避祸武夷山，想要出家归隐，后改变心意，先回南京为父亲王华贺寿，接着与被罢官的父亲一同侍奉祖母岑太夫人回故乡绍兴，直到正德三年（1508 年）开春，才启程到达贵州。

无论这段经历是否与史实相符，王阳明在赴谪之前经过曲折的心路大概无疑，不过一旦决定西行，他就被与生俱来的浪漫气质所裹挟，一路畅游名山大川，吊古访友，说道谈禅，留下诸多诗文。

在他沿途拜谒的古迹中，有两处祠堂尤为引人注目。其一为江西萍乡的濂溪祠，宋明理学开宗人物周敦颐曾在这里担任镇监税，士子多来从游问道，后人建有祠堂供奉纪念。儒学自东汉之后逐渐衰落，唐代因为官方尊崇佛、道，儒学受到的冲击巨大。从中唐开始，以韩愈为代表的儒家学者掀起一股"逆反"风潮，直接启发了北宋的"新儒学"，也就是"宋明理学"——成为儒

龙场悟道　世间传奇

霍亮子　撰文
吴学文等　摄影

玩易窝洞内石壁上有保存完好的贵州宣慰使司安国亨撰书"阳明玩易窝"和"夷居游寻古洞宜，先贤曾此动遐思。云深长护当年碣，犹似先生玩易时"摩崖。摄影 / 陈伟红

玩易窝是贵州喀斯特地貌天然造就的溶洞，洞内阴暗潮湿，但又暗藏生机。图为玩易窝洞壁细节。左图摄影 / 贾华　右图摄影 / 王家乐学对佛教的正面回应。其中周敦颐根据《周易》建立的"太极图说"等理论从宇宙洪荒阐释万物的发生发展，为宋明理学搭建基础。王阳明在《萍乡道中谒濂溪祠》中恭敬地写道："千年私淑心丧后，下拜春祠荐渚苹。"

另一处为岳麓书院，王阳明在长沙一连住了八天，除了凭吊屈原以自悼之外，重点游览的还有朱张祠。南宋乾道三年（1167 年）两位宋明理学的扛鼎人物朱熹与张栻曾一同在岳麓书院讲学，赫曦台下的朱张祠便是为此而建，为天下士人景仰。到南宋朱熹时，宋明理学已经发展为缜密的理论体系，并在其后被树立为官方正统。王阳明以一首洋洋洒洒 532 字的七言长诗《游岳麓书事》记述这次游历，为生平写就的最长诗篇。他虽以"我来实仰止"（《陟湘于迈岳麓是尊仰止先哲因怀友生丽泽兴感伐木寄言》）表达对朱张的崇敬，不过对于朱熹的格物致知之论却一向抱有怀疑，在长沙所作的《澹然子序》起首也有"人，天地之心"这样的心学表达。在颠沛流离的贬谪之路上，一场思想上的突破正在酝酿。

君子于困

"王阳明一开始并不想去贵州，甚至想过出家，但是他下定决心去龙场之后，是怀有一腔浪漫主义情怀的。"我们在北京大学人文社会科学研究院采访院长杨立华时，他如是说。

直到到达龙场驿，这种激情才霎时幻灭，"始予至，无室以止，居于丛棘之间，则郁也"（《何陋轩记》）。杨立华说，"我们完全可以把王阳明的诗当成他的心境解读"，到贵州后王阳明的诗歌风格为之激变，写下了平生最好的一些五言古体诗。

龙场虽然不至于是渺无人烟的荒野，但龙场驿显然已经荒废了，日常生活起居的困难程度是此前未曾预料过的。一开始没有合适的住所，只得在荆棘之间造一座茅屋暂且居住，"草庵不及肩"（《初至龙场无所止结草庵居之》）；面对青黄不接的绝粮处境，需亲自开荒耘田，"夷俗多火耕，仿习亦颇便"（《谪居绝粮请学于农将田南山永言寄怀》）；日常也免不了上高山采食野菜，"采蕨西山下，扳援陟崔嵬"（《采蕨》）；还需入深林伐木采薪，"朝采山上荆，暮采谷中栗。深谷多凄风，霜露沾衣湿。采薪勿辞辛，昨来断薪拾"（《采薪二首》其一）。

他初到龙场，"郁也"，也有"游子望乡国，泪下如心摧"的时刻（《采蕨》），但很快调适过来，诗文中时时透出活泼与生气。经过宋明理学的洗礼，明代士大夫的格局精神已经大不相同。唐代士大夫的精神根底主要是道教和佛教，在政俗两面，都可以看到宗教迷狂的深刻影响。而到了宋代，由于儒学的复兴，士大夫普遍具有理性和道德自律，这在他们遭遇贬谪这种重大挫折时体现得尤为明显。唐代士大夫，哪怕是像韩愈这样倡导儒学复兴的前辈，到了贬所都难免怨天尤人。但到了北宋，不用说程颐在涪陵三年，归来时气色胜于前，谈到"大凡学者，学处患难贫贱，若富贵荣达，即不需学也"；就是苏东坡在流徙海南，仅次于死罪的重创面前，也能饶有兴味地写信给小儿子苏过，分享生蚝的吃法，并且叮嘱千万别泄露这天机，以免不能独享美味。

宋代对士大夫相对宽忍，明代则较为严酷，即便这样，"遍地刚烈"，比前朝有过之而无不及，王阳明在贬谪中的对应相当有代表性。他在《采薪》一诗的末尾写道"薪水良独劳，不愧吾食力"，尽显面对困苦时的达观。

当王阳明把自己置身于儒门弟子的序列，自诩文明传承者身份时，他的贬谪就有了文化与历史的纵深，等同于过往所有施加在君子身上的磨难，他不可能不想到孔子"厄于陈、蔡"，颜回"箪瓢屡空"，曾点"归咏春风"，和孟子"天将降大任于斯人也"的训诫；他不可能不将自己的命运与屈原、陶渊明做比对。先贤们已经做出示范，他只需去接受这场淬炼。这也可以解释，为何在龙场留下的文字中，王阳明反复强调"君子"，一系列起居场所都围绕君子命名。

王阳明在龙场几经搬迁，刚抵达的时候住草庵，觅得附近一处洞穴，取名"玩易窝"，这是他研读、思考易经之所在。后来发现东峰的东洞宽敞可居，便与仆从移居到此，将之改名为"阳明小洞天"，与在故乡会稽山所居的"阳明洞天"呼应，搬家的过程相当愉悦，"我辈日嬉偃，主人自愉乐"（《始得东洞遂改为阳明小洞天三首》）。后当地热心民众又帮他新建了住宅。王阳明将新居命名为"何陋轩"，又建"君子亭"，取"君子居之，何陋之有"之意，设有迎客之所"宾阳堂"，也是将太阳比作君子，表明心志。

龙场之悟

王阳明在龙场虽然生活困顿，但并非绝境，它可能在不同维度上恰到好处地为一场思想风暴创造了适宜的环境。

束景南反驳了《王阳明年谱》中对于龙场的夸张描述，比如"蛇虺魍魉，蛊毒瘴疠，与居夷人鴃舌难语，可通语者，皆中土亡命"，他指出龙场作为驿道通路，所居者很多是已经通汉语、化风俗的苗民，而王阳明虽遭贬谪，但并非罪犯，又是京城名流，受到官民们相应的礼遇，"群僚环聚讯，语庞意颇质"（《初至龙场无所止结草庵居之》）。他请学于农，也是以地方官的身份带头耕稼，进行"贫寨发余羡"（《谪居绝粮请学于农将田南山永言寄怀》）的春荒救济。

在亲事农耕的实践中，他发现地势低的田地宜于种稻，地势高的田地宜于种稷；种蔬菜需要土壤疏松，种芋头则需要土壤湿润；天太冷庄稼结籽不够饱满，天太热则会有害虫滋生。"物理既可玩，化机还默识"（《观稼》），这样的格物致知、即物求理倒是更符合朱熹的本意。早年王阳明曾有面对竹子枯坐七日格物，然后病倒的经历，这并非朱熹的错误，朱子也曾格竹，方法是以竹竿为标记，得出竹笋一夜能长数寸的观察。杨立华说，"自朱熹之后三百年，只有王阳明一个人是这样格竹的"，他还指出王阳明反驳朱熹对《大学》的重新编辑，坚持《大学》古本并没有道理，所写的《朱子晚年定论》也有硬伤，"但是真正原创性的思考是可以不依附于经典的"。王阳明尽可以误读经典，却不妨碍他演绎出一整套自成逻辑的哲学体系。

现今的玩易窝洞穴湿滑，遍布青苔，将之仅仅视作王阳明在龙场遭受苦难的证据，恐怕并不准确。走访玩易窝后，我见到了1989年起便在当地参与寻访和保护王阳明遗迹的修文学者杨德俊，他指出现在玩易窝遗址公园对面的油笋街应为龙场驿原址，玩易窝原本所在的

玩易窝现被开辟成修文玩易窝遗址公园。

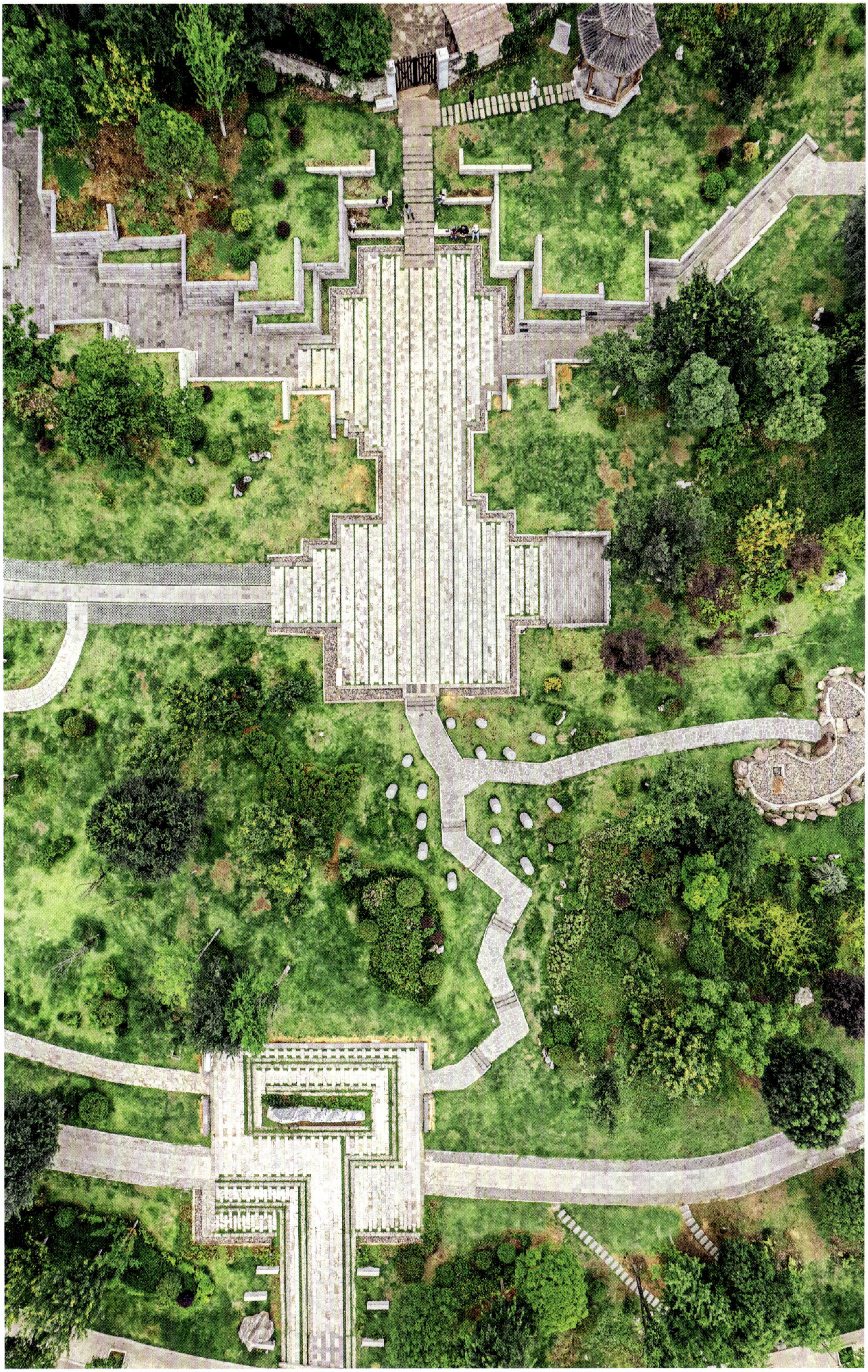

位于修文城北的中国阳明文化园。摄影 / 徐庆一

第三境

龙场悟道

小孤山早已不复五百年前的原貌，由于20世纪70年代的开山采石，还有山脚下不断地填埋，小孤山被"夷为平地"，古时玩易窝地势较高，山体结构未遭破坏，岩壁应该更为干燥。

王阳明热衷道教的养生导引之法，一直强调"默坐澄心"的功夫，他后来曾对弟子冀元亨说起在龙场的一段经历："一日在龙场驿静坐，到寂处形骸全忘了。偶因家人开门惊觉，香汗遍体。谓'释家所谓见性是如此'。"（《桃冈日录》）玩易窝更像是他觅得的一处洞天福地，用来体悟天理。很多人认为，正是在这里发生了在任何一本中国哲学史籍上都无法遗漏的章节——"龙场悟道"。《王阳明年谱》中有如下记载："忽中夜大悟格物致知之旨，寤寐中若有人语之者，不觉呼跃，从者皆惊。始知圣人之道，吾性自足，向之求理于事物者误也。"似乎得到仙圣点拨，睡梦中的王阳明醍醐灌顶，得出向外物求理是不对的，应该转而向内求索的觉悟。年谱的描述充满戏剧性，也成为影响后世观念的主流。

与悟道最直接的相关表述记载在王阳明龙场所作的《玩易窝记》与《五经臆说序》中。前者说自己在玩易窝读《易》，不得要领处"仰兮思焉，俯而疑焉"，一旦通透则"沛兮其若决，瞭兮其若彻"；后者写自己每日坐在石洞里，默记所学经典，有所感悟时就记录下来，大概花了一年又七个月的时间，把五经要旨阐释了一遍，写就《五经臆说》，他特别指出"盖不必尽合于先贤"，就是说，跟前辈——指朱熹相比有所不同。在后来的《朱子晚年定论序》里，他把这一过程总结为"其后谪官龙场，居夷处困，动心忍性之余，恍若有悟，体验探求，再更寒暑，证诸'五经''四子'，沛然若决江河而放诸海也"。

学者詹良水在《王阳明"龙场悟道"考辨》一文中指出："龙场悟道"前有长时间积累的"渐悟"作为体验准备，并不否定年谱所说的一夜彻悟。这种渐悟可以追溯到他早年对于心学的追随，在贬谪之路上的思索。及至龙场，在"居夷处困"之中，他观察物理，也观察人心，多次提及夷人之"质"，发现不曾读书、性情真挚的人，却更容易接受教化，士大夫们反倒更容易被"知识"所蒙蔽，难以沟通。他反复向经典求证，以自己的体悟对四书五经做出独特的阐释，最后开创出自己的哲学体系。

历史上王阳明在龙场悟得"心即理"，创"知行合一"，后倡"致良知"，而今阳明心学蜚声中外，修文则被誉为"王学圣地"。

知行合一

杨立华更愿意将王阳明放回宋明理学的背景里进行理解，把"龙场悟道"总结为"理性思考取得的思想突破"，他评价龙场悟道的价值："这是奠定王阳明思想的重大突破，是个人原发性思想创造的初步形成。"

清华大学国学院院长陈来教授在20世纪90年代著有《有无之境——王阳明哲学的精神》一书，是研究王阳明的经典读物。书中对"知行合一"有详细解析，指出"知"与"行"是儒家学说中的一对重要概念，《尚书》便提出"知易行难"（"非知之艰，行之惟艰"）的命题。到宋代理学，知行的讨论有了很大的发展。在朱熹对《大学》的解读中，格物、致知、诚意、正心、修身，是一个阶次分明的完整过程。而王阳明则有不同看法。鉴于朱熹在明代的正统地位，是科举考试的标准答案，王阳明的"异见"不仅大胆，而且危险。

王阳明的"知行合一"可以说就是针对朱熹"论先后，知为先；论轻重，行为重"提出来的。他生平关于"知行合一"有过许多阐发："合一"的意思不是说二者完全相同，而是二者不能割裂。如"真知即所以为行，不行不足谓之知"（《答顾东桥书》），好比在道理上明白孝顺父母、友爱兄弟，但并不付诸实践，那么就还是"未知"，这是因为私欲遮蔽了真心。同样，只有亲身经历了痛感的人才知道什么是痛，经历过寒冷的人才知道什么是寒，这些"知"的产生是依赖于"行"的。"知是行之始，行是知之成"（《传习录》），强调知与行中互相包含的因素。

"知之真切笃实处，即是行；行之明觉精察处，即是知。"（《答顾东桥书》）在这里王阳明指出，人的思维活动，也是一种"行"，而在实践中，也必然包括思考、分析等意识，王阳明常说知行"只是一个"。

虽然王阳明的学说一度被官方斥为"伪学"，但仅从哲学分析来看，陈来认为，知行合一说固然提出了许多新的观点，但与宋儒并非全无继承，"阳明与朱子关于知行的命题，在这种对应于不同问题的意义下，是各自成立的。换言之，每一方的命题如果不被绝对化的话，都含有具体的合理因素"。

早在《有无之境——王阳明哲学的精神》中，陈来就提出，"知行合一"在王阳明思想的整个历程中并不构成一个特别阶段。因为，龙场之后直至居越时期，王阳明始终提倡知行合一（虽然不同时期的知行合一在内容上有所不同）。阳明思想作为一个多方面、多层次的综合系统，其中许多方面，如"心即理"，与"知行合一"一样，都是系统中始终不变的命题。

龙场之悟后："他的思想在知行合一的基础之上进一步展开。有了知行合一，就涉及对《大学》全部的重新解释，那么就有了'心外无理''心外无物'。既然'知'总是在'行'之中的，知行总是一贯的，所以怎么会有一个脱离了'行'的格物阶段？人在每一天的具体实践中去格物就可以了。我就不用到外面去求理了，不用专门盯着竹子。到晚年他把这一切都总结起来，就是'致良知'。《大学》讲'致知'，《孟子》讲'良知'。王阳明把《大学》和《孟子》联结，提出了'致良知'说。'良知'既然是我内在固有的知，我就不用向外去求这个理，只不过要有一个不断'致理'的过程，那'致'就有'行'的含义，所以都融化在里面了。"杨立华说。

王阳明自己也说"吾'良知'二字，自龙场以后，便已不出此意。只是点此二字不出。"（《传习录拾遗》）

天理人欲

"程朱陆王"是宋明理学的典型代表人物，前两者是"理学"派，后两者是"心学"派。与朱熹的"格物求理"相反，陆九渊就曾有关于"心即理"的表达，陆九龄将其发展为理论，王阳明则进一步将其阐释为"心外无理、心外无物"，乍听上去难于理解，从字面意思来看，如果说所有"天理"与"真知"都在内心之中，不假外求还能勉强理解的话，那么为什么会"心外无物"呢？关于此杨立华有一个独特的解释：我们对事物所有的认识都是建立在已有的文明基础上的。他以眼前的纸杯为例："为什么纸能用来做杯子？纸这个材料是怎么累积出来的？某一类的纸透水的情况如何？"不同文化下纸杯也可能呈现不同的含义，"如果我们把整个人类文明当作一个大'心'的话，那么，所有的'客观'之理都不在这个大'心'之外。如果我们把阳明的'心'理解为一个民族的历史精神发展的整体，那么，'心外无理'可以说是完全正确的"。

在王阳明的概念里，良知是真知，是天理，在一个文明里成长起来的人，不用特别教化，不可能不知道善恶是非，而之所以不能践行，就是因为被私欲蒙蔽了真知。王阳明讲"知行合一"，讲"致良知"，针对的都是知行分隔的现实，所以他强调"静时念念去人欲、存天理；动时念念去人欲、存天理"（《传习录》）。

与一般所理解的"人欲"不同，在宋明理学的框架里，人欲也即私欲，不是正常的需求，而是过分的欲望。在此理解上，"存天理、去人欲"方面，王阳明比朱熹的追求更为极致。

陈来在《宋明理学》中提到，宋明理学家都以儒家的仁、义、礼、智、信为根本道德原理，以"存天理、去人欲"为道德实践的基本原则。

而宋明理学到了王阳明的时代，主题已经跟北宋初年截然不同，儒学早期需要抗衡佛道的使命已经完成，儒家已经成为无可置疑的思想体系与生活方式，王阳明基本不需要像周敦颐那样讨论天地万物是怎么创生的，他只需面对人间命题，思考人类文明中的世界，并将理论的探讨进一步落在道德的教化上。

所以他甚至有"一念发动处，便即是行了"（《传习录》）的说法，这里的"一念"显然是指恶念，人如果动了邪恶的心思，就与有邪恶的行动无异。

一代传奇

但也需承认，王阳明的思想表达越到晚年，越简易直接，所以能深入人心，激发起普通人在日常生活中的道德激情。杨立华说自己读《传习录》最受用的一点是王阳明讲"人跟黄金一样，分量有大小，但从成色上讲，再重的黄金，成色也不过是99.99%。一个普通老百姓，贩夫走卒，分量很轻，但成色上可以与圣人无别。这在儒学发展史上的确是了不起的一步"。

他认为儒家哲学到王阳明以后，才真正成为大众哲学。这是王阳明的伟大贡献，在此之前，中国哲学的思考大部分局限在士大夫精英层面。而阳明学之所以具有如此的感染力，根源于这种简易直接的主体性的充分发扬。"这种心灵高度的主动性，落实在个人的生活中，就是用生命的激情去肯定自己日复一日、简单重复、平凡朴素的生命。让每一个人，哪怕在最细小的努力当中，都贯注着自己道德的激情。这就是致良知说的伟大！"

王阳明年少时就立志成圣，年至五十已名满天下，四方"裹粮而来"者不计其数，"环先生而居者比屋，如天妃、光相诸刹，每当一室，常合食者数十人。夜无卧处，更相就席，歌声彻昏旦。南镇、禹穴、阳明洞诸山、远近寺刹，徒足所到，无非同志游寓所在"（《传习录》），生前画像就被人们争相收藏供奉，逝世后五年在贵阳建祠，五十五年后配祀孔庙。被后世评价为"立德、立言、立功，皆居绝顶"。

过去很长一段时间里，学者们还普遍接受年谱的陈述，把其中神秘主义和戏剧化的表达当作史实。现在学界则认为年谱亦有一些错讹和夸张之辞，需加以辨析。然而，即便将这些神化的伪饰去除，即便龙场悟道并非旦夕发生，王阳明仍是无可争议的传奇式人物。

嘉靖初年，在声名日隆的居越时期，他于中秋夜即兴赋诗："处处中秋此月明，不知何处亦群英。须怜绝学经千载，莫负男儿过一生。影响尚疑朱仲晦，支离羞作郑康成。铿然舍瑟春风里，点也虽狂得我情。"（《月夜二首》其二）其中对于身边英才集结的自得，对于自己学问与真知的自信，对于超越先贤的自满，溢出纸面。陈来曾把此诗最后两句装裱在客厅里悬挂。他指出，宋明理学家的另外一个特点就是都以儒家的圣人为理想人格，以实现圣人的精神境界为人生的终极目的。

杨立华并不将王阳明成圣的自诩视为狂妄，他认为说这是一种儒家弟子的天命观，"从古到今的大儒都有这种心态，孔子说'天之将丧斯文也，后死者不得与于斯文也；天之未丧斯文也，匡人其如予何'，说上天如果要想灭掉这种文明，这种文明我就不应该得到，既然我得到了就证明上天根本不想灭掉这种文明。它是一种巨大的责任与使命感，可以理解为中国固有的、对人在宇宙和历史间的位置的觉醒，我虽然很渺小，但我又很重要"。

以他对中国哲学史的研究心得，认为我们的文化里没有彼岸世界，我们追求的一切都在此世。不用虚构天生原罪、天堂地狱、末日审判。当以彼岸为追求的时候，"此世"总体上被视为缺陷。如果我们把对此世的不满，投射到一个虚幻的影子上去，并以彼岸为目标，那么此世就是过程，是要被克服和超越的。但中国人不是这样，我们认为此世是唯一的目的，也是唯一的过程。这就形成了完全不同的文明道路和哲学目光。也因此，我们特别需要传奇，这样才能够令生活脱离凡俗，让平凡的日子变得有趣。王阳明就是这样的传奇，激发着普通人超越式的道德与人生理想。

21世纪的玩易窝不断迎来朝圣的游客，数十人的团队不时将溶洞填满。自亿万年形塑以来，这方大地的缝隙从未如此喧嚣。人群熙熙攘攘，对于王阳明传奇人生的描述与议论，"知行合一"四字，似乎已成为我们对于"知""行"关系的本能反应，就像当我们说起"理所当然"时并没有意识到它与宋明理学的关系。无论是否理解"知行合一"的本意，王阳明的哲学思想都已沉淀为我们文化心理结构的一部分，或者说已成为我们的文明之"心"。

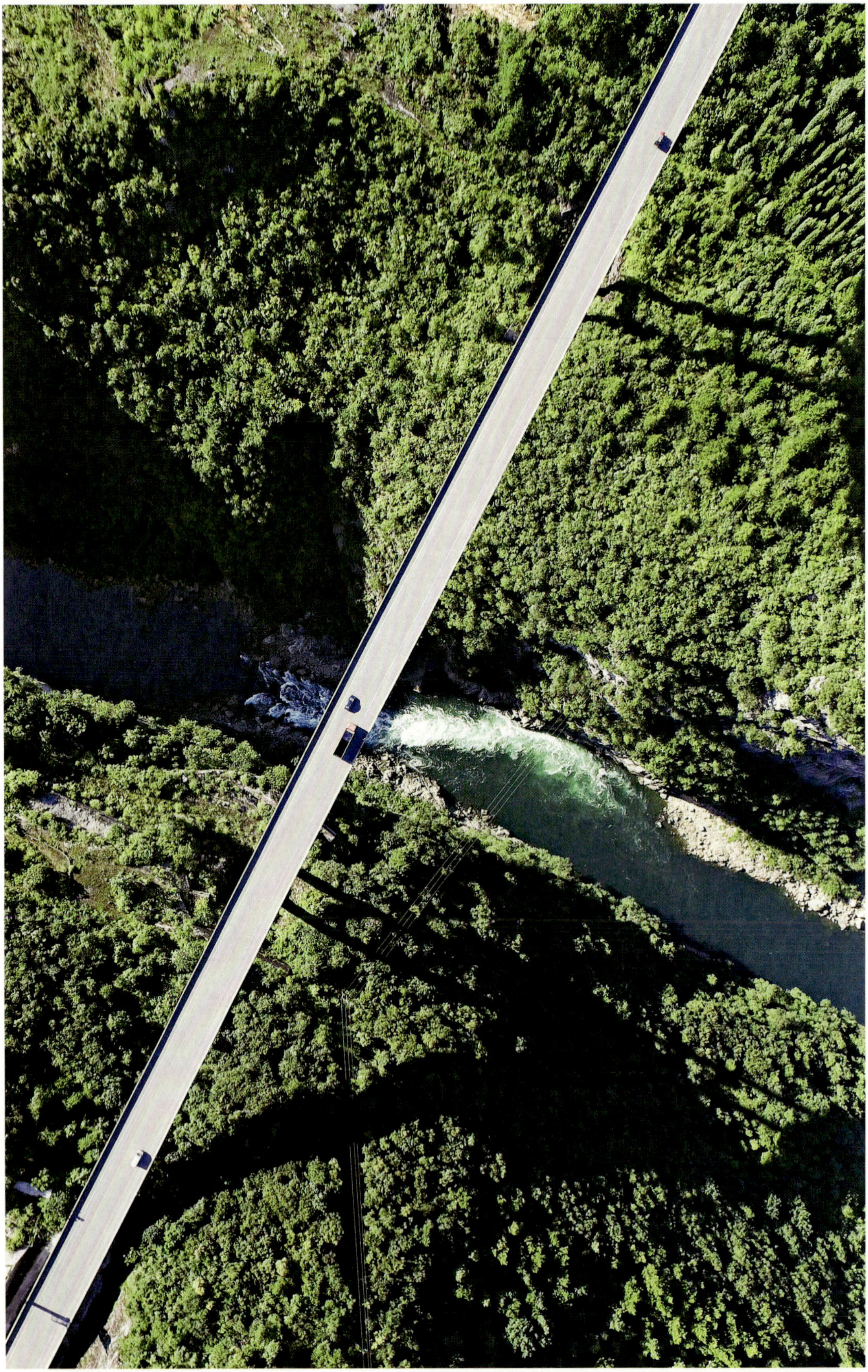

向腹心延伸，向中原走近

周舒 撰文

出修文县向西北，走大道，过村路，沿着连绵不尽的山头转弯盘旋，来到一处名为大背垭口的地方，"三人坟"的碑刻赫然立于道旁。即使不是阳明先生的追慕者，仅是普通的自驾游客，路过都要在此停留片刻。但很少有人知道，通往坟冢、长满杂草的阶台正是历史上龙场九驿的古道遗存。

时间过去了五百多年，在修文，龙场、六广等地名尚存，但曾经的古驿道几近荒废，驿道旁早已修筑了公路，驿道、驿站的遗迹已鲜少可寻。钱星在《浅谈明代贵州山地交通》中，称"龙场九驿的开设成为贵州交通史和民族交往史的一座里程碑"。曾经的龙场九驿在大明舆图上的地位缘何重要？我从贵州省博物馆里陈列的一张永乐十二年（1414年）的贵州政区图上发现了一些线索。

明朝于各省设立三司以统辖，即民政总机构承宣布政使司、司法总机构提刑按察使司和军事总机构都指挥使司。而贵州成为省级行政建制的序幕，是从明太祖洪武十五年（1382年）设置贵州都指挥使司拉开的。至明成祖永乐十一年（1413年）设布政使司，贵州正式成为明朝的第十三个行省，但这并不意味着朝廷已掌控了贵州全域。

明朝时，中央集权向贵州渗透的举措是设立卫所与驿道建设相辅相成。贵州卫所的"上六卫"扼制滇黔驿道，"下六卫"控制湘黔驿道，"西四卫"守护川黔滇驿道，共同形成覆盖贵州的交通网络。但是，当地土司领地的存在直接导致了贵州卫所建置的不均衡。即便到了永乐年间（1403—1424年），贵州西北角上仍有大片的空白没有设置卫所，几乎占去了当时全省辖境的三分之一。

这片土地内接贵阳府，西毗四川、云南诸省彝区，东邻播州土司地，战略地位显而易见，由当时最大的土司——贵州宣慰使

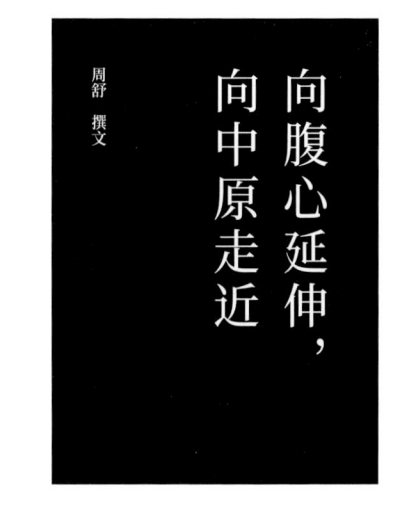

龙场九驿全长二百余千米，一路从修文经黔西、大方至毕节，走向与今天的贵毕公路基本一致。图为修文与黔西交界，连接贵毕公路的六广河大桥。供图/视觉中国

司水西安氏掌管。而唯一贯穿这片区域、使封闭的黔西北连通了外界的道路，正是龙场九驿：出贵阳城西北，以龙场驿（今修文县城）为首，经陆广驿（今修文县六广镇）、谷里驿（今黔西市谷里镇）、水西驿（今黔西市城关镇）、西溪驿（也叫奢香驿，今黔西市大渡桥侧）、金鸡驿（今大方县城南）、阁鸦驿（今大方县西北）、归化驿（今大方县归化镇），最终抵达水西安氏土司政权中心所在的毕节。

尽管已经相隔五百多年，在荒草丛生的古驿道上踏下的每一步，都能使我感受到王阳明诗句中所慨叹的前路艰难。悟道之后，王阳明从龙场驿出发，沿着青石砌垒的道路前往陆广驿，进入更深远的水西地区，一路上讲学、传道、收徒，不仅留下众多描述自然风光和个人感触的诗文，更在龙场、陆广、水西等处留下了诸多文化遗迹。可以说，驿道的开发在一定程度上促成了阳明心学的形成、发展和传播。

回溯龙场九驿的开设，明朝中央权力想真正嵌入土司掌控的水西地区的过程并非那么顺利。

贵州的第一大河乌江，在黔西北境内叫作鸭池河，河西为水西安氏领地，河东为水东宋氏所辖。明朝初立时，太祖皇帝朱元璋经略西南，水西土司霭翠审时度势，与水东宋氏一同接受了招抚。但安氏在水西已生息繁衍了一千多年，有自己的文字、书籍、思想以及制度化的权力统治架构，这让朱元璋心中隐隐不安。

洪武十六年（1383年），霭翠病逝，其妻奢香夫人代理贵州宣慰使之职，统领水西。因感恩朱元璋惩治使奢香受辱的贵州都指挥马晔，洪武十七年（1384年），奢香"刊山凿险、开置驿道"，以"回报"朱元璋解除贵州"远在要荒，驿传官道，梗塞未置"的心结。

黔西北广泛发育的喀斯特地貌给驿道的开辟提供了取之不竭的各类石材，龙场九驿首次出现在大明的交通图上。与此同时，水西的版图上也出现了第一个卫所——毕节驿，为朝廷免去了黔西北"梗塞未置"的心患，这对中央在西南地区的经营统治至为关键。

从秦汉至两宋，贵州的交通网一直处于孤立的状态。秦朝开通的"五尺道"、汉朝开通的"南夷道"、唐朝开通的"牂牁道"、宋朝开通的"买马道"等，实则都未能进入贵州腹地。这既不利于中央朝廷的管理，也使得居住在此的人们处于封闭的状态，社会文明程度远不及中原地区，使该地区越发被视作蛮荒未化之地。

明代，因为"驿道所经"，贵州成为湖广、四川、云南、广西四省连接的重要纽带，是贵州建省的重要契机。龙场九驿在这样的背景下开设，是中国历史上首次把驿道修进一直以来长期处于封闭状态的水西彝族地区，成为激活黔西北交通网的密钥，进一步使贵州合为一个整体——全长560余里的驿道向东连接湘黔、川黔驿道而通四川、湖广，向西则经乌撒（今毕节市威宁县）、乌蒙（今云南省昭通市）而达云南，彻底打开了与川、滇、湘的通道，正所谓"九驿邮初置，三巴路已通"，外界事物与中原气象也由此进入黔西北。

一百多年后，龙场驿迎来了名贯古今的大儒王阳明，此时的水西土司则是奢香夫人的第八代孙安贵荣。安贵荣好读书史，通晓文章。他建立学校宣教礼仪，练得一身武艺，熟谙兵法，有着文治武功之才。他坚守祖辈诺言为大

明代"龙场九驿"示意图

明洪武年间修筑的"龙场九驿"自黔中至黔西北,打通了从贵州到四川、云南的道路,驿道全长560多里,置九驿十八站,其途经路线与今天的贵毕高等级公路大致相同,至今仍能在蜈蚣桥至枫香桥间、阁鸦一带看到古驿道的部分遗迹。

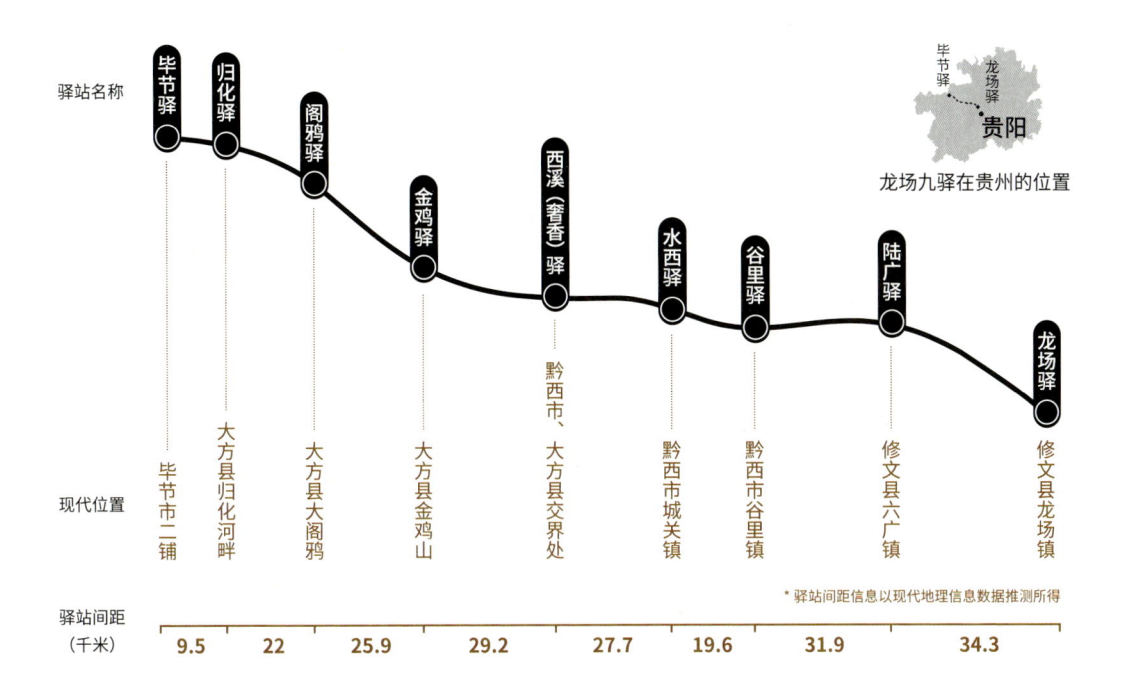

驿站名称	毕节驿	归化驿	阁鸦驿	金鸡驿	西溪(奢香)驿	水西驿	谷里驿	陆广驿	龙场驿
现代位置	毕节市二铺	大方县归化河畔	大方县大阁鸦	大方县金鸡山	黔西市、大方县交界处	黔西市城关镇	黔西市谷里镇	修文县六广镇	修文县龙场镇
驿站间距(千米)		9.5	22	25.9	29.2	27.7	19.6	31.9	34.3

龙场九驿在贵州的位置

* 驿站间距信息以现代地理信息数据推测所得

明守卫西南,曾多次平定苗民叛乱,更抚慰百姓,惩奸礼贤,深得人心。但也正是因此,安贵荣不可避免地遭到朝廷的猜疑、督抚的忌惮,因此心存芥蒂。

此时的安贵荣是从三品的贵州宣慰使,身兼贵州布政司左参政,管辖范围跨半个贵州,而被贬于此的王阳明只是没有品级的驿丞。安贵荣听说王阳明才德皆备,在中原地区颇有名声,便遣人送去金帛、马匹、钱粮。王阳明礼貌性地拒绝了一次,后来才"敬受米二石、柴炭鸡鹅"等食物,而将金帛、鞍马等贵重物品悉数退还。安贵荣还亲自向王阳明请教学问,并多次诚心邀请他赴水西讲学传道。得到王阳明的回应后,安贵荣随即送出了一封表露其真实目的的信:他想奏请朝廷裁撤龙场九驿,作为对自己守境安民功绩的认可。

王阳明在《与安宣慰书》（其二）中这样回复道："夫驿，可减也，亦可增也；驿可改也，宣慰司亦可革也。"从太祖年间驿道建成，一百二十年来，龙场九驿为水西百姓带来了交通贸易的繁荣，同时也为朝廷掌控水西提供了便利。他规劝安贵荣，驿站裁撤看似小事，可若由此惹得朝廷更大的猜忌，甚至引发兵戈，不但令百姓们遭殃，水西安氏"千百年之土地人民非复使君有矣"。

原本只需负责迎来送往、接待官吏的龙场驿丞王阳明，用他高瞻远瞩的言论，引导安贵荣审时度势，打消了其念头，为大明，也为后世，留下了龙场九驿。

但安贵荣不会想到，一百多年后的明熹宗天启二年（1622年），他的后代安邦彦真的起兵叛明了。这场奢安之乱波及黔西北、黔中，由于位于水西境内的龙场九驿被安邦彦掌控，导致川黔滇、湘黔滇大道全部梗塞，贵州与云南、四川、湖广声息断绝，政令传达、官员往来、军队调遣都无法实现，乃至朝廷不得不疏通早已废弃的、从广西田州（今百色市田阳区）和四川建昌（今西昌市内）进入云南的道路才能联通大西南。

这场战祸平息后，水西安氏彻底失去了包括龙场驿、陆广驿等驿站在内的水外六目地，朝廷于此地设敷勇卫，下辖修文、濯灵、息烽、于襄四个守御千户所，恢复了对黔西南的掌控。清康熙二十六年（1687年），敷勇卫四所被裁撤，以"修文"为名设县，其含义源自《尚书》里的"偃武修文"。

如今踏足修文，在阳明文化园、玩意窝遗址公园、古驿道、天生桥等处，流连在王阳明曾走过的黔地山水间，仍旧能够清晰地感受到

元明以来贵州驿道的不断发展，促成了中原与西南边疆在政治、经济和文化上多维的、持续的沟通与交流，对贵州的开发有着重要意义。（左页上）毕节至金沙茶马古道。（左页下）大方县西溪驿（奢香驿）旧址。摄影／耳东（右页）贵州屯堡是古驿道沿线的重要历史文化遗存。图为贵阳青岩古镇的屯堡建筑。摄影／吴学文

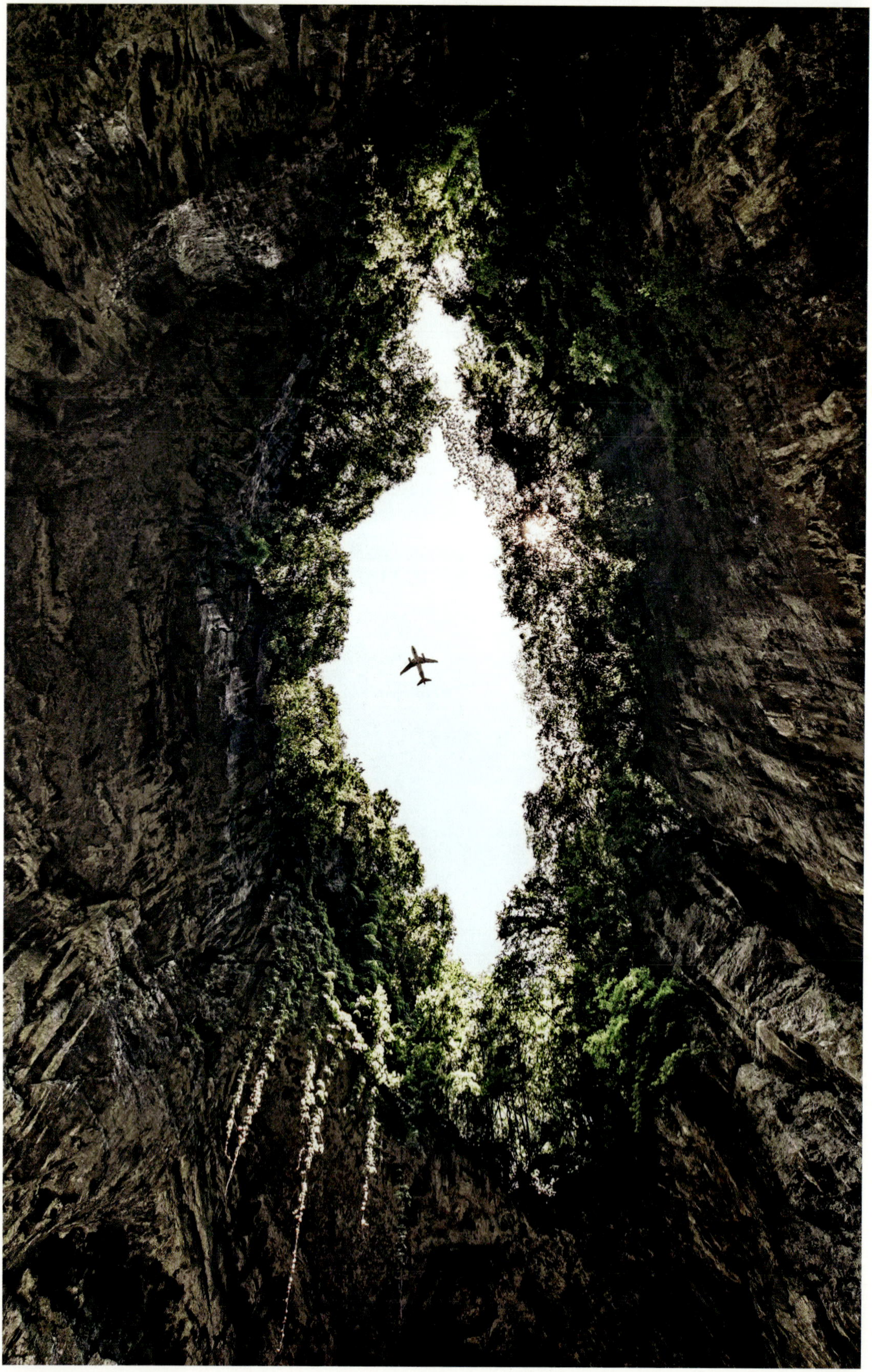

"心学圣地"的脉络，如若再往前追溯，那就不得不去亲身感受一下当地的龙场赶集。毕竟，龙场驿最初的地名就起源于这绵延了数百年的民间商贸活动。编纂于明孝宗弘治年间（1488—1505年）的贵州第一部官修省志《贵州图经新志》里记载："（贵州）郡内夷汉杂处，其贸易以十二生肖为该市名……及期各负货聚场贸易，乃立场主以禁争夺。"

身处西南腹地的贵州千山万壑，道路险阻，人烟稀少，商旅难行。百姓们为了交换物品、买卖贸易，只能在约定俗成的地方举办市集，赶集的日期则按传统的干支纪日法。所以，"子日赶场"为鼠场，"丑日赶场"为牛场……久而久之，赶场的日子也成了赶场的地名。龙场就是龙日赶场的地方，从某种角度说，是先有了龙日赶场，才有了龙场驿。

明代，龙场九驿的开通为黔西北的物资运输、贸易活动带来了极大的便利。水西凭借驿道与省内各地及湖广、四川、云南等地的连通，逐渐成为百货汇集之所，商业日益繁荣，往来的商旅贩运着丝麻布匹、革器马毡以及茶油等货物，继而促进了水西农牧业的发展和沿线地区的人口增长，散居人群沿着道路逐渐定居，由此有了村镇，这才有了后来的修文县城。

五百多年过去了，哪怕如今的修文县已拥有了大型商超，发达的交通物流可以随时送来全世界的商品，赶场仍旧是当地百姓最享受也最觉得快乐的事情，而摊位最多、最受欢迎的仍旧是本地的时鲜、各种小吃以及日用所需。人们一如五百多年前的龙日赶场，计算好日子、背上背篓、记下采买清单，哪怕长途跋涉也要按期而至，购买茶米食盐、布匹农具，为的都是最简单的生活。

至于置身市集中的我，所思所想的都是阳明先生在这里躬耕劳作、讲学传道的"居夷"生活。看见各色野菜，就会想起先生的《采蕨》诗，想知道哪些春日时蔬也是他尝过的；走过田垄，就会想起他的《观稼》，细数着哪些作物先生可能亲自种植过。这都是阳明先生曾亲见过的最鲜活、最生动的生活图景，而后来者们可以读着先生的文章，循着先生走过的地方，从流逝的五百年时空里，找回先生留于此间的文脉之魂。

大明初年，龙场九驿开设，驿道纵横贵州，打开了与川、滇、湘的通道，中原与黔中各民族的交流由此得到巨大推动，本是芸芸众驿中一站的龙场驿，也因王阳明的到来，得以更深地走近中原文化，成为中国文化史、思想史上的重要节点。"犹记边峰传羽檄，近闻苗俗化衣冠。"阳明先生初入贵州时，也曾担心这里教化未开，难以淹留。可他最终在龙场悟道，用"心即理"的光明照亮了中国思想史，也改写了龙场驿的"命运"，让这里从此成为一个修明文教的心学圣地、人文古郡。

驿道文化的积淀，让今日贵州的行旅体验变得丰富多元，山水间的古道、古桥与溶洞，充满了探索的乐趣。图为"修文二洞"。摄影/梁訾立志,勤学,改过,责善。

——《教条示龙场诸生》

第四境

龙冈开讲

明萬曆五年春雲南政
左江叅議夏雲南五
羅江汝芳回
男軒蓮立

奇境

龙冈开讲

王阳明的明月之境

庞勉 撰文
吴学文等 摄影

玩易窝实在太小，根本容不下几个学生。为此，王阳明每有余暇，便去龙场的山野间踏勘一番。正德三年（1508年）夏天，某个傍晚，王阳明"寻溪涉深林，陟巇下层隙"，走了近五里路，来到位于驿站东北方的龙冈山（又名栖霞山、东山或东峰）。沿着爬满苔藓的小道，在半山腰，王阳明扒开纠缠的藤萝，找到了当地人所说的东洞。

跟玩易窝一样，东洞也是天然形成的石窟，前后三通，共有一大两小三处洞口，既宽敞明亮，又空气流畅，且附近清泉淙淙。于是王阳明将其改名为"阳明小洞天"，后世亦称"阳明洞"。在这里他进行了悟道之后的证道过程，王阳明的《五经臆说·序》中提到"期有七月而《五经》之旨略遍"。据东南大学马克思主义学院教授陆永胜在《王阳明龙冈书院讲学考论》中所考，王阳明也在此开启了长达18个月的龙冈讲学生活。

不久，王阳明"搬家"至此。"……营炊就岩窦，放榻依石垒。穴室旋薰塞，夷坎仍洒扫。卷帙漫堆列，樽壶动光彩……"听到两名"童仆自相语，洞居颇不恶"时，王阳明不禁"我闻莞尔笑"。兴奋之余，他接连赋诗《始得东洞遂改为阳明小洞天》三首，认为曾经荒僻的古洞，乃冥冥中注定的"虚设相待"。

收拾妥当后，王阳明正式开课，讲授儒学经典以及"心即理"等学说。京城王先生办学的消息不胫而走，龙场彝、苗、仡佬、汉等族当地居民也不管能否听懂，皆"感慕云集听讲……环聚而观如堵"。毕竟在当时当地，这是前所未见的新鲜事。

然而，时日稍长，"围观"的人们发现阳明小洞天"颇阴湿"。遂"相与伐木阁之材"，不到一个月，就于左近"新构"一庐一轩。落成那天，"诸生闻之，亦皆来集"，请名"一庐"为龙冈书院，作为讲学授课之所。王阳明则据《论语》"君子居之，何陋之有"将用作卧室和书斋的"一轩"命名为"何陋轩"，并"翳

今天修文县的龙冈山上仍保留着王阳明在龙场时生活、讲学时居住过的"阳明小洞天"，洞口右侧有清代道光年间修文知县庞霖题刻的"奇境"两个大字。

（左）修文县中国阳明文化园中的王阳明纪念馆，全面展现了王阳明的生平及其文化思想。摄影／卢文　（右上）何陋轩取典于孔子"君子居之，何陋之有"，现存建筑为清代所建。摄影／陈伟红　（右下）中国阳明文化园中与王阳明相关的古籍。

龙冈
开讲

之以桧竹，莳之以卉药；列堂阶，辟室奥；琴编图史，讲诵游适之道略具"。以至于置身其中，王阳明常常忘记自己"居夷也"。再后来，又陆续增加了两处建筑。一处为坐西朝东的"宾阳堂"，取自《尚书》"寅宾出日"，意谓恭迎朝阳，是王阳明接待宾客的地方；一处为"环植以竹"的"君子亭"，因"竹有君子之道"而得名，王阳明常至此抚琴讴歌、登高眺远。

有意思的是，除了主动给王阳明搭盖房屋，围观的人们甚至打跑了前来滋事的官差。一日，王阳明正在书院讲学。突然闯进几个思州府衙的人，"挟势擅威"，令王阳明跪拜迎接。结果不但遭拒，还被围观人群"怒而殴之"。此事"发酵"至贵州巡抚王质那里，王阳明以一封书信平息。可见他与当地少数民族的关系非同一般，按陆永胜《王阳明龙冈书院讲学考论》所说，这一方面与夷民"淳庞质素"有关，另一方面也与阳明"夷之民方若未琢之璞，未绳之木，虽粗砺顽梗，而椎斧尚有施也，安可以陋？……今夷之俗，崇巫而事鬼，渎礼而任情，不中不节，卒未免于陋之名，则亦不讲于是耳。然此无损于其质也。诚有君子而居焉，其化之也盖易"的认知不无关系，他认为少数民族虽然风俗鄙陋，但本性质朴，是可以教化的。很显然，悟道之后他认识到人人良知本具。

随着龙冈书院的声名鹊起，龙场九驿间也平添了许多求学者往来的身影。"人人闻风慕道，欲问业龙场者，络绎不绝。"这里面有许多有一定文化基础的士人，其中贵州籍的就有陈文学、汤伯元、叶梧、张时裕、李惟善等人，也不乏负笈远来的外省弟子。

面对"诸生相从"的盛况，头一回做"山长"的王阳明，却胸有成竹。他亲拟第一个王门学规《教条示龙场诸生》——这是目前已知的贵州最早的书院学规。在《教条示龙场诸生》中，王阳明系统阐述自己的教育思想，提出"立志""勤学""改过""责善"四条准则。明确"立志"的必要性，"志不立，天下无可成之事"，"立志而圣，则圣矣；立志而贤，则贤矣"。肯定"勤学"的重要性，"不以聪慧警捷为高，而以勤确谦抑为上"，"笃志力行，勤学好问"。强调勇于"改过"，反对"人非圣贤，孰能无过"之语，指出"过者，自大贤所不免"，"不贵于无过，而贵于能改过"。倡导同学相处的"责善"之道，劝勉从善"须忠告而善道之"使对方自愿接受并改正；对他人的批评和建议，要欢迎和感激；劝谏老师，也应"直而不至于犯，婉而不至于隐"，成就"教学相长"；"诸生责善"，从我做起。

王阳明这样说，也的确这样做。《龙场生问答》里，王阳明记录下自己的一次日常教学活动。这是师生间进行的生动访谈，话题涉及为官、为臣、为子与义利关系，得出许多新颖的观点，在"君权至上"的当时，可谓"惊世骇俗"。比如从政就要推行自己的施政理念；对君父不能"惟命之从，而不以道"；主张量才适用，"以兰覆墙"是对人才的戕害等。反映出王阳明的教育手段非常高超，形式活泼，完全摒弃"填鸭"式灌输，善于运用启发、互动的方式培养学生。既循循善诱，又注重独立思考、教学相长。在《春日花间偶集示门生》一诗中，王阳明调侃自己就是传道授业解惑之人，"改课讲题非我事，研几悟道是何人？"

提醒学生不要放过学问上的任何细枝末节，"坐起咏歌俱实学，毫厘须遣认教真"。

除了"问答"、传道，王阳明也常常举行考试。而且每次考试之后，必与学生同饮共醉。"醉后相看眼倍明，绝怜诗骨逼人清。菁我见辱真惭我，胶漆常存底用盟。沧海浮云悲绝域，碧山秋月动新情。忧时谩作中宵坐，共听萧萧落木声。""草堂深酌坐寒更，蜡炬烟消落绛英。旅况最怜文作会，客心聊喜困还亨。春回马帐惭桃李，花满田家忆紫荆。世事浮云堪一笑，百年持此竟何成？"

每逢天光晴好或皓月当空，王阳明便组织"游学"。带领学生走出龙冈书院。徐行驿路墟寨，流连山间林下，溯溪探洞，寻幽访胜，把讲堂搬进偌大天地之中。那个时期，王阳明写下了大量有关"游学"的诗句："林行或沿涧，洞游还陟巇"，"夜弄溪上月，晓陟林间丘"，"古洞闲来日日游，山中宰相胜封侯"，"坐石弄溪水，欣然濯我缨"，"沿溪涉危石，曲洞藏深幽"……然而，当游学暂告结束，诸生别去后，孤独又会袭上王阳明的心头。"人生多离别，佳会难再遇。如何百里来，三宿便辞去？有琴不肯弹，有酒不肯御。远陟见深情，宁予有弗顾。洞云还自栖，溪月谁同步？不念南寺时，寒江雪将暮；不记西园日，桃花夹川路。相去倏几月，秋风落高树。富贵犹尘沙，浮名亦飞絮。嗟我二三子，吾道有真趣。胡不携书来，茆堂好同住。"他是多么盼望与龙冈诸生的再度相聚。

龙冈书院是王阳明创建的第一所民间学院。在这里，王阳明的学子是不受地域、学派和文化层次限制的，龙冈讲学实开"觉民行道"之先风，因此是王阳明讲学史上的重要部分。此后，他又相继在全国各地设立、复兴、重建了十几所书院，用来传播他的思想和学说。也是从龙冈书院开始，作为思想家、文学家、书法家的王阳明又多了一个身份——教育家。"讲习有真乐，谈笑无俗流。缅怀风沂兴，千载相为谋。"

20世纪初，日本阳明学巨擘三岛毅听说自己的学生登龙冈山观月，激动之余，写下诗句："龙冈山上一轮月，仰见良知千古光。"而当年，王阳明正是在一轮明月之下，发现了那处古老的洞穴。

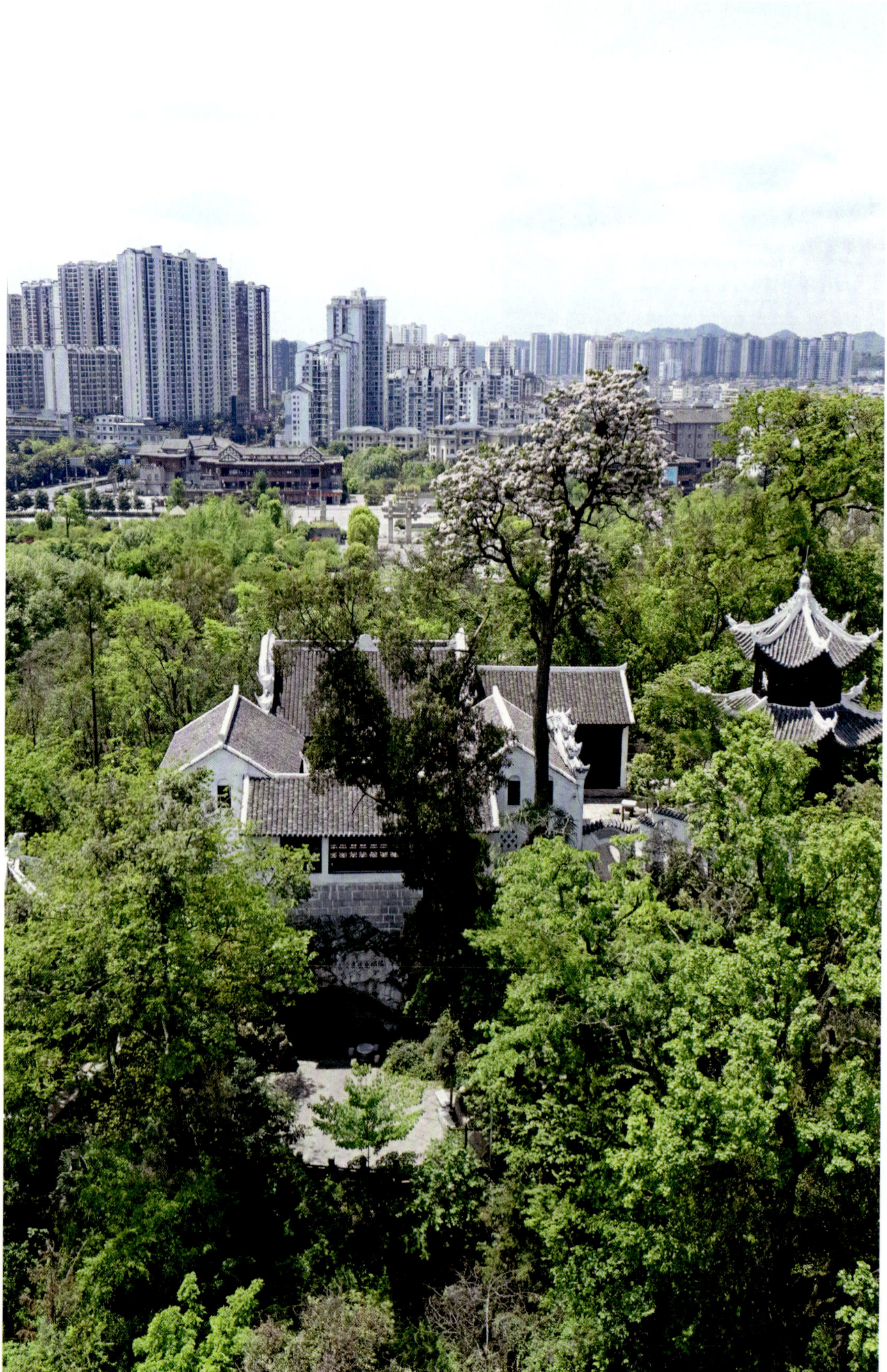

良知之源：千古龙冈漫有名

庞勉 撰文 陈伟红等 摄影

春分已逝，吹拂修文的风，依旧带有几丝寒意。坐落于龙场镇的中国阳明文化园，却已然姹紫嫣红、鸟语花香。踩着尚未干透的雨渍，我渐次经过"知行合一"牌坊、亲民台、"真三不朽"石……走向屹立林木深处的一座小山。那便是龙冈。

龙冈昔称东山、东峰、栖霞山，在多山、多洞的修文乃至整个贵州，原本不见经传，籍籍无名。然而，五百多年前王阳明的到来，似乎带来了一场"造山运动"，泯然众山的龙冈从此隆升为中国古代教育史上的一座高峰。这一切的改变，皆源于王阳明辟建的龙冈书院。

作为中国古代民办的教育组织和学术机构，书院肇于唐，兴盛于宋元，嬗变于明，衰落于清。贵州地区最早的书院名为銮塘、竹溪，建于南宋绍兴年间（1131—1162年）；而黔中（贵阳地区）最早的，乃元皇庆年间（1312—1313年）创设、明弘治十八年（1505年）重建的文明书院。必须指出的是，文明书院系官办性质，因此，龙冈书院是王阳明在黔中建立的第一所书院。

跟随游览的人群，我爬至山腰，一抬头，便望见了今称阳明洞的阳明小洞天。步入其内，方看出这是一"串"喀斯特溶洞，三间洞室大小不等彼此相通，却又各有洞口出入。的确，比我参观过的玩易窝要大，采光、通风要好，还分布着玲珑婀娜的钟乳石。难怪王阳明移居至此时，称赞它"人力免结构，天巧谢雕凿"。

阳明洞是龙冈书院落成之前王阳明的"教学点"，因此备受后世推崇。那些慕名前来的学者、师生、官员、将领……顶礼膜拜之际，往往书字题诗，以示景仰。于是，嶙峋洞壁上就有了密密麻麻的摩崖石刻。我大概数了数，约有40多幅，时间跨度从晚明至民国。

其中，最早的一幅为"明万历五年夏云南左参政盱江近溪罗汝芳同男轩游此"。大意是1577年夏天，云南左参政罗汝芳和

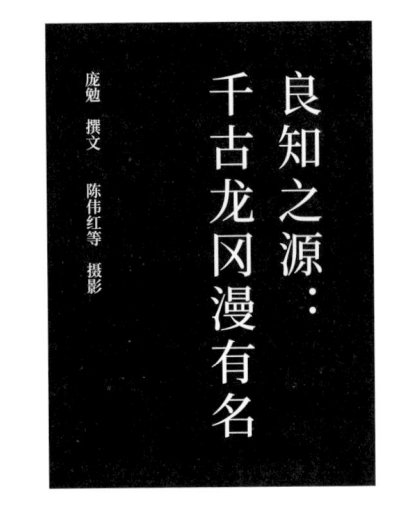

龙冈开讲

龙冈山视野开阔，山上除有阳明洞外，还有龙冈书院、王文成公祠、何陋轩、君子亭、宾阳堂等建筑。

儿子罗轩到此一游。罗汝芳，字惟德，号近溪，为盱江流经的江西南城人。王阳明逝世后，阳明心学逐渐衍生出八大学派——江右（今江西、皖南西部）王门、楚中（今湖南、湖北）王门、闽粤王门、浙中王门、南中（今江苏、安徽、上海大部）王门、北方王门、泰州学派和黔中王门。罗汝芳即泰州学派的集大成者，其师祖王艮是王阳明的著名弟子之一。顺便说句，罗汝芳也有个著名弟子，叫汤显祖。

而最大的一幅为"阳明先生遗爱处"，乃贵州宣慰使安国亨书于万历己丑（1589年）季春。安国亨是安贵荣的长孙，精熟汉学。父亡时，因年幼未能袭替，由其叔暂任。直到三十多年后才正式就职。没几年，却又因"宣淫暴虐"挑起仇杀被革。从此，幡然醒悟，"明德亲民"，遂于万历初期复职。安国亨晚年对王阳明敬佩之至，语必称"贤哲""前贤""先贤""先生"。没有文献说明安国亨思想转变的内因，但我私下揣测，未尝不是受到良知的感召。

从洞口拍照"打卡"的人堆里挤出来，按照路牌指引，我走完向上的台阶，跨进一道月亮门，来到山顶的王文成公祠。明隆庆二年（1568年），即王阳明卒后40年，在内阁首辅徐阶（王阳明的再传弟子）的推动下，朝廷全面肯定了王阳明的事功、学术和道德，褒扬王阳明"具文武之全才，阐圣贤之绝学"，追赠其"新建侯"，谥号"文成"。故而，后世又称其为王文成。"文"是最高等的谥号字眼，"经天纬地曰文"，一般用于在文化、教育、文学等领域有重大贡献或文治武功有辉煌成就的人。终明一朝，得谥"文成"者有两位，一位是王阳明，另一位是刘伯温。至于未能得谥更高级的"文正"，无外乎庙堂之上存在争议。

王文成公祠亦名阳明祠，是过去祭祀王阳明的场所。明嘉靖三十年（1551年），由王阳明弟子、巡按贵州监察御史赵锦设立，仅有"三楹"。之后，几经没落、破败，又几经重修、增扩，成了我眼前的这番模样：一座由正殿、东厢、西厢、元气亭等建筑组成的四合院，基本保持了清咸丰八年（1858年）那次扩建的格局。

瞻仰端坐正殿的王阳明铜像后，我穿过天井，步入东厢。1939年10月至1941年5月，张学良将军就被软禁于这栋两层小楼，奉命研究明史与王阳明心学。现在这里已辟为张学良事迹陈列室，供人参观。元气亭位于正殿对面，原来用作祭祀的舞乐场地，意为培养元气。而同为两层小楼的西厢就是龙冈书院的旧址。

虽然龙冈书院一直办到明末，但王阳明于此讲学的时间，据学者陆永胜统计，"仅有18个月左右"。这短短的光阴，对于阳明心学的传播和贵州教育事业的发展来说，却具有非凡的意义和深远的影响。

首先，王阳明在龙冈书院广收弟子，培养出陈文学、汤冔、叶梧等三四十位佼佼者，为阳明心学的传播夯实了人才基础，促进了后来黔中王门的形成。嘉靖初期，王阳明在浙中发动大规模讲学。陈文学、汤冔、叶梧等人积极响应，掀起贵州第一次讲学高潮，完成《居夷集》《阳明先生文录》的刊刻；隆庆年间，王阳明被朝廷追赠新建侯后，二传弟子马廷锡与游宦贵州的诸多王学信徒一起再掀贵州讲学高潮，刊刻发行王阳明遗著；万历十二年（1584年），王阳明配享孔庙，二传弟子李渭、孙应鳌，四传弟子陈尚象等人掀起贵州第三次

（右页上）参观阳明洞的研学团队。（右页下）阳明洞内外有大量摩崖与碑刻。摄影／卢文

陽明先生遺愛處

陽明小洞天
大日本帝國
高山公通
金子新太郎
岡山源六
清宮宗親
明治三十六年八月
即中曆光緒癸卯
六月来遊此洞訪
陽明先生明悟
之跡
憶昔有賢哲
曾来探翠微
幽然洞还舊
可怜人累非
樹昏寒鳥集
雲濕雨龍歸
想像空山裡
残碑生緑衣
萬曆十八庚寅仲春吉
龍源安國亨書

讲学高潮。三次讲学高潮，使得龙场、贵阳、思南、清平、都匀一跃成为黔中王门重镇，完成了阳明心学在贵州由点到面的传播。

其次，龙冈书院引领了贵州教育的勃兴。在王阳明到来之前，贵州仅有书院5所。之后至万历年间，增至44所，传播阳明学说的达21所。其增加的速度和规模，丝毫不逊于阳明心学重地江西、浙江。同时也开启了科举取士人数的突破。在王阳明到来之前，贵州只有350余人中举、26人进士及第，之后则有1370余人中举、83人进士及第。王阳明的龙冈弟子，如汤冔、蒋信等人考中进士，陈文学、叶梧、朱克明、冀元亨、李良臣等人考中举人。值得一说的是，明代贵州长期没有乡试科场，学子需赴云南赶考。直到嘉靖十四年（1535年），经王阳明弟子、巡按贵州监察御史王杏勘议，朝廷始准贵州单独开科，举人名额由21名增至25名。

"黔中之有书院，自龙冈始；龙冈之有书院，自王阳明先生始也。"这是我看到的《龙冈书院讲堂题额后跋》碑上的起语，虽与史实略有出入，却也表明了龙冈书院的重要地位。

走出西厢，站在清道光二十八年（1848年）改建的石库门样式的祠门外，我像来时一样细读阴刻于门柱石正、侧面的两副对联："三载栖迟，洞古山深含至乐；一宵觉悟，文经武纬是全才。""十三郡人文，此为根本；五百年道统，得所师承。"

龙冈开讲

（左页上）阳明洞的格局为前后三通，洞中有洞，可容纳百人以上。摄影/吴学文 （左页下）龙冈山上王文成公祠中的王阳明塑像。 （右页）学生在中国阳明文化园中体验阳明先生的教学场景。摄影/吴学文

初日瞳瞳似晓霞，

雨痕新霁渡头沙。

溪深几曲云藏峡，

树老千年雪作花。

白鸟去边回驿路，

青崖缺处见人家。

遍行奇胜才经此，

江上无劳羡九华。

——《陆广晓发》

第五境

陆广晓发

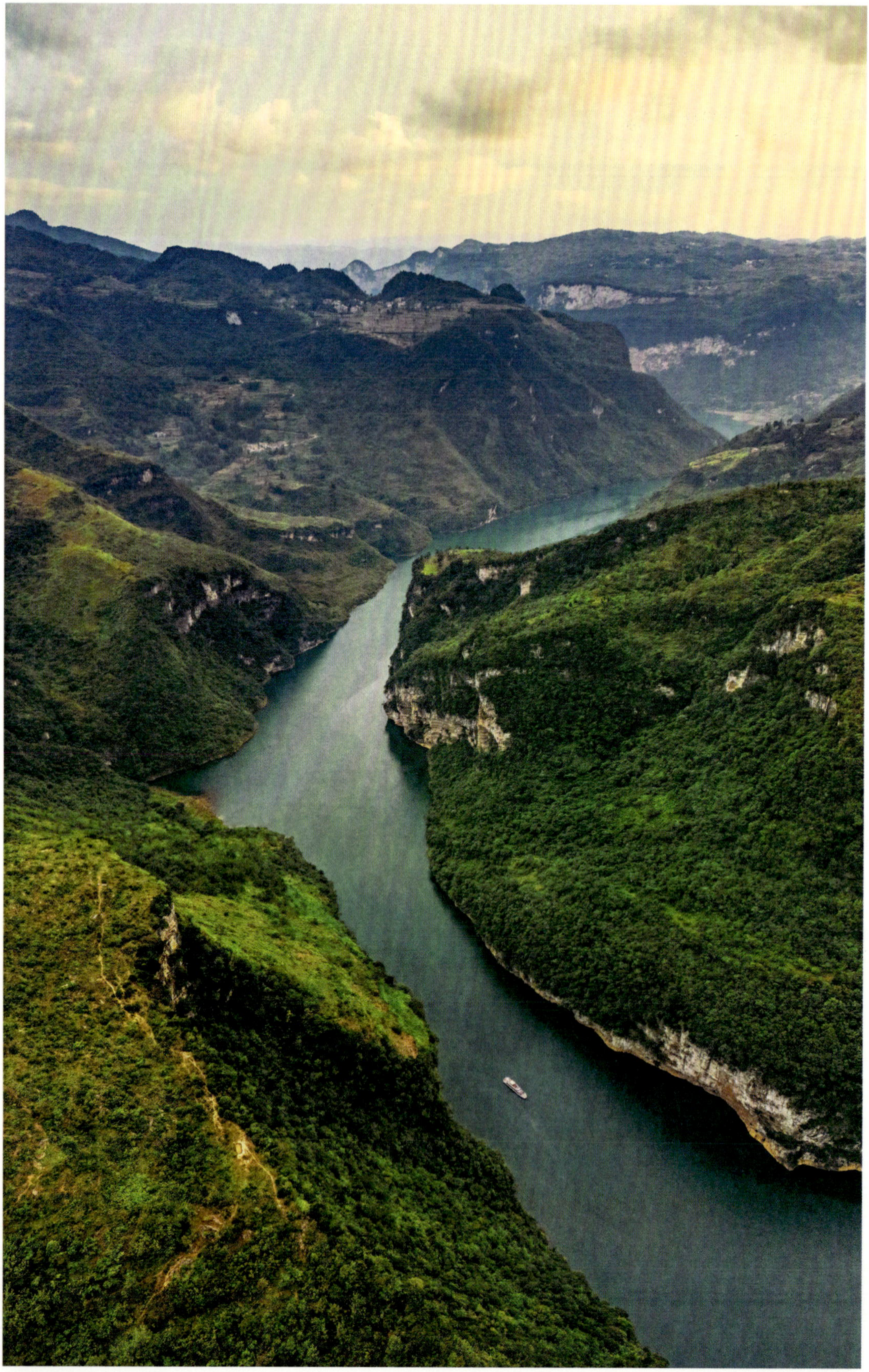

陆广晓发

王阳明的山水之境

庞勉　撰文
吴学文等　摄影

一番盘旋，汽车掠过山顶建筑稠密的广城村，驶至毗邻的山野。一路之隔，左手边，是蜂飞蝶舞的田垄；右手边，是一块黄土裸露的台地。台地不大，七八十平方米的样子，周边有密密的灌木。台地中央的石墩上有一块颇有些岁月的文物保护碑，上书：六广驿。没错，就是这里，龙场九驿的第二个驿站，只不过在明代写作"陆广驿"。那个时候，这里应该还有数间屋舍、几副"铺陈"（指寝具），以供"邮传迎送"……

五百多年前一个初春，王阳明总算气喘吁吁地登上了陆广驿。对他来说，从龙场驿、蜈蚣坡、天生桥、蜈蚣桥到陆广驿的这五十里驿路，并不轻松。好在，没有"破站"（指天黑前未能投宿驿站），避免了露宿山野、与狼虫为伍的危险；好在，安贵荣听劝，不再"减驿"，而是逐步修复了驿站。

次日清晨，王阳明动身上路。躲过一阵骤雨之后，他来到了陆广河的渡头。这时，朝阳初升，彩霞满天。匍匐的沙滩，盛开着雨脚敲打的浅窝，散发出清新的气味；对岸的群山掩映在光影的交织里，仿佛一列流动变幻的屏风。而滚滚北去的陆广河，卷走所有留恋徘徊的云朵，藏进下游幽深的峡谷……乘舟渡河，行至水中央，只见崖顶千年古木的树巅残雪如花；两岸参差错落的村寨炊烟袅袅；成群结队的白鸟时而翻飞水面，时而去驿路张望……此情此景，让独立扁舟之上的王阳明，联想起去九华山（在今安徽省池州市）寻仙访道的往事。

那是弘治十五年（1502年）正月，王阳明时任刑部主事，在公事之余，抽空坐船南渡长江，游历僧道云集的九华山。彼时的他，对成仙成佛兴趣浓厚。山中数日，他遍访庙宇，得了道士蔡蓬头"尚未"两字和地藏洞异僧"周濂溪（周敦颐）、程明道（程颢）是儒家两个好秀才"一语。除此之外，并无领悟，内心依旧一片茫然。

两岸壁立千仞，其间碧水荡漾，王阳明当年就是在此乘船行于六广河之上，留下诗篇《陆广晓发》，将此地的山光水色描绘得令人如入其境。

两相比照，仅时隔七年，同样是游历山水，王阳明的内心已迥异——吾性自足，不假外求。王阳明不胜今昔之感，取出随身携带的纸笔，一挥而就，写成《陆广晓发》：初日曈曈似晓霞，雨痕新霁渡头沙。溪深几曲云藏峡，树老千年雪作花。白鸟去边回驿路，青崖缺处见人家。遍行奇胜才经此，江上无劳羡九华。

纵观王阳明曲折传奇的一生，小小的龙场俨然"楚河汉界"。之前的他，虽有学圣贤之志，却始终不得其门而入。他的弟子钱德洪提出"三变"说，"先生（王阳明）之学凡三变……少之时驰骋于辞章；已而出入二氏（佛、道）；继乃居夷处困、豁然有得于圣贤之旨"。认为王阳明在经历研习文学、佛老之学两个阶段后，在龙场"三变而至于道也"。而他的好友湛若水说他有"五溺"："初溺于任侠之习，再溺于骑射之习，三溺于辞章之学，四溺于神仙之习，五溺于佛氏之习，正德丙寅始归于圣贤之学。"大概的意思是说王阳明早年热衷行侠仗义、骑马射箭，后来又痴迷诗文、道家、佛学，直到正德元年（1506年），才回归儒家正途。恰恰就在这一年的年末，35岁的王阳明踏上了远赴龙场的贬谪之路。

贬谪意味着什么？意味着降职、外放，被迫离开熟悉的环境，去往前程未卜的异地。其令人恐惧之处，不单单是旋踵而至的陌生、变数，更多的是身体的折磨、精神的打击。中国封建社会的历史上，贬官谪臣数不胜数，其命运的指向大体可划分为三类：一类以柳宗元为代表，郁郁寡欢，赍志殁亡；一类以白居易为代表，借酒消愁，耽溺闲适；还有一类以苏东坡为代表，纵情山水，豁达放旷。王阳明属于苏东坡一类，不但"未尝一日之戚戚"，且骨子里还多具一份担当。

一入黔地，王阳明就被"境多奇绝"的贵州山水所吸引。沿途，即在兴隆（今黄平县）写下《兴隆卫书壁》、在清平（今凯里市）写下《清平卫即事》、在平越（今福泉市）写下《过七盘岭》等诗作。到了龙场以后，更在公事、躬耕、讲学、研习之余，流连于周边山水之间，幽赏于四季轮回之际。哪怕不起眼的一堆山石、一窟溶洞、一条溪流甚至一场雪，皆能撩动他的诗思，逗引他的诗情。"山石犹有理，山木犹有枝。人生非木石，别久宁无思……""送远憩岨谷，濯缨俯清流。沿溪涉危石，曲洞藏深幽……""清晨急雨过林霏，余点烟梢尚滴衣。隔水霞明桃乱吐，沿溪风暖药初肥……""瘦马支离缘绝壁，连峰窅窕入层云。山村树暝惊鸦阵，涧道雪深逢鹿群……"

但不可否认的是，初到黔地龙场的王阳明，内心其实有种事功难成的无奈与焦虑。一次，他游览溪涧，从"清见底"的水面，觑见自己早生的白发。瞬间，整个人怔住，油然喟叹："年华若流水，一去无回停。悠悠百年内，吾道终何成。"同为吟咏年华易逝，后来另一首题作《龙场道中春行》的山水诗中，他的无奈、焦虑却消失殆尽。"冬尽西归满山雪，春初复来花满山。白鸥乱浴清溪上，黄鸟双飞绿树间。物色变迁随转眼，人生岂得长朱颜。好将吾道从吾党，归把鱼竿东海湾。"

焦虑、无奈消失的原因无他，乃"龙场悟道"也。自此，王阳明的山水诗别开生面，心学的思辨、人生的探索皆倾注其中，既"融情于景"，又"融理于景"。

"上山见日下山阴，阴欲开时日欲沉。晚景无多伤远道，朝阳莫更沮云岑。人归暝市分

陆广晓发

（左）六广河峡谷中划船渡河的当地人。 （右）重修的"阳明古渡"处，矗立着王阳明塑像，他仿佛在目送峡谷游船由此出发。

遥望六广河畔的六广镇。王阳明《陆广晓发》诗中描写的"溪深几曲云藏峡""青崖缺处见人家"般的美景犹在。供图 / 视觉中国

渔火,客舍空林依暮禽。世事验来还自颔,古人先已得吾心。"(《山途二首·其一》)对于王阳明来说,山水不再是短暂的慰藉、情感的宣泄、片面的理解,而是升华为精神的治愈、高明的格局和知行的境界。这样的山水,历经几百个春秋冬夏,仍长存于贵州的大地之上,与那些不朽的诗篇,相映生辉。

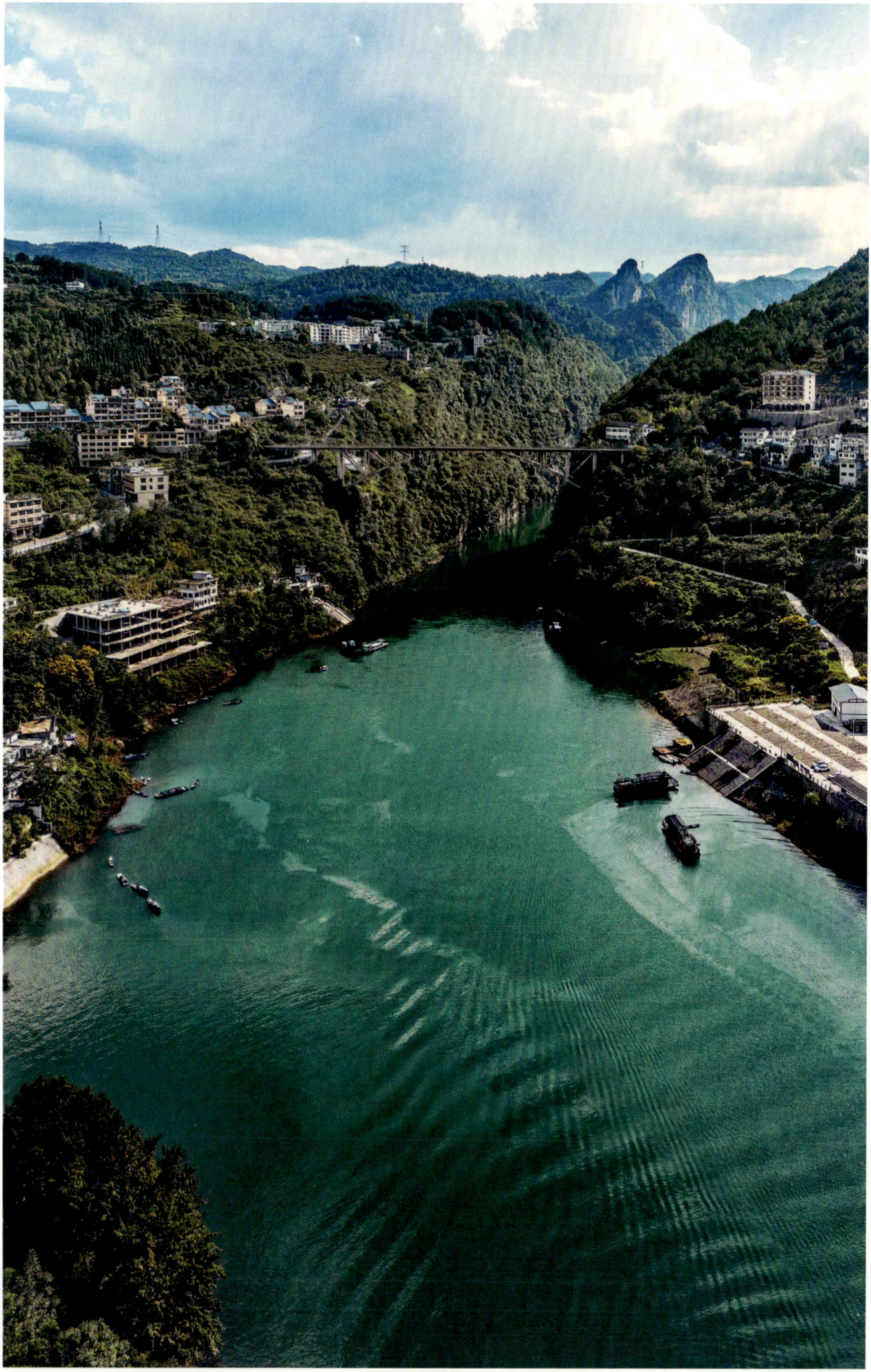

如王阳明一般恣意山水间

庞勉 撰文　吴学文等 摄影

相隔漫长的515年，于一个春寒料峭的上午，我驱车来到六广河右岸的阳明码头。岁月如流水，不知何时，"六广"替换了"陆广"，成为现今通用的河名。

或许我来得过早，码头上，游客寥寥。只有一尊高达8米的王阳明石像，执书负伞，衣袂飘然，仿佛准备走到沙滩尽头，登上泊靠岸边待发的舟船。

当年，王阳明从这里乘舟，渡至对岸，再往象祠。能够证实这一点的，除了他写下的那首《陆广晓发》，还有此刻我极目远眺的云山、烟树、古寨、岩峡、白鸟、青崖……

只是眼前的六广河，静水深流，并非旧方志里记载的那样"奔放衍肆，一泻千里，如自天而下……"看上去，宽近200米的河流更像一面开阔的湖。如果没有风的话，它就是一面绿翡翠、碧琉璃般的湖。向工作人员打听后始知，原来系20世纪70年代下方70千米外的乌江渡水电站筑坝，抬高水位使附近的急流险滩都沉进了水底，才有水平如镜。

全长40多千米的六广河，属于贵州第一大河乌江上游鸭池河的一段，自西南蜿蜒流向东北，是贵阳修文、息烽与毕节黔西、金沙的界河。南宋晚期，彝人创立的"罗氏鬼国"向东扩展至黔中一带，以时称"夹水"的鸭池河为界，东南之地为水东，含今贵阳大部；西北之地为水西，含今毕节、六盘水等地。这样的地域划分一直沿袭至清初"改土归流"。需要注意的是，明朝大部分时间里，安氏土司在水东还有一块飞地，被称作"水外"，即今贵阳修文、清镇及息烽等地。

龙场九驿开辟后，奢香夫人及其安氏后裔陆续在沿途河流增修数十道桥梁。唯"最大者"六广河，"深不可涉"，望之兴叹。那时候，六广河乃至整个鸭池河皆因河谷深切、河床跌宕，囿于技术、材料限制，既无法架设桥梁，也不能开展像样的长途航运。

陆广晓发

阳明古渡附近的六广河峡谷景观。随着东风电站和乌江渡水电站的修建，六广河形成了高峡平湖的景观，成为乘船游览的胜地，可欣赏峡江景观的典型面貌。

往来水东水西，只能依赖两岸靠水而居的村民，"刳舟剡楫，以济不通"。因此，衔接驿道的"阳明码头"成为鸭池河上最大的渡口，一处水陆联运的小型枢纽。川盐、稻米、贡马、牛羊、披毡、茶叶……各种货物不绝如缕，官吏、将卒、文士、商贾、僧侣、移民……各色人等接踵而至。两岸的村寨也随之次第稠密，人烟日渐阜盛。清朝中叶，贵阳府每年征收渡口税课银100多两。光绪元年（1875年），官府设"义渡"，取消渡船费……1934年底，当清镇—毕节公路开通，鸭池河出现第一座吊桥时，阳明码头的喧闹淡了，繁忙稀了。2001年9月，当号称"亚洲第一峡谷高桥"的六广河公路大桥竣工时，阳明码头的最后一只渡船悄然退出，取而代之的，是六广河峡谷的观光游轮。

在王阳明石像的注视中，游轮缓缓推开瓁船，鼓浪而去。随着水面收窄，被王阳明"点赞"的"溪深九曲云藏峡"越来越近，越来越高。船舱内开始骚动起来，人们纷纷冲上甲板，举起手机、相机……我亦置身其中，将手机焦距不停撑大，直到那两座状如夔门的山峰劈空飞临，定格心间。

实际上，六广河峡谷的观光始于1982年。那一年，乌江渡水电站全部完工，六广河峡谷的航道也正式成形，将7峡42景连成了一串。这片秘境才得以浮出"水面"。

划出一记美妙的弧线后，游轮驶进了飞龙峡。这是六广河峡谷的第三峡，因左岸屹立"横看成岭侧成峰"的镇龙峰而得名。飞龙峡不长，却在诸峡之中最负盛名。央视86版电视剧《西游记》即取景于此。其两岸奇峰对峙，悬崖接天，愈发巍峨；绝壁照水，虚实相映，难分真幻。虽无拍岸惊涛，却有怪石嶙峋，酷似千堆雪……数条瀑布，自山腰布列的溶洞喷溢，或妩媚或铿锵、或缠绵或热烈，各有情调，令人目不暇接。至此，方信明朝大旅行家王士性所言不虚："贵州多洞壑，水皆穿山而过，则山之空洞可知。"

顺着船员的指点，我望见高耸的崖顶斜出一根石柱，上细下粗，其巅有树如花。那就是阳明妙笔，传说系王阳明书写《陆广晓发》的毛笔幻化而成。不过，据我所知，这根石柱属于喀斯特形态的一种，学名石芽，乃地表水的鬼斧神工所为。

喀斯特是英文单词"karst"的音译，意译为"石山"，原指欧洲地中海沿岸的一处高地，后来成为岩溶地貌的代名词。明代著名旅行家徐霞客（1587—1641年）被认为是第一位对岩溶地貌进行系统研究的学者。鲜少人知的是，早在嘉靖七年（1528年），王阳明的《处置八寨断藤峡以图永安疏》就已确切描述了广西"石山"。60年后，徐霞客方才呱呱坠地。

喀斯特也好，岩溶也好，石山也好，其实都是一种易溶于水的海相沉积岩层构成的特殊地貌。远古海底的碳酸盐岩，即通常所说的石灰岩，在板块运动中，被隆升的地壳"挤"出地表，再经过各种形态的"水"，如河流、冰霜雨雪、地下水等，于亿万年间不断溶蚀、冲蚀、潜蚀和塌陷等作用，形成地表和地下以土壤浅薄、岩石裸露为基本特征的地貌。

贵州喀斯特出露区域达10.9万平方千米，占到全省总面积的62%。距今约2亿年前，贵州乃至整座云贵高原还是一处海湾，堆积了厚达三五千米以上、面积近40万平方千米的石灰岩。新近纪后，云贵高原抬升至海拔1000～2000米，造就贵州地势向北、向东、

六广河岸边的悬棺。悬棺是过去南方少数民族的葬式之一，一般选择将棺木置于临江面水的悬崖绝壁上。六广河是木桩式、凿岩式悬棺分布最集中的地方之一。

向南倾斜，石灰岩成为主体岩层。石灰岩里不溶性的碳酸钙跟水、二氧化碳接触后，转化为微溶性的碳酸氢钙；加上贵州"天无三日晴"的湿润多雨气候及江河纵横的水文条件，使岩溶作用能够持续进行。而石灰岩层的石灰质含量不一、被侵蚀的程度不同，于是，贵州大地上的石灰岩层被溶解分割后，出现千姿百态、变化多端的喀斯特地貌。

与人相似，喀斯特也有早、中、晚期之分。它的一生从最初的溶沟、漏斗（天坑）、落水洞、洼地，逐渐发育成峰丛、峰林，最后到晚期的孤峰，直至喀斯特平原。较之以孤峰秀美著称的广西桂林，贵州喀斯特尚未衰老，适逢"青壮年"。也正因如此，凹凸之间，贵州境内几乎聚齐了喀斯特景观中雄奇壮观的"颜值担当"——峰林、暗河、溶洞、石林、天坑……以往一二十年里，我多次行走于贵州境内长江、珠江水系的众多支流沿岸，兴义万峰林、毕节织金洞、黄果树瀑布、施秉云台山、茂兰保护区、荔波小七孔等地的喀斯特景观，跟眼下的六广河峡谷一样，无不给我带来"大片"般的视觉冲击和心灵震撼。

眼前的河面在飞龙峡与赤壁峡的交界处，复又豁然开朗，两岸再现王阳明笔下"青崖缺处见人家"的诗意。船员告诉我，右岸的大屯布依寨常有青年男女对歌，左岸的黔西花苗寨是有名的刺绣之乡。六百多年前，他们的祖先就沿着龙场九驿、沿着六广河迁徙而来。

迁徙而来的，又何止他们？远的秦汉苗瑶先民、唐宋三大汉姓土司家族不论，近的抗战难民"下江人"不提，仅明清之际，贵州就掀起过三次大规模的入黔移民潮。第一次是明初的屯垦戍边；第二次是明中叶的"流民进云贵"；第三次是清初的"湖广填四川"。这三次移民潮使贵州人口数量激增，民族成分更趋多元。这些移民大都由驿路、孔道辗转扩散，像蒲公英的种子一样，落地生根于异乡的土壤，在水边山前，与不同的民族比邻而居，营造一方安身立命的田园。从某种程度上讲，包括六广河在内的贵州所有江河，不仅是一条条滋养万物的水源，也是一道道联村串寨、沟通彼此的历史文化纽带。

从赤壁峡底，我抬头仰望，半空中，2017年启用的六广河特大桥正跨越群山之巅。遍体通红的斜拉桥身，仿佛一道鲜艳的纽带，不，那是一道炫目的彩虹，把王阳明恣意的山水、钟情的田园……捎向更辽阔的远方。

（左）贵州喀斯特地貌景观分布之广阔、类型之丰富，在世界范围内都是数一数二的。位于黔南荔波的茂兰喀斯特森林是植被保存完好的喀斯特地貌原生性森林。摄影 / 耳东　（右上）贵阳清镇市的羊皮洞瀑布，便是喀斯特地区洞穴暗河形成瀑布景观的典型。摄影 / 燕江涛　（右下）位于黔西市素朴镇内的刺猪洞，是长度超过10千米的大体量喀斯特天然溶洞。洞顶悬挂的石笋长度超过20米，十分壮观。摄影 / 赵揭宇

陆广 晓发

歌曰：连峰际天兮，飞鸟不通。游子怀乡兮，莫知西东。莫知西东兮，维天则同。异域殊方兮，环海之中。达观随寓兮，奚必予宫。魂兮魂兮，无悲以恫！

——《瘗旅文》

第六境

古道心旅

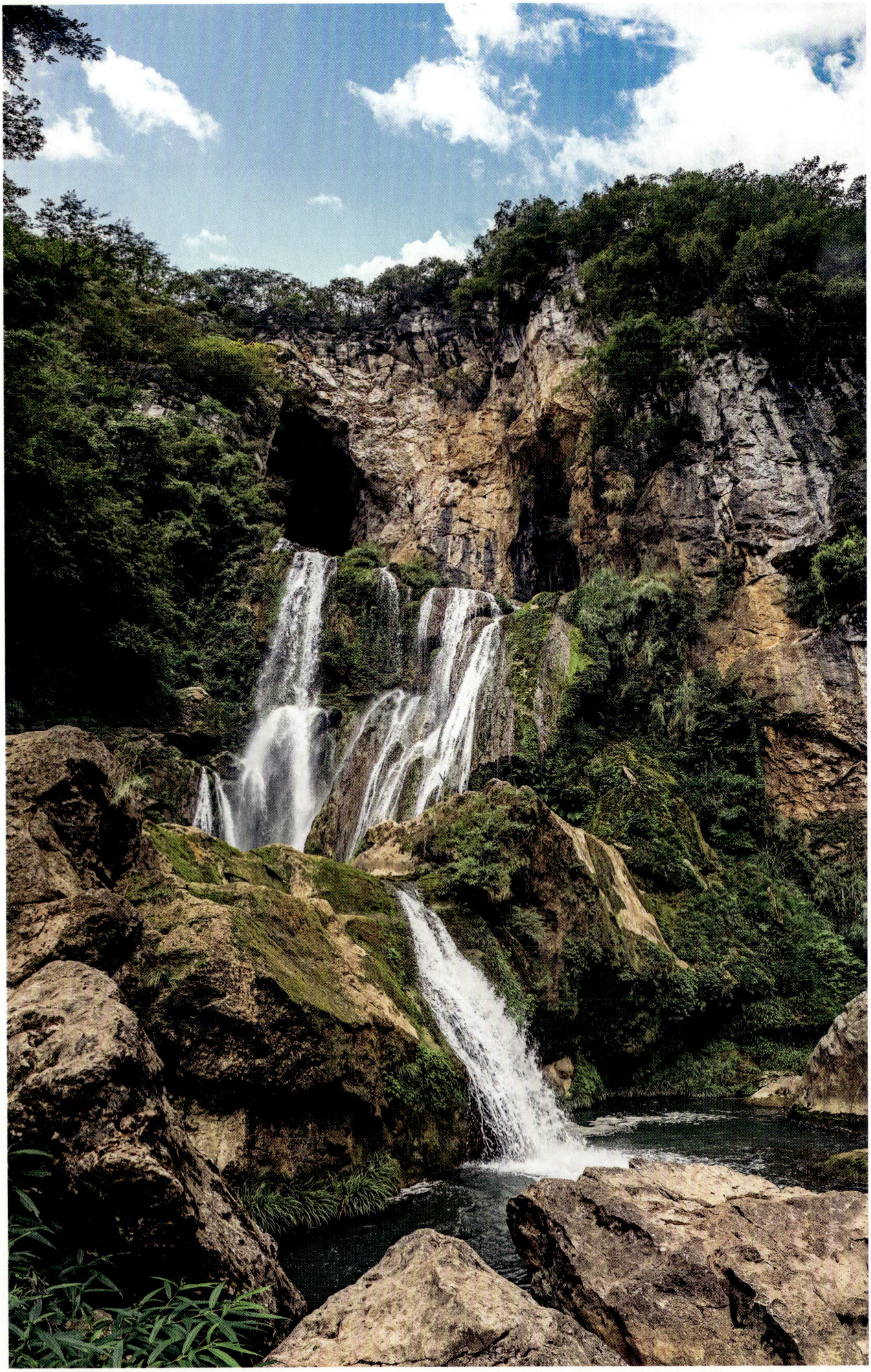

古道心旅
王阳明的达观之境

庞勉 撰文
吴学文等 摄影

车轮滚动，坐落于龙场坝子的修文县城，瞬间被抛掷在车尾微扬的轻尘里。扑面而来的，是汹涌的群山、崖畔谷底聚集的村寨和山歌般缭绕的县道……同行的修文学者胡光胤老师告诉我：车轮下，这条通往谷堡镇的县道，参照当年龙场九驿的走线修筑，要么与之重合，要么与之平行。

五百多年前，王阳明就跋涉于这片山水之间。那是明正德四年（1509年）的春天，王阳明应"宣慰安君"的邀请，前往百余里外的灵博山，为重修的象祠作记。那个时候的他已经悟道，得失荣辱、吉凶祸福皆无挂碍，中原人士所谓的"蛇虺魍魉，蛊毒瘴疠"之境，在他的眼中已蔚为心旷神怡的风景。

"宣慰安君"指的是当时的贵州宣慰使安贵荣。宣慰使，乃明清两朝授予少数民族首领大土司的官衔之一。安贵荣先祖发迹于乌江上游鸭池河以西，故民间称其为"水西土司"。在当时贵州数百个土司中，安贵荣声威极壮，"连地千里"，势力范围远逾水西之界，包括今毕节大部以及安顺、六盘水、贵阳的部分地区。安贵荣少时曾入学京师国子监。成化名臣周洪谟所作的《安氏家传序》说他"好读书史，通大义，设庠序以明礼仪"。对士大夫，哪怕贬官谪臣，安贵荣也倾心结交。

大约过了半小时，汽车驶入一块建于山顶的停车场。我紧跟胡老师，径直钻入车后的密林。一阵清风吹来，我才发觉自己竟站在悬崖的边缘。脚下，峡谷幽邃，深不见底；远处，石梁卧虹，飞瀑喷雪，几粒水潭缀饰其间，碧如玉坠……这石梁便是天生桥，传说由仙人捏合而成，实际上，天生桥属于一种溶岩穿洞，是亿万年地壳运动与流水侵蚀共同作用的产物。

而那日，跋涉二十余里驿路的王阳明，目睹天生桥天生丽质，却隐匿深山。俯仰之际，思及半生浮沉，推己及人，悲悯萦怀，不禁喟叹："水光如练落长松，云际天桥隐白虹。辽鹤不来华表

遥看贵州修文县城西北的"天生桥"。"天生桥"不远处便是龙场驿至陆广驿的古驿道，王阳明谪居龙场期间曾造访过这里，并留有诗作《过天生桥》。"天生桥"是对这类天然形成的石桥的统称。

烂，仙人一去石桥空。徒闻鹊架横秋夕，谩说秦鞭到海东。移放长江还济险，可怜虚却万山中。"

与纯天然的天生桥不同，其下游横跨猫洞河的蜈蚣桥属人力所为。绕过几处李花掩映的农舍，在下坡公路的迂回里，我远远地望见了它。

据说，蜈蚣桥系奢香夫人"立龙场九驿"时搭建的一座木拱廊桥。成化五年（1469年），安贵荣的父亲安观为长远打算，"更以石，为之桥"。时人皆誉，"基密坚致，逾于实地"。不知，从天生桥逶迤而至的王阳明，有否作如是观。

在王阳明调离龙场、赴任庐陵（今江西省吉安市）不久的正德五年（1510年）五月，安贵荣征调民夫"日以数百匹马反复驮运石料"，加固蜈蚣桥，安装望柱、栏板，并圆雕六只六色"大猫"（安氏图腾：老虎）。可惜，这座"务求美观、雄伟"的石桥后来倾圮于安氏内乱。万历十九年（1591年），安贵荣之孙安国亨"益务扩先人之志"，重修再造，历26个月，"费之巨万""始告厥成"，并以自己之别号，改桥名为"龙源"。

五百多年过去，望柱上的"大猫"早已不知所终，唯方石垒砌的三孔桥身坚挺如昔，尚存几分"规模壮丽"的神采。芳草萋萋之中，我小心地走进乱石堆叠的河床。蓦然回首，似乎一个峨冠博带的身影正昂然前行。

当我赶到数千米外的蜈蚣坡，迎接我的却"真是"如此身影——垭口处竖着一方王阳明行吟的壁画。垭口下方，一条保存完好的古道穿山越岭而去。这古道与龙场九驿同期兴修，实为龙场至陆广驿路中的一段。几百年间，仅1米来宽、用粗石拼接的古道承载了无数的人行马走，也记载了无数的聚散悲欢……逐级而下，林木荫翳，蔓草丛生。曲折拐角处，几枝鲜花簇拥着一堆碎石垒筑的茔冢。"这就是三人坟，"胡老师手抚墓碑说，"王阳明埋葬吏目与他的儿子、仆人的地方。"

只消一阵阴雨，龙场就跌进了正德四年的秋天。眼看还有数月就谪限届满，偏偏许久没了京城的消息，王阳明不免有些怅然。要知道明朝皇帝喜欢"不按牌理出牌"，即使贬谪到期，也未必就能"赦归"。这日傍晚，篱笆外的驿路上走来三人。其中的老者满面愁容，自称吏目，从京城来，偕一子一仆去赴任。因吏目是管理文书的小官，从九品，没资格住驿站，只能投宿当地人家。目送三人踽踽渐远的背影，王阳明本想追上去"问讯北来事"，无奈天快黑了，雨也大了，不得不作罢。翌晨派人探视，却"已行矣"。

岂料，接下来噩耗频传："薄午……吏目死""薄暮……其子又死""明日……其仆又死"。两天不到，三条人命竟因病"遽然奄忽"，变作蜈蚣坡下三具冰冷的遗骸。念及"暴骨无主"，王阳明恻隐不已，决意收尸掩埋。"吾与尔犹彼也"，听了王阳明的话，面露难色的两名童仆顿生天涯沦落之感，"悯然涕下"。于是，不等放晴，拿起簸箕、铁锹，同"往瘗之"。

蜈蚣坡上，给新隆的坟丘摆上鸡饭后，王阳明再也忍不住"嗟吁涕洟"，连他自己都未曾察觉的委屈、苦闷、抑郁、愤懑……从胸腔翻滚，化作潸然热泪，打湿须髯、青衫……

你是谁？你的家乡在哪？"尔乌乎来为兹山之鬼乎？"这是王阳明在问吏目，也是王阳

（右页上）位于贵州修文县城西的蜈蚣桥。蜈蚣桥始建于明洪武年间，为奢香夫人所建，是龙场驿至陆广驿之间重要的桥梁，为所谓"九驿十桥"的"十桥之首"。（右页下）位于贵州修文县谷堡镇哨上村的蜈蚣坡。经过此处的龙场驿至陆广驿的古驿道保留至今。

明在问自己——"古者重去其乡,游宦不逾千里"。我王阳明万里投荒,乃流放之故,你又是为何呢?"乌为乎以五斗而易尔七尺之躯?"并连累你的儿子与仆人一同死去。这是王阳明在惋惜吏目之死,死得不值,"皆尔自取"。如果你真的贪恋五斗米的俸禄,"则宜欣然就道",不应该面带忧愁。我王阳明也曾跟你一样"冲冒雾露,扳援崖壁,行万峰之顶,饥渴劳顿,筋骨疲惫",却"历瘴毒而苟能自全"。个中原因,无他,"自吾去父母乡国而来此三年矣……以吾未尝一日之戚戚也"。我今天有如此"无穷之怆",悲伤成这样,"是吾为尔者重,而自为者轻也"。

长歌之哀,甚于痛哭。泪水中振作而起的王阳明,环顾四方,慨然作歌两首:"连峰际天兮,飞鸟不通。游子怀乡兮,莫知西东。莫知西东兮,维天则同。异域殊方兮,环海之中。达观随寓兮,奚必予宫。魂兮魂兮,无悲以恫!"——不管身处何方,都不要悲伤;无论逆境、顺境都要保持达观随寓、豁然开朗的心境。

"与尔皆乡土之离兮,蛮之人言语不相知兮。性命不可期,吾苟死于兹兮,率尔子仆,来从予兮!吾与尔遨以嬉兮,骖紫彪而乘文螭兮,登望故乡而嘘唏兮!吾苟获生归兮,尔子尔仆尚尔随兮,无以无侣为悲兮!道旁之冢累累兮,多中土之流离兮,相与呼啸而徘徊兮。餐风饮露,无尔饥兮。朝友麋鹿,暮猿与栖兮。尔安尔居兮,无为厉于兹墟兮!"——如果有一天我死在这里,我会陪你遨游天地;如果有一天我能生还,你也不要悲伤,你还有儿子和仆人的陪伴,要安心在这里,与万物友善。

古道心旅

这就是《瘗旅文》——中国古代祭文的经典之作，也是代表王阳明文学成就的巅峰之作。其生动逼真、宛然在目的细节描写，字字泣血、句句椎心的真情实感以及悲伤恳切、哀婉曲折的表达形式，让人为之动容。明末清初文学家林云铭曾点评道："掩骼埋胔，原是仁人之事，然其情未必悲哀若此。此因有同病相怜之意，未知将来自己必归中土与否，触景伤情，虽悲吏目却是自悲也。及转出歌来，仍以己之或死或归两意生发，词似旷远，而意实悲怆，所谓长歌可以当哭也。"《古文观止》的编纂者吴楚材、吴调侯叔侄认为："（王阳明）先生罪谪龙场，自分一死，而幸免于死。忽睹三人之死，伤心惨目，悲不自胜。作之者固为多情，读之者能不下泪？"

《古文观止》成书于清康熙年间，为中国古代散文选本里的"顶流"。共辑录文章222篇，明代入选12人18篇，宋濂、刘基、方孝孺、归有光等名家的文章也不过一人两篇，唯独王阳明三篇：《尊经阁记》《瘗旅文》和《象祠记》。其"自成一家，不傍他人墙壁"的文学才华，可见一斑。

从另一个角度看，中国古典文学史上，祭文名篇层出不穷。与《瘗旅文》同列《古文观止》的，有四篇：唐代李华的《吊古战场文》、韩愈的《祭十二郎文》，宋代欧阳修的《祭石曼卿文》和《泷冈阡表》。这些祭文的"主角"生前与作者要么亲、要么友，要么是一个众所周知的群体。唯独《瘗旅文》自出机杼，是悼念仅有一面之缘的路人。王阳明通过吏目的生与死，通过"我"与"吏目"的对比，揭示彼此的相似或差异之处，语句变化多端，情绪充分流露，或矛盾或激荡、或同情或宽慰、或哀戚或高亢……跌宕起伏之间，"我"与"吏目"忽而合体，忽而析离，既吊死伤生，又怜人怜己。同时，"一种至诚恻怛之意"，溢于言表，感人肺腑。

《瘗旅文》通篇律动着王阳明悲天悯人的情怀，字里行间虽不乏"兔死狐悲、物伤其类""借他人酒杯、浇自己块垒"的笔触，但更多的，却是王阳明对自己"吾惟俟命而已"的生死观的验证。"吾惟俟命而已"是当初悟道时，"惟生死一念尚未觉化"的王阳明，对着石廓的一句自誓。其语化用《孟子·尽心下》中的"君子行法，以俟命而已"；其意大致是万事尊崇本心，由心出发，直面生死，等待命运安排。经过"瘗旅"之举，王阳明梳理了自己面对死亡的切身感受，验证了自己的生死观是求实的、豁达的。既然死亡无法避免，就要更加珍惜生命，热爱生命，享受生命带来的乐趣，也要坦然接受生命给予的磨难，积极遵从自己的良心去做事，尽可能拓展生命的厚度和宽度，丰富生命的内涵，兑现生命的意义。哪怕死亡明天来临，至少今天已问心无愧。

脚下，这条历尽沧桑的古道，曾经千回百转。宛若王阳明命途颠沛的心旅，挣脱万壑千山的阴影，终见光明。

蜈蚣坡山腰上的三人坟，古驿道从坟旁经过。正德四年（1509年），王阳明于此处掩埋自京城来赴任的吏目等三人，并写下名篇《瘗旅文》致祭。摄影/贾华

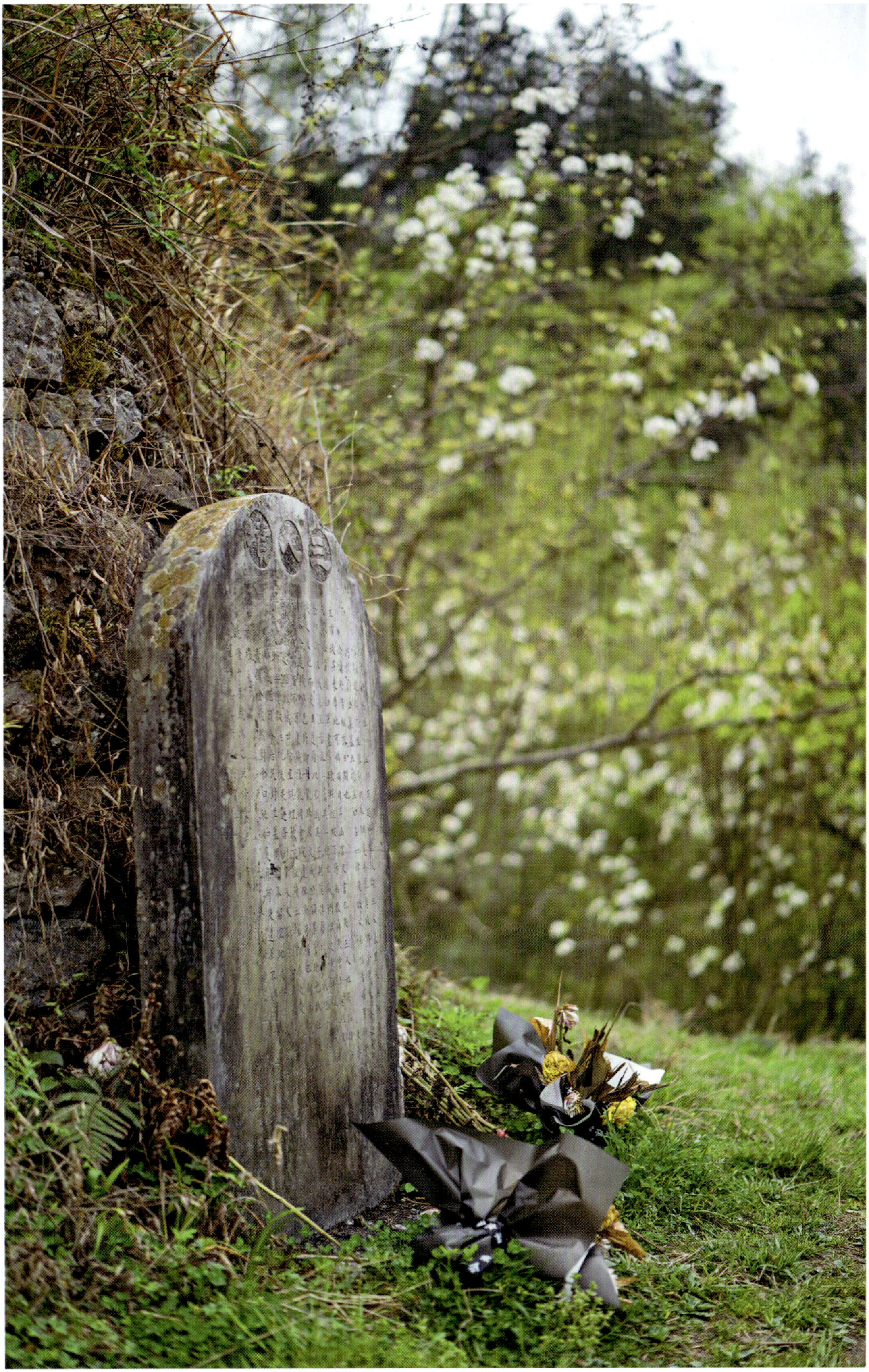

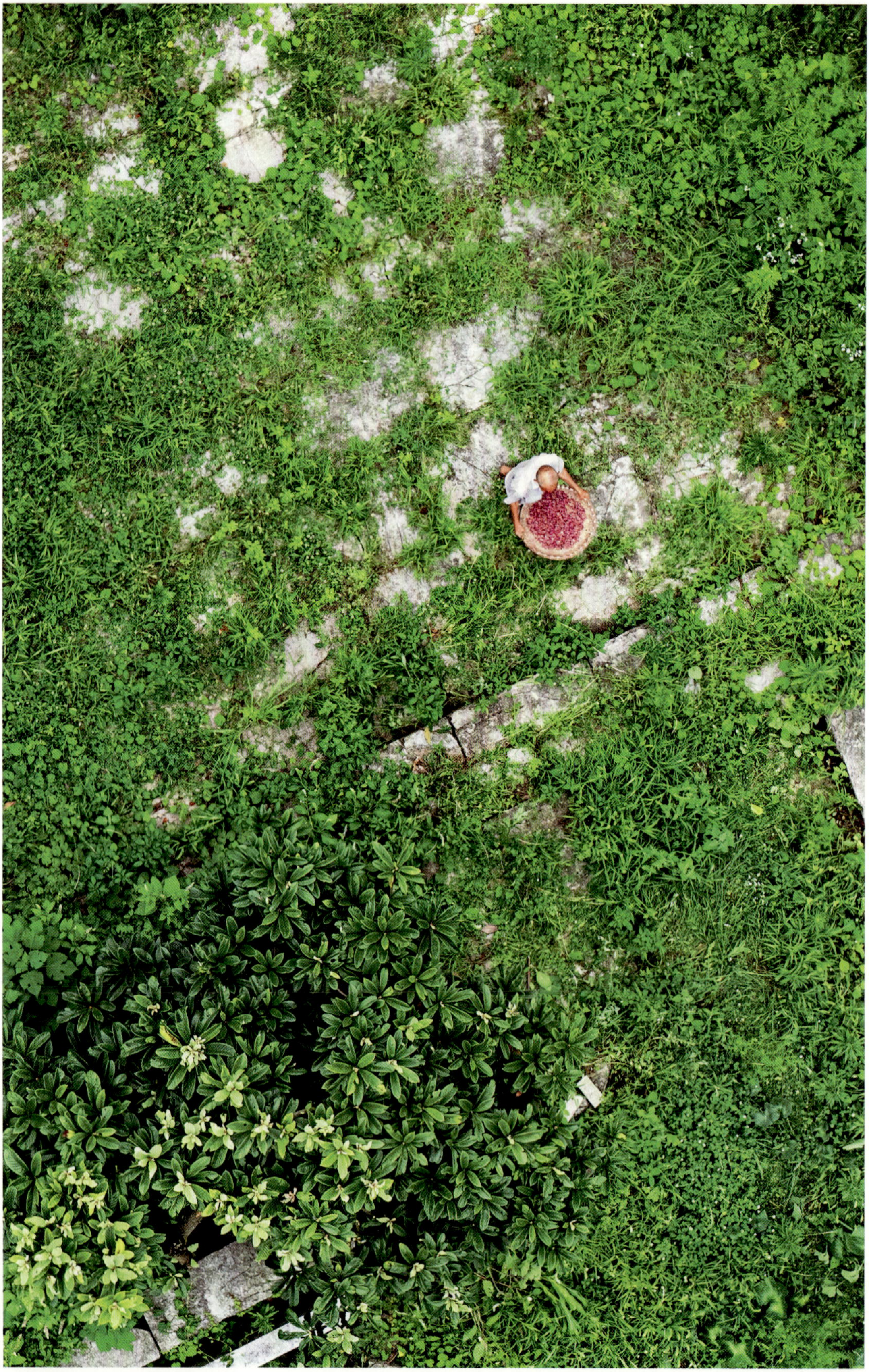

捡拾古道的吉光片羽

庞勉 撰文
耳东 摄影

都司路，这是贵阳老城区的一条东西干道，上有高桥飞架，下有通道过街，沿途旧楼林立，人车川流难息。都司路不长，但历史不短，可追溯至明洪武十五年（1382年）。当时的贵州尚未建省，负责管理的贵州都指挥使司（简称"都司"）的衙门即设置于此。都司路，因而得名。

在贵阳的数日，我多次听人讲述一则都司路的故事。说洪武年间（1368—1398年），奢香在都司衙门被都督马晔"裸挞"羞辱。其部下闻讯，群情激愤，欲兵戎相见。奢香深知一旦起兵，会被马晔诬为谋反，借机镇压，遂力排众议、赴京"告御状"。冤屈得雪后，为报圣恩，奢香开辟以偏桥（今施秉）为中心的两条驿路：一条向西，过乌撒（今贵州省毕节市威宁自治县），达乌蒙（今云南省昭通市）；一条往北，经草塘（今属贵州省瓮安县），到容山（今属贵州省湄潭县）。

奢香系四川彝族土司永宁奢氏之女，贵州宣尉使、水西彝族土司霭翠之妻。因经常辅佐丈夫处理政务，极孚人望，连朝廷亦有所闻。霭翠死后，奢香代摄其职。

那个时候，由湘黔驿路和滇黔驿路组成的入滇东路、以川黔滇驿路为主的入滇西路已全线恢复。朝廷沿线布置卫所，驻军护路。畅通、安全，使得"东西两路"成为西南地区与中原往来的"大动脉"。然而，总长数十里的东路、西路在黔境内并无交会，偌大水西几近"盲区"。意识到这点，奢香乃"提调军民""刊山凿险"，铺筑驿路五百余里，连接"东西两路"，兴建龙场、陆广、谷里、水西、西溪（亦名奢香）、金鸡、阁鸦、归化、毕节九座驿站，史称"龙场九驿"。

对这个家喻户晓的故事，学界近年质疑颇多。有专家认为，"偏桥为中心的两条驿路"由多名土司"承建"，并非奢香"包办"。但无论怎样，奢香"立龙场九驿"之举，功不可没。

当地人走过被植物覆盖的谷里驿驿站地基。谷里驿为龙场九驿之一，位于"陆广驿之西"，驿站遗址位于今贵州黔西市谷里镇，如今只遗存地基和断墙。

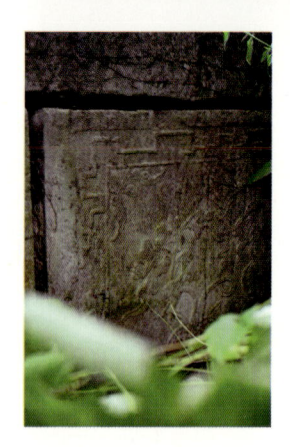

在规制不凡的大方县奢香墓前，我细读一块汉彝双语合璧的石碑。那上面刻记了洪武二十九年（1396年）奢香病逝，朝廷派员致祭，谥封其为顺德夫人的典故。这也是这位彝族女政治家被尊称"夫人"的由来。此后，终明一朝，作为奢香夫人的后裔，水西安氏土司屡次增修龙场九驿及周边桥，"除道利涉，计不惜其力"。见诸方志的就有，成化年间（1465—1487年）落成的水西前十桥、正德年间（1506—1521年）重修的蜈蚣桥、嘉靖年间（1522—1566年）开凿的千岁衢、万历年间（1573—1620年）捐建的大渡河桥……尤以安国亨时期为最。

从万历元年（1573年）到万历二十一年（1593年），"益务扩先人之志"的安国亨不但"于诸水道要害处"又建"龙源、大渡、西溪、阁雅"等水西后十桥，还设法加强了龙场九驿的管理。斯时，取道龙场九驿的著名旅行家王士性称赞"夫、马、厨、传皆其自备，巡逻干拨皆其自辖，虽夜行不虑盗也，夷俗固亦有美处"；《黔记》作者、万历名臣郭子章也说"安氏龙场九驿……夷法严而必行，道不拾遗，马可夜驰"；贵州提学副使、"明后七子"之一的文学家吴国伦，则沿途留诗多首，其中《次奢香驿因咏其事》曰：我闻水西奢香氏，奉诏曾谒高皇宫。承恩一诺九驿通，凿山刊木穿蒙茸。至今承平二百载，烊牁僰道犹同风……帐中坐叱山川走，谁道奢香一妇人！

龙场九驿的开通和维护，对黔西北的意义极其深远。不仅维系了水西长达二百余载的基本安定，加速了经济文化的发展，增进了各民族、族群的交流，还凸现了贵阳、毕节的枢纽作用，夯实了永乐十一年（1413年）贵州建省以及清初改土归流的基础。更为重要的是，龙场九驿直接沟通了湘黔、滇黔、川黔滇驿路，进而串连川黔、黔桂驿路，接驳南亚廊道、茶马古道、苗疆走廊等路网，逐步打破古代贵州交通的闭塞，从此"道大通而西南日益辟"。饶有意思的是，20世纪以来，贵阳至毕节相继修建数条公路、铁路，将原来9天的行程缩短到如今2个多小时的高速、50分钟的高铁。龙场九驿虽然日渐荒废，却从另外的层面获得

阁雅驿为龙场九驿之一，阁雅古道是明代"茶马古道"的重要分支之一。（从左至右）阁雅古道遗址"文保碑"。2013年，阁雅古道被核定公布为第七批全国重点文物保护单位"茶马古道"滇黔北线的文物点；阁雅古道现存古驿道；谷里驿遗址的拴马石；谷里驿遗址遗存的一小段断墙上，仍保有清晰可见的石雕。

古道心旅

夏日，滴澄桥下，孩子们正在戏水。位于今贵州黔西市的滴澄桥（今"西门老桥"），为明代著名的"水西十桥"之一，是从龙场九驿水西驿至西溪驿的重要桥梁，始建于明洪武年间。

了"新生",成为一座重要的交通参照坐标。特别是2001年启用的贵毕高等级公路(下称"贵毕公路"),与之重合度最高。

拜别奢香墓,我便沿着贵毕公路,在千山万壑之中,捡拾龙场九驿遗留下来的吉光片羽。

阁雅古道即阁鸦驿路,系奢香所筑。毛石铺砌的台阶层层叠叠从大方县小阁雅村一直蔓延至落脚河边。没错,就是歌曲《奢香夫人》中"落脚河上面崖对崖"的落脚河。当年吴国伦经此赋诗:"阁鸦回首复巅横,连云不断如长城。此中藏甲不知处,云是先朝霭翠营。"2013年,阁雅古道列入茶马古道黔滇北线文物点,成为第七批全国重点文物保护单位。在村内一户农家,我品尝到地道的阁鸦黄粑。这种以大米、黄豆为原料蒸制的小吃,因为方便携带、凉热皆宜,曾风靡于古道之上。

千岁衢位于大方县石桅杆,彝名阿东钜,又名洛起坡,是一条依偎着落脚河下游白布河的古道,由安万铨在明嘉靖二十四年(1545年)捐银300两开凿,次年竣工,长约2千米,一改"曲若羊肠陡若梯,行人登顿苦奔波"的路况。因"过者,相与仰天",祝祷安万铨长命千岁而得名。行走之际,我看到路边一方以山为碑的摩崖石刻——"新修千岁衢碑记"。漶漫不清的碑面上刻有汉文14行,彝文6行,共500多字,是研究彝族历史的重要文献。1930年,著名地质学家丁文江将其拓片收入《爨文丛刻》甲编。从此,千岁衢与摩崖石刻以"一崖两文、彝汉双馨"蜚声海内外。

贵毕公路横穿黔西市谷里镇,路旁挤满搭篷撑伞的摊档。经人指点,在数千米外的健全村石朝门,我找到了谷里驿遗址。这是一处用条石垒砌的平台,当地人称作"院坝",四周被树木、菜地和一幢20世纪80年代修建的砖屋包围,残剩的石墙也爬满了藤蔓。若非那块"茶马古道—贵州—谷里古道"文保碑提醒,我会以为这只是一户寻常人家。谷里系彝语音译,意为"供粮的地方"。吴国伦投宿于此时,失眠难寐,写诗《宿谷里》:"石门风高千树愁,白雾猛触群峰流。有客驱驰暮未休,山寒五月仍披裘……"此诗的风格近似王阳明,很长时间以来被人误判为"王作"。

原路返回,在谷里镇奢香广场附近,我意外地发现了朵妮桥的缩微模型。相传,朵妮是奢香的侍女,因监造桥梁过劳亡故。桥成之日,奢香以朵妮命名纪念。朵妮桥属水西前十桥,为五孔石拱桥,横跨谷里、水西两驿间的沙坝河。然而,接下来的说明——"朵妮桥及2千米左右的堤岸古驿道现被沙坝河水库淹没",让我不得不打消去自治村莲花滩探访的念头。据一路寻访获悉,水西前、后十桥中,被水淹没和冲毁的,除了朵妮桥,还有大渡(大渡河)、西溪、勤善、阁雅等。健在的,大概仅余麦稼(麦架)、蜈蚣(龙源)两桥。其他的,均已被如水的时光悄然湮灭。轰然崛起的,是一道道我亲见亲历的现代化公路和桥梁。它们带给我瞭望山河的全新视角,也为"通达"赋予了全新的意义。

六广河特大桥仿佛一道绷紧山峰的线,遒劲笔直,经过这座桥时,在左手边的峭壁上,错落参差的鲜红标语跳入我的眼帘:"知行合一;知而行,行然知,知行合一方成事。"我不禁想,五百多年后如我一般往来于这条大道上的人,注视着阳明心学的精髓,会产生什么样的情感与回应?他们走向目的地的脚步,会因沉思而放缓,还是愈发坚定不移?

古道心旅

遥望六广河特大桥。曾经，无数人、商品就是沿着这崇山峻岭间不过数丈宽的古驿道出入黔地，连接起贵州与更广阔的世界。

探秘修文指南
——打卡灵感山水

王阳明昔日谪居之地，如今已成为修文的金字名片。明初开龙场九驿，未承想却成就了中国哲学史上最光辉的篇章。后人感怀这段谪旅乃"先生之不幸，贵州之大幸"，但细想，激发阳明心学的无数灵感中，又怎能少了修文的山水呢？

特色景点

玩易窝
王阳明初到龙场时，时常在这处山洞中静坐并读《周易》，因此有"玩易"一名。玩易窝据传是王阳明龙场悟道之处，因此跻身阳明心学最重要的地理背景之一。玩易窝已被改造为一处迷人的城市公园。

中国阳明文化园
文化园的核心是半山腰上一处不起眼的小山洞，王阳明悟道之后搬至此洞居住，因此有"阳明洞"之称。五百多年来，纪念王阳明的摩崖题刻遍布洞壁，洞外还有何陋轩、君子亭、王文成公祠等纪念建筑。

蜈蚣坡与三人坟
蜈蚣坡是龙场九驿中保存颇为完好的一段古道。正德四年（1509 年），王阳明见到吏目父子与仆从三人在赴任途中相继染病而死，将他们一一埋葬于古道近旁，又因"吾与尔，犹彼也"的感同身受，写下凄切动人的《瘗旅文》。

天生桥
天生桥是喀斯特地貌中典型的地质景观，因流水溶蚀形成的地下河崩塌后，残余的悬空连接部分即为桥状。谷堡镇哨上村的天生桥地处古道上，王阳明曾借景抒情，以"移放长江还济险，可怜虚却万山中"来表述自己壮志难酬的心境。

贵州森林野生动物园
园内有四个动物展示区，共展示了 200 多种野生动物。可乘坐投食车进入大型动物散放区，或者在更令人安心的空中步行桥上观察这些动物的自然行为。

修文阳明文化园　摄影 / 陈伟红

风物小吃

猕猴桃
修文是"绿海猕乡",每年的9—10月,可以到谷堡镇一带的果园中安排一段采摘之旅。

扎佐蹄髈
这道口味浓郁的"公路菜"融合了布依族的饮食习惯,以酸菜为佐料,中和了蹄髈的油腻口感。

菌菇火锅
扎佐是贵州最大的食用菌交易市场所在地,镇上能找到不少以菌菇为主要食材的火锅店。

修文猕猴桃,又称"良知果"　供图 / 视觉中国

在地体验

六广河大峡谷
游船

六广河是乌江的上源,历史上,六广河也是水东、水西的分界线,王阳明在此写下《陆广晓发》。你可以乘坐游船深入风光秀丽的大峡谷,感受"遍行奇胜才经此,江上无劳羡九华"的旅途心境。

鸭池河上的游览船　摄影 / 贾华

旅行时节

桃源河漂流
夏季

位于六屯镇境内的桃源河拥有长达10千米的漂流河道,风光秀美,也不乏惊险刺激的河段。

六广镇温泉
冬季

群山环抱中的六广温泉是贵州第一处退台式江景温泉,泉水温度达56～60摄氏度,含有氡、氟等微量元素。

六广河大峡谷　摄影 / 吴学文

吾于是盖有以信人性之善，天下无不可化之人也。然则唐人之毁之也，据象之始也；今之诸夷之奉之也，承象之终也。斯义也，吾将以表于世，使知人之不善，虽若象焉，犹可以改；而君子之修德，及其至也，虽若象之不仁，而犹可以化之也。

——《象祠记》

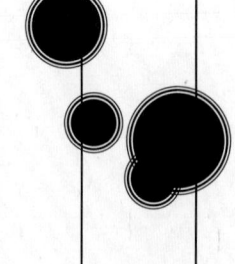

第七境

水西论象

晋祠

水西论象
中原与边地的相遇

楼学 撰文
吴学文 摄影

贵州的春日总是沉浸在清新湿润的气氛中，一个细雨霏霏的清晨，我们车抵黔西素朴镇外的灵博山下，地方学者杜生友已在山下等候。在雨雾烘托中，一处庞大的建筑群随山势陡然升起，又逐渐隐没在雾林深处。这里便是象祠了。在历史上，这处建筑群一直是当地彝族纪念象的祠宇——这个在中原一带曾渐被遗忘的人物，始终鲜活地存在于乌蒙高原上。

从中原到边地

杜生友是土生土长的当地人，在他的童年时代，曾用脚步丈量过附近的每一座山峰。带领我们登山的过程中，他讲述了不少年少时的灵异传说和体验，说正是这些让他感到此山不凡。登临山顶时，雨雾渐渐散去，我们得以更清楚地感受此地的山水形胜：山峰所对的东侧山谷中，左右两侧各有四支余脉如龙蜿蜒而来，拱卫着我们所站立的主龙一脉。当地人称此地为"九龙山"，可谓十分形象。

尽管本地多有传闻，但九龙山的真正身世，其实是在杜生友的青年时代才被逐渐揭开的。20世纪90年代，学者们通过对地方志和民间传说的研究，逐渐确认了九龙山中央的这座山峰正是灵博山，而彼时山下的几间破败祠庙，则是在古象祠的遗址上修建的。这一发现迅速获得了巨大关注，因为它与中国文学史、哲学史上的一个重要篇章有关——王阳明应水西土司安贵荣之邀写下的名篇《象祠记》，所描写的便是这里。

正德三年（1508年），王阳明因触忤宦官刘瑾而被贬贵州龙场。当时的水西土司安贵荣颇好读书，对王阳明礼遇有加，因此当他应百姓要求重修象祠时，便想到邀请王阳明作文记之。

这处长存于西南山地中的"象祠"，其实是中原地区失落已

坐落在贵州毕节市黔西素朴镇灵博山上的象祠，是今天中国唯一保留的以"象"为奉祀对象的祠庙。

象祠所在的灵博山因山势如向东昂首的巨龙、山上有一对状似龙角的巨石而被称为"麟角山"。灵博山与周围几座山被统称为"九龙山",登上山顶的九龙阁,"一龙昂首、八龙俯伏"的景象尽收眼底。

久的文化记忆。祠中所供奉纪念的象是一位上古时代的人物。相传象是舜同父异母的弟弟。《史记》中记载，象得到父亲与继母的偏爱，因而傲慢无礼，甚至"常欲杀舜"。舜登帝位以后，仍欲感化这个冥顽不灵的弟弟，封赏"有庳之地"（今湖南省永州市一带）给他，并为他做媒，使象终于成家。象最终因为舜的宽厚而改过自新，并成为西南一带颇受欢迎的人物。

但在一段较长时期的中原文化中，象是一个不断被边缘化、被否定的人物，王阳明通过象之信仰在中原乃至封地有庳均被排斥、却在黔地兴盛的过程中提出自己的疑问："斥于唐而犹存于今，毁于有庳而犹盛于兹土也，胡然乎？"

王阳明笔下的"斥于唐"，是指唐朝一场有意识的毁象运动。最有代表性的案例就发生在湖南的有庳旧地，当时的柳宗元听闻道州刺史薛伯高在任上毁象祠、修文庙，推行儒家文化，便写下《道州毁鼻亭神记》支持这场浩浩荡荡的文化运动，认为象："以为子则傲，以为弟则贼……以恶德专世祀，殆非化吾人之意哉！"可见象在传统主流文化中被固化为桀骜不驯的形象，是典型的"反派"人物。

象既有悖于儒家的主流价值观念，那么对他的纪念则显得不合礼制。在柳宗元看来，拆毁象祠正是禁绝淫祀、传播儒家文化的胜利，"明罚行于鬼神，恺悌达于蛮夷，不惟禁淫祀，黜非类而已"。后世的思想史学者郝永也指出，"象祠反复毁新的根源在于正祀、淫祀之争。正祀祭祀的对象要求正道德价值承载，淫祀则是非其所祭而祭之"。

有趣的是，这一中原视角下的"淫祀"，

在水西当地的少数民族看来，却有着中原文化传布的意味。王阳明就把象祠与舜本人关联起来，"然则祀者为舜，非为象也"，认为对象的祭祀，更是对舜的感怀。历史上，舜曾命禹征有苗，结果却无功而返，改以礼乐教化，"舞干羽于两阶，七旬，有苗格（朝贡）"。象的分封当在有苗臣服朝贡之后，悔过自新后的他，实则继承了来自舜的崇高品德，他对边远地区的治理，代表着诸夏文化远播夷地，正是"以夏变夷"的文明进程。

从边地到中原

如今的象祠其实是近年重建的产物，仿古建筑中多辟有陈列，其主题都与王阳明、与水西文化有关。杜生友带我至灵博山半山腰处的平台，指引我找到昔日的象祠遗址。所谓遗址，其实已没有地面遗存，只有一处贯穿山体的天然溶洞。在这处巨大的龙形山峰上，这处溶洞形似龙鼻，也被称为"通灵孔"，洞内是周边彝人的祖灵安息之地。

杜生友告诉我："这里一直有彝族前来祭祀，几百年来，也始终有水西安氏土司家族的守祠人默默守护着这里。有时候，当人们感到浮躁或有忏悔之意，就会来到这里，对着这个通灵孔把受污染的心放进去洗涤，把干净清白的灵魂交换出来。"

这听起来就像是少数民族"致良知"的实践。自唐代以来，贵州山区的彝族始终不废象祠，"皆尊奉而礼祀焉，举之而不敢废也"。很难说王阳明是否曾在彝族的习俗中获得启迪——但可以肯定的是，他并未以"淫祀"的简单视角来鄙夷少数民族及其信仰，而是将其纳入儒家文化的范畴中来。西南边地特殊的信仰传统，最终在漫长的"被否定"中，酝酿出一种正面价值。

王阳明的写作成为象祠得以重新进入中原视野的重要契机，从《象祠记》中得来的"天下无不可化之人"久久回响在中国古代思想史中。在此之前，从孔子以来的儒家正统，长久地认为"惟上智与下愚不移"（《论语·阳货》），从而将人以不同的天性分为不同的等级。而王阳明正是在黔西象祠创造性地引入了发展的观点，"唐人之毁之也，据象之始也；今之诸夷之奉之也，承象之终也"，人的"始""终"可以通过教化完成转变，从而打破了儒家对"天性"的垄断，上智与下愚之间没有本质差别。一条通向更平等社会的道路隐约显现了。

在黔二年，是阳明哲学的初创阶段。在贵州山水间的感悟，为这名伟大哲学家的生涯完成了奠基。而关于象祠的记忆，似乎也和王阳明的人生历程形成一种有趣的呼应与共振——他们从中原来到边地，最终又将从边地返回中原——在《象祠记》写作之后近两百年，吴楚材、吴调侯叔侄二人将这篇文章收录进《古文观止》，成为文人所熟知的经典篇目之一。

回到素朴镇上，王阳明的立像醒目地伫立在镇口，他的《象祠记》早已成为乡土教育的课程内容。杜生友告诉我，在素朴小学中，一到二年级的学生都会背诵篇中名句，三到六年级的学生则会背诵全文，"让孩子能够从小就拥有一种本土的文化自信、文化自觉"。王阳明可能不会想到，数百年后的贵州山水间，他的文章仍旧被稚嫩的童声不断传诵着。

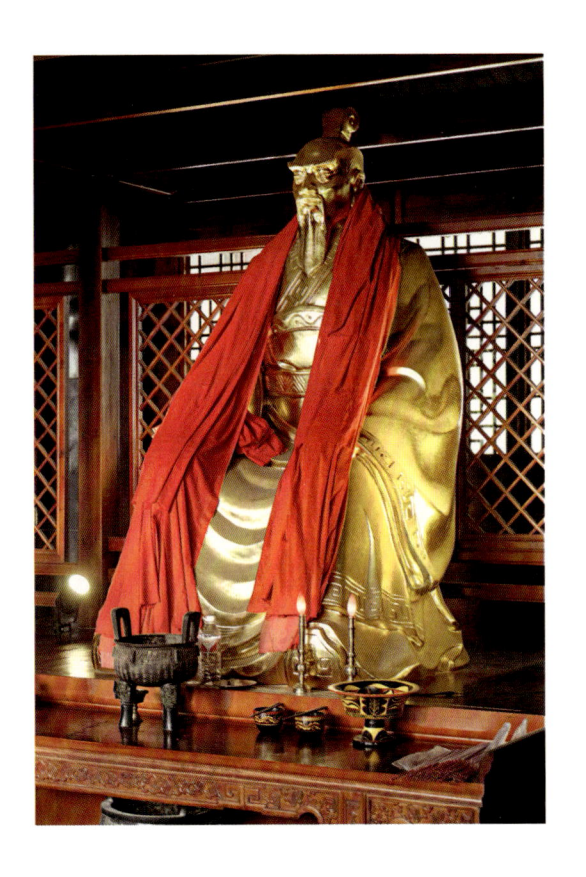

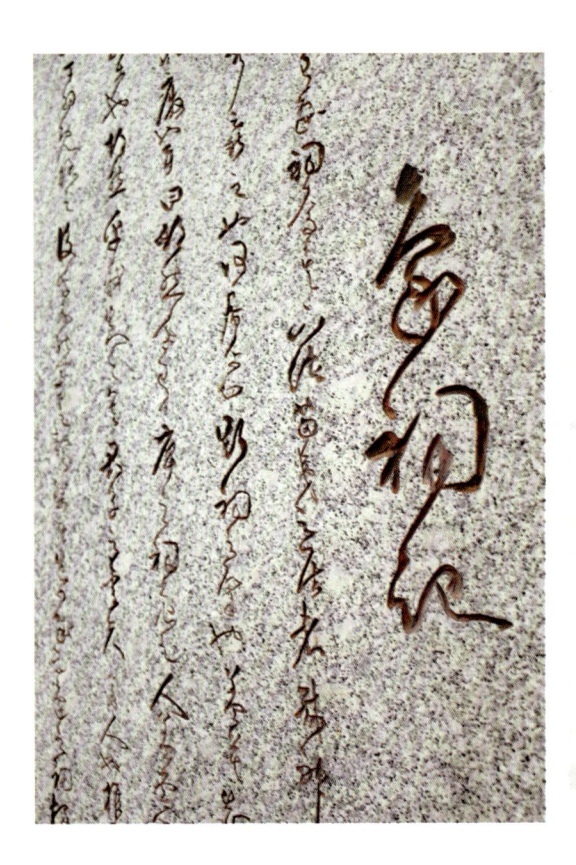

（左）象祠内象的塑像。传说象是舜同父异母的兄弟，舜封象为有庳国君，象引入中原农耕技术、语言文字等，让当时属有庳古国区域的水西地区得到稳定发展，故当地人建祠奉祀象。（右）象祠景区内刻有《象祠记》的石碑。王阳明谪居龙场期间，应当时贵州宣慰使、水西彝族土司安贵荣之请，写下《象祠记》，"天下无不可化之人"就是出自此名篇。

水西论象

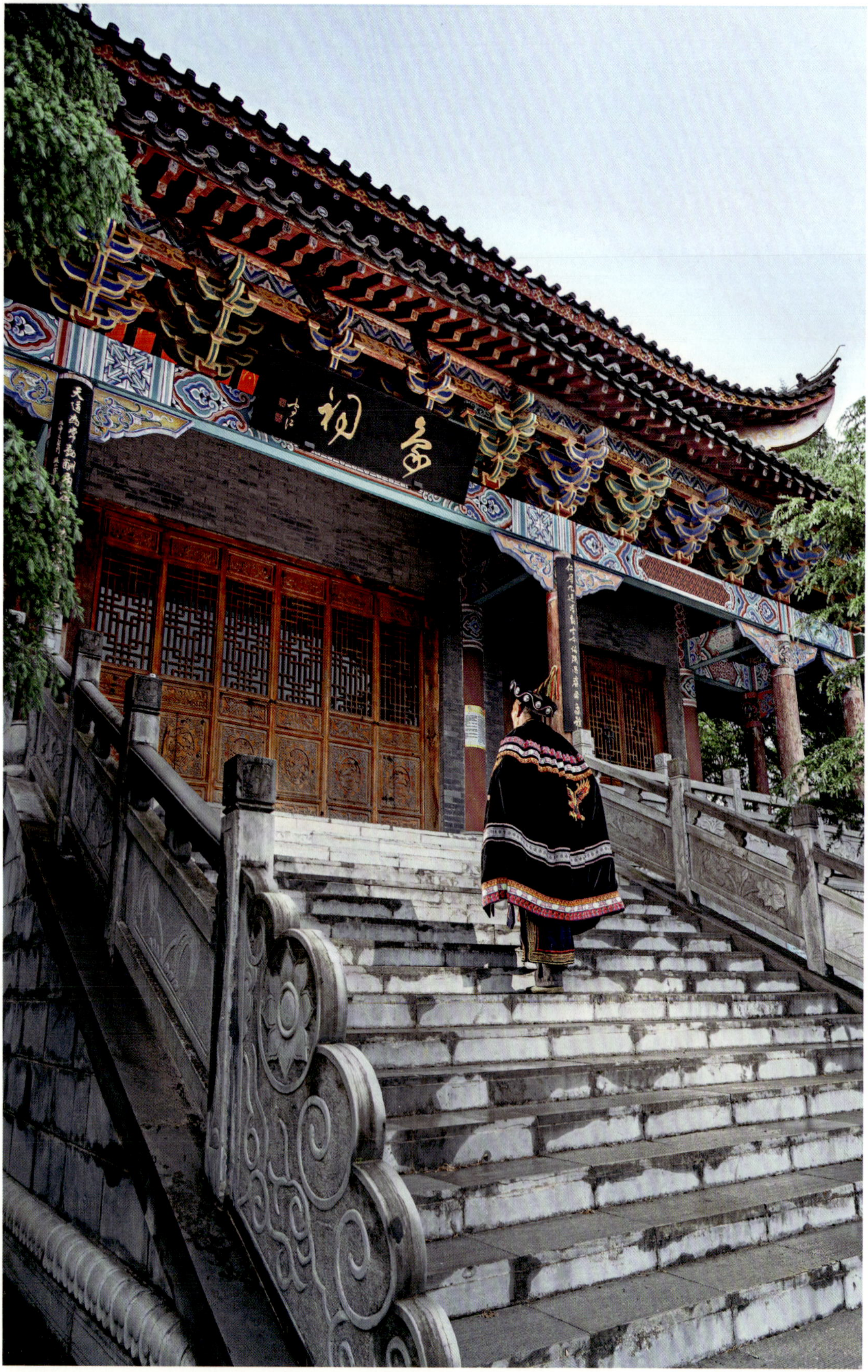

水西彝人，象祠守护者

楼学 撰文　吴学文等 摄影

王阳明在贵州的诸多活动，都与水西土司家族有关。水西是一个与水东相对的地理概念，两者大致以六广河（鸭池河流经修文、息烽两县的河段）为界，划分出元明时期贵州两大土司家族的势力范围。隋末起逐步统治水东的土司宋氏是入黔的汉族大姓，水西土司安氏则是彝族先祖妥阿哲（汉文献称"济济火"）的后代。

蜀汉建兴三年（225年），妥阿哲因协助诸葛亮南征有功而受封，建立罗甸国。明初朱元璋赐封水西首领霭翠（其后代改用汉姓"安"）为贵州宣慰司宣慰使，"位居各宣慰之上"，其统治中心就在今天的大方、黔西一带，其势力跨过鸭池河直抵贵阳。直到康熙三十七年（1698年）改土归流，安氏一族统治水西达千余年之久。

在修葺一新的象祠正殿内，我见到了61岁的杨志军，这一天，他与妻子均身着彝族盛装来祠内巡视。由于漫长历史中的战乱与流散，如今象祠所在地——黔西素朴镇上，彝族人所占比例已经很小。象祠遗址在民国年间曾被占用为"观音庙"，杨志军的家就在观音庙侧前方。从出生开始，杨志军的生活就一直围绕着象祠展开——在过去的一个世纪中，象祠的身份一度湮没，有很长一段时间，谁也说不清这里到底供奉着谁，但他的祖辈、父辈始终守护着这座祠庙。

黔西当地学者杜生友告诉我，杨志军一家只是"在明"的守祠人，在九龙山附近，还有一支"在暗"的守祠人，他们是水西安氏土司的后裔。他们始终清楚地知道象祠的身份，还保留着诸多与象祠有关的史料档案。但直到今天，他们仍然坚持隐姓埋名，从不出现在媒体视野之中。想到有同一个家族的守祠人曾经默默注视过王阳明，也默默注视过今日的旅人，便有一种奇妙的穿越感。

身着彝族盛装、走向象祠的守祠人杨志军。摄影/陈伟红

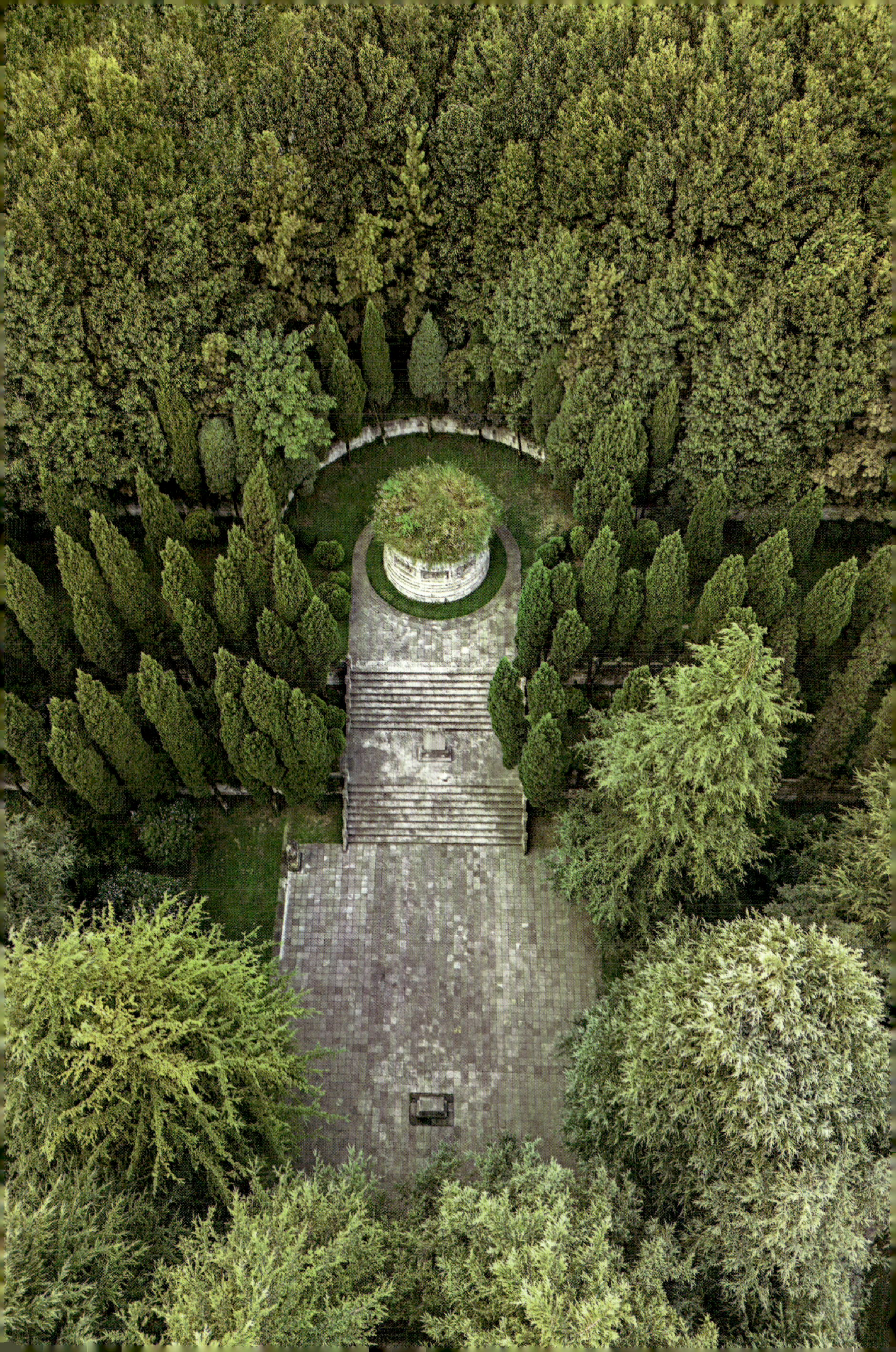

（左）位于贵州省毕节市大方县、始建于明洪武年间的奢香墓。 （中）奢香夫人雕像。 （右）奢香墓石阶上，与水西文化历史息息相关的精美雕刻。奢香夫人可以说是贵州历史上最重要的"女杰"，其摄理贵州宣慰使期间，大力推动了水西地区文化、经济的发展，并在维护民族团结、国家统一方面发挥了不可替代的作用。

水西论象

我问杜生友：王阳明到底有没有到过象祠？——有些学者认为，《象祠记》通篇没有出现特别具体的对周边环境的描写，历史上对王阳明在水西一带的活动记载也相当有限，似乎没有明确证据指向王阳明曾到过这里。

杜生友则非常笃定王阳明到过这里。不仅因为暗中的守祠人有诸多口耳相传的往事，在地理逻辑上，象祠也处在难以回避的交通要道。象祠旁的这条驿道自王阳明谪居的修文龙场而来，沿途设有龙场驿、陆广驿、谷里驿、水西驿、奢香驿、金鸡驿、阁鸦驿、归化驿和毕节驿。杜生友以王阳明的《陆广晓发》一诗为证，过了陆广河（今六广河）后不远即是象祠，此地位于陆广驿与谷里驿之间，王阳明应安贵荣之邀为新修象祠作《象祠记》，似乎没理由错过驿道旁的这处浩大工程。

杜生友指向九龙山的一翼，告诉我们那山上还保留着"龙场九驿"的古道。这条驿道曾是他去往姥姥家的必经之路，孩提时代已走过无数遍，"当年的植被不如现在茂盛，走在古驿道上就能望见灵博山，奇绝的山势总令人印象深刻"。直到乡村公路建成通车，这条明初开凿的驿路才逐渐荒废。我们爬上山腰处，罕有人至的古道已经湮没在野草中，仅有几块不起眼的石板标志。

在历史上，水西所在的黔西北区域长期是贵州的文化高地和交通咽喉，在旧石器时代便成为重要的古人类发祥地，黔西观音洞是中国南方发现的第一处大型旧石器时代早期遗址。从秦汉以来，南夷道、茶马古道等路线的开通，更将水西牢牢嵌入华夏版图。

如今，人们普遍相信"龙场九驿"这条古老的驿道为明初时奢香主持修建，这位近来因《奢香夫人》一曲而大火的历史人物在黔西北一带广受爱戴。她是水西土司霭翠的妻子，在丈夫去世后主管水西事务。在大方县城的中央，如今依然保存着奢香墓，这处墓葬曾在明末奢安之乱、清初吴三桂剿水西和"文革"期间三度被毁，却每每被重新修复，足见奢香的历史地位。

在围绕奢香墓建起的彝族文化博物馆中，我了解了这位明初女政治家的传奇生平。相传她因未能按期征纳赋税而受到时任贵州都指挥使马晔的鞭挞之辱，却仍能忍辱负重、绝不反叛。两人之间的恩怨纠葛，成为后来奢香主持修建驿道时与明太祖博弈的政治资本。小有出入的各种版本出现在博物馆、地方志乃至学术著作中，大致都是奢香以修建龙场九驿为谈判筹码，最终使朝廷对马晔做出惩罚。

中山大学教授温春来曾考证，这些颇富戏剧性的故事多出自嘉靖间进士田汝成的《炎徼纪闻》，其真实性值得商榷。但可以想见，奢香所代表的水西土司家族，在明初驿道开凿时，即便不如种种传说那般富有戏剧效果，但参与其中也属分内之事。她发展文教、招留商贾之举，极大地推动了黔西北的发展进程，也使她在彝族群众中享有极高的声望。直到今天，奢香仍被许多当地人亲切地称为"老祖婆"，而她带领水西彝族自我革新的历史，也塑造了地方文化性格中重要的一面。

明初的龙场九驿，连接起今日的贵阳与毕节，不仅加速了黔西北的文明进程，也重塑了贵州的交通格局与政治秩序。历史上沟通滇黔的驿道主要有两条：东路由湖广经玉屏、镇远、贵阳、普定、盘州进入云南，其走向与今日的沪昆高速大致重合；西路则从四川泸州进入黔西北的毕节一带，最终抵达云南沾益。西路贯穿水西腹地，直接在水西的控制之下；而水西又有"水外六目"（"目"为区域单位），管理着鸭池河以东的部分区域，因此东路也在其控扼影响之下，诚如清代学者彭而述所言，"水西僻处黔壤中，实蜀滇三省要害也"（《水西记》）。

龙场九驿连接东西两路，使得贵州与四川、云南的通道得以畅通，加之本地盛产优良战马"水西马"，地理区位与战略物资的双重加持，使水西成为明初朝廷征云南的关节所在，尤其得到朱元璋的重视。洪武五年（1372年），霭翠归附明朝，仍为宣慰使，其地位在各宣慰之上，治所就在贵州城（今贵阳市）内。可见水西一族的支持与归附，在明初的统一进程中起到了重要作用。

温春来认为，驿道"为经营云南创造了条件，同时亦促进了中央王朝文化、制度等在黔西北的渗透以及移民的进入"。正德年间王阳明被贬龙场驿，又曾沿驿道行游水西，就是中原文化传播的例证。王阳明与水西土司的交往中，也有不少关于驿道的书信往来。在得知安贵荣因征战平乱有功而意欲裁撤驿站时，王阳明在《与安宣慰书》中晓以利害，"夫驿可减也，亦可增也；驿可改也，宣慰司亦可革也"，他深刻地认识到驿道对于维持国家统一与民族团结的重要作用。如若裁撤驿站、断绝驿道，是骄矜自立的危险信号，会导致地方与中央的关系走向紧张。而后安贵荣听取意见、及时改正。似乎与王阳明的《象祠记》中所提出的"天下无不可化之人"的主旨遥相呼应，水西彝人不仅是象祠的守护者，更是象祠背后改过革新、弃恶扬善这一价值观的守护者。

这种勇于自我革新的精神内涵，一直贯穿于水西文化史中。自奢香时期以来，水西彝族一直重视与中原的交流。《水西简史》中记载，奢香本人带头遣送子弟到京师入太学，学习中原文化，这种示范效应不仅深入水西的各个阶层，同样汇入西南各土司遣其子弟"请入太学"的时代潮流。这一时期，贵州设置儒学，土司子弟也把彝语彝文带到京城，成为编纂《华夷译语》的基本资料，极大促进了民族交流与融合。

或许，我们应当把王阳明的到来置入一个更宏大的历史背景中。有明一朝，水西地区经历了生产力的大发展，传统手工业逐渐与农业分离，在本地形成诸多特色行业。酿酒、冶金、漆器、竹编等行业丰富了本地的物质生活。奢香博物馆内那尊巨大的彝汉铭文铜钟就显示了这一区域日益进步的技术水平，铜钟铸于成化二十一年（1485年），铜钟上并行的彝文、汉文更折射着这一时期文化发展的成果。不唯如此，在大渡河桥头、千岁衢古道旁，彝汉文字均并行石碑、摩崖之上。在尚武的地方性格中，崇文的品性正被逐渐塑造，从而形成"以彝族文化为主体，以彝汉文化交流为主线的格局"（《水西简史》）。

犹如象祠畔的彝人虽已四散、安氏与杨家依然默默守护着这里一般，水西彝族的精神内核，亦在有明有暗中被坚守传承。

水西彝族人过"火把节"。火把节是彝族最隆重的传统节日之一,人们以高达丈余的松木为炬,夜幕降临时,各村寨火把相映争辉,照得夜空一片火红。人们还会围着熊熊燃烧的篝火跳起民族舞蹈,共同祈求风调雨顺、国泰民安。供图 / 视觉中国

贵州省大方县奢香博物馆里，满院青翠清凉，身着彝族服饰的少女正在玩耍。供图 / 视觉中国

水西论象

周游黔西、大方指南
——穿梭古今之间

在一首脍炙人口的《陆广晓发》之后，王阳明进入了以黔西、大方为主的水西地区。这片土地见证了王阳明与水西土司及当地少数民族的友好往来，更留下了《象祠记》这样的千古名篇。跟随王阳明的脚步，穿行于龙场九驿的古道上，重温这片文化意义上的边地如何进入中原的视野。

特色景点

黔西·象祠
位于素朴镇西北灵博山上的象祠是现存唯一一处象祠，数百年来，彝族后裔始终默默守护着这座祠堂。保存完好的"龙鼻"仍然散发着神秘气息。登临山顶，仍可感受到九龙环抱的山水形胜。

黔西·水西公园
这处景色宜人的城市公园中保存了一些珍贵史迹，狮子山顶伫立着清代的观文塔，山下则立有纪念清代兵部尚书李世杰的石牌坊，公园的前身是明代正德年间兴建的观音阁。

黔西·城东路
这是黔西市区内最有生活气息的街道之一，附近的巷弄内散落着三楚宫、武庙等历史建筑。20世纪70年代建成的观农台公园则弥漫着独特的怀旧气息，黔西记忆馆、阅览室和清代的观农台题刻都值得寻访。

大方·奢香墓
位于大方城东的奢香墓屡经兴废，但凭借着这位彝族女政治家的杰出功绩，以及历代当地人对奢香夫人的尊崇，这里已被恢复为一处环境清幽的纪念地，墓园内辟有博物馆。

大方·斗姥阁
这处香火旺盛的园林式寺院，是儒、释、道、巫的融合之地。历史上的大方曾经塔庙林立，但大多数历史建筑均已损毁，斗姥阁也是在原址基础上重修的。

大方奢香古镇　摄影 / 吴学文

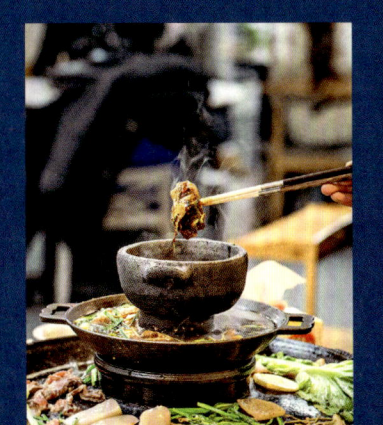

在地体验

黔西・化屋苗寨
文创
三岔河畔的化屋村有着令人赞叹的自然风光。大多数苗族人家都已经搬进了现代的苗式民居，崭新的村落内设有一处文创展馆，可以买到一些土特产以及融合了现代设计元素的苗绣、织染等手工艺品。

黔西・花都里化屋营地
露营
化屋村外的花都里度假营地是俯瞰峡谷的最佳地点，在青绿的喀斯特山水间，红色的鸭池河大桥飞驰而过，这里夏季营地的住宿常常供不应求。

黔西・乌江源百里画廊
游船
这是一处因修建东风水电站而形成的宽广水面，乘坐游船穿行于如画的两岸峰林间，能眺望化屋村背倚"大鹏展翅"的独特地势和宏伟的鸭池河大桥，也可以参与直升机、滑翔伞等活动。

大方・九洞天
游船
九洞天集中了溶洞、地下河、天生桥、天坑、石林等喀斯特地貌景观，可以乘船畅游。

活油烙锅　摄影 / 王家乐

风物小吃

黔西・黄粑
黄粑以糯米、红糖、黄豆等为原材料，以粽叶包裹后上甑蒸熟而形成令人食欲大开的特色美食。

大方・活油烙锅
与贵州其他地区的烙锅不同，大方烙锅以砂锅为主（而非铁板），是一种类似烤肉的饮食方式。烤盘中央的凸起处则放置一碗盛满大方皱椒和活油（猪油）的秘制蘸水。

花都里化屋营地　摄影 / 王家乐

旅行时节

百里杜鹃
春季
每年3月末至4月中下旬，位于大方县的百里杜鹃景区迎来盛花期，数十个品种的杜鹃汇成漫山遍野的汹涌花海。

彝族火把节
夏季
每年的农历六月二十四至二十六前后，大方县城的贵州宣慰府、凤山乡的水西大草原上会举办热闹的彝族火把节。

百里杜鹃　供图 / 视觉中国

闲来聊与二三子,
单夹初成行暮春。
改课讲题非我事,
研机悟道是何人。
阶前细草雨还碧,
檐下小桃晴更新。
坐起咏歌俱实学,
毫厘须遣认教真。

——《春日花间偶集示门生》

第八境

贵阳传道

王阳明 (1472-1528年)

名守仁，字伯安，浙江余姚人。自称"阳明子"、"阳明山人"……二年（1499年）中进士，历任兵部主事、庐陵知县……二年（1506年），因上疏皇帝搭救戴铣等直言的南京科道……州龙场驿（今修文县城）驿丞。到龙场驿后，在龙冈山创办龙冈书院……《五经臆说》46卷。贵州提学副使毛科与王阳明是浙江余姚同乡……得到毛科多方帮助，正德四年（1509年）……院讲学。……二是采用"咏歌"的形式……要贵阳……二脱俗的贵阳（修……开龙场……阳明……书院……在……讲学……

各注：……

贵阳传道
文明书院 声声不息

霍亮子 撰文
吴学文等 摄影

16世纪初的大明王朝，科举制度几乎是评定一地文教程度的唯一指标，在这场竞争中，作为"化外之地"的贵州姗姗来迟。

根据日本学者道上峰史的研究，永乐十一年（1413年）设立贵州布政使司之后，贵州并未随即实施乡试，这在全国是绝无仅有的。直到嘉靖十四年（1535年），贵州才开始在本地举行乡试，而此时距设立贵州布政使司已经过去了一百二十多年。朝廷分配给贵州士子的乡试合格名额也是各省中最少的。

所以到了1503年，毛科以按察司副使的身份"提调学政兼督理屯田"，其提振贵州当地文教事业心情之迫切可想而知。到任第二年，他就觅得一处废宅，连同附近民宅一起买下，兴建书院和提学分司。也就是说，此前贵州的最高教育长官是没有专门的府衙办公的。当时选这块地不过因为位置和价格适宜，但是兴建过程中居然挖出一块残碑，显示这里曾是元代"顺元路儒学"所在，其后又建"文明书院"，故新建的书院沿袭旧名。1506年，书院竣工。与元代文明书院湮没于断壁颓垣的命运不同，1508年，毛科邀请官阶小到没有品级的龙场驿丞王阳明来此讲学，文明书院载于史册的故事拉开序幕。

对于毛科的邀请，王阳明赋诗一首《答毛拙庵见招书院》予以婉拒。关于王阳明之后是否接受了邀请，学界颇有争议，我们且先按下不表。至少可以肯定，1509年，毛科的继任者席书再次邀请王阳明到文明书院执教，他是欣然接受的，于当年10月到12月在文明书院登堂教学，开启了意义重大的"传道之路"。

现在，文明书院只有确切遗址仍在，还余留一块纪念碑书写王阳明事迹。不过我们仍能通过《新建文明书院记》还原王阳明时代书院的面貌：前有大门，门之内有作为讲堂使用的文会堂，堂后有四斋，名字都取自先儒掌故"颜乐""曾唯""思忱""孟辨"，这些是学生食宿所在。之后是戟门——宋太祖特许文庙立

位于今贵阳市南明区的文明书院旧址。明正德三年（1508年），王阳明受邀到文明书院讲学，这段经历对王阳明心学体系的形成和贵州文教事业的发展均具有重要意义。

戟以示地位崇高，后以戟门代之，门内有左右廊道，上设先圣庙，庙后有"师文""学孔"二斋。书院颇有规模，一开始遴选了200多位学生，有6位教师率领，毛科常登上"乐育轩"亲自教导。值得注意的是，按照文中所记，文明书院的建设没有动用官费和民间劳役，全靠毛科一人筹措。

举业之学与圣贤之学

那么王阳明在这里讲授的是什么学问呢？学生们的首要目标是在科举中求取功名，席书在给王阳明的信中也表明，虽然自己也深感科举制度有种种弊端，不过这也是天下士子求学向上的动力，希望王阳明能还原举业的本质，教授"圣贤之学"，提高学生的德性。至于王阳明本人对科举的态度，学者吕妙芬概括以"暧昧"二字，既依赖又批判，与他对朱熹的态度如出一辙。

从出身来说，王阳明的父亲王华在十多年乡试的反复落败之后，终于在1480年中举，并于次年高中状元。王阳明本人乡试顺遂，虽曾两次会试落第，但在弘治十二年（1499年）的第三次会试中，他写下两篇文章——一论《礼记》，二论"君子中立而不倚"。学者杨立华曾有评价，在儒门序列中，王阳明的文章气魄直追孟子。《王阳明佚文辑考编年》中收录了他的会试卷，卷后有考官评语，如"忽得此卷，其词气如水涌山出，而义理从之，有起伏，有归宿，当丰而健，当约而明，读之惟恐其竟也。四方传送，文体将为之一变乎"。最终以二甲进士第七名金榜题名，从而走上仕途。

王阳明自己不仅科考经验丰富，1503年还做过山东乡试的主考官，应对科举考试相当有心得。1507年，在途经杭州之时，他还耐心地给妹夫及珍视的高徒徐爱写了一封备考指南，次年，徐爱第一次会试就以二甲第六名中进士，后来为王阳明编写了传世之书《传习录》。在贵州期间，王阳明还为《重刊〈文章轨范〉》撰写序言，这本书是科举考试的范文集，在文中他发表了看法——"圣贤之学"与"举业之学"有天壤之别，但是他也认为，如果士子只有圣贤之学而无举业之学，圣贤之道便不能"大行于天下"，观点与席书完全一致。

"《春王正月》稿，乃书戊午岁在淮时所为。昨听教及此，归阅遗稿，宛有暗合阳明之意。"这是席书亲自率领诸生在文明书院聆听王阳明讲学之后发出的感慨，王阳明讲了《春秋》中的"春王正月"一段，以当时王阳明已经在撰写《五经臆说》推断，他讲授的应该是自己对儒家传统经典的心学诠释。

席书曾反复问过王阳明：朱熹与陆九渊学说的差异是什么？王阳明没有直接回复，而是将自己"知行合一"的领悟与席书分享。席书一开始不曾了悟，但是反复再三，他不但对朱陆异同有了结论，也拜服于王阳明的学问。如果说龙场悟道是王阳明心学的起点，那么在文明书院，他的学说在诘问与论辩中得到了检验和传播，所以有王阳明在文明书院始论"知行合一"的说法。

1509年12月，在为王阳明送别所作的《送别阳明王先生序》中，席书指出大儒百余年一出，明朝开国至今已一百余年，已经有征兆表明这位传承儒学衣钵的继任者便是今日的王阳明。他动情地写道"予虽未得相从二三子于阳明山麓，或咏或游，以追舞雩之趣，然而意气相感，已神会于浙海之隅矣"，这是将自己放在与徐爱等王阳明弟子相同的身份上。虽然王阳明与席书在贵州的交往极其短暂，但是此后席书曾不顾压力，不断举荐王阳明。1527年席书过世之后，王阳明千里设位，遥祭席书，撰写《祭元山席尚书文》，其中追忆文明书院讲学时期与席书的交流时写道："忆往年与公论学于贵州，受公之知实深。"这种"知"便是建立在阳明心学之上的。

静坐与咏歌

在龙冈书院，王阳明订立了《教条示龙场诸生》，以立志、勤学、改过、责善四事作为学习规范，其中特别强调"立志"的重要，以为："立志而圣，则圣矣；立志而贤，则贤矣。志不立，如无舵之舟、无衔之马，漂荡奔逸，终亦何所底乎？"而这四条，尤其是对"立志"和"改过"的强调贯穿了王阳明教学生涯的始终。

在这些严肃的要求之外，他的教育思想和教学手段也相当灵活。无论是为人处世、著书立说，还是行军打仗，都可看出王阳明是独具创意、灵感四溢的人。他有一首诗《春日花间偶集示门生》生动复现了教学场景："闲来聊与二三子，单夹初成行暮春。改课讲题非我事，研机悟道是何人。阶前细草雨还碧，檐下小桃晴更新。坐起咏歌俱实学，毫厘须遣认教真。"在这首诗里，"改课讲题非我事"表明对于授徒以举子业的真实想法，"坐起咏歌俱实学，毫厘须遣认教真"则显示出阳明栽培生徒的严谨态度。其中"坐起咏歌"都有所指。

我们可以从王阳明后期在江西、浙江等地书院和讲会活动所留下的记录，推想他在文明书院是如何教学的。

比如静坐是王阳明一直提倡的一门功夫，即给共同学习的人一长段安静的时间，整理思绪，澄虑心体，预备参与听道和讲论。这既是心学体悟的传统，也糅合了王阳明早年习得的道家法门。

歌诗是王阳明一直提倡的学习方法，从儿童开蒙到研习圣贤之学都不例外。歌诗以理学名家的诗作为主，如朱熹的"等闲识得东风面，万紫千红总是春"，又如程颢的"富贵不淫贫贱乐，男儿到此是豪雄"。根据学者束景南的考证，王阳明后期将歌咏方法总结成"九声四气歌法"，"以春夏秋

王阳明心学重要著作《传习录》。

自发诸上不动

冬、生长收藏四义，开发收闭为按歌之节"，有一整套包含呼吸吐纳的歌唱理论与美学。有时讲课的内容就顺着歌诗的内容延展开来。此后在滁州"日与门人遨游琅琊、瀼泉间。月夕则环龙潭而坐者数百人，歌声震山谷，诸生随地请正，踊跃歌舞"（《阳明先生年谱》），盛况空前。这是王阳明离开贵州四五年后的事，我们也可以想象在文明书院和贵阳东山之间，早有类似的场景预演。

回音与遗产

1509年12月，王阳明结束贬谪生涯，匆匆离开贵阳前往江西庐陵上任。贵阳诸生一送再送，一直把王阳明送到龙里。在途中，他也给贵阳诸生写信（《与贵阳书院诸生书》），叮嘱不尽，表达留恋与不舍。1512年，离开贵州三年后，他还有一封书信《寄贵阳诸生》，其开头写道："诸友书来，间有疑吾久不寄一字者。吾岂遂忘诸友哉？"有念念不忘之意。

在《与贵阳书院诸生书》中，王阳明列举了23位跟随他学习的学生，他们成为黔中王门存在的实证，阳明心学开宗立派、得以传播与书院体系密不可分，这一切都是从龙冈书院、文明书院开启的。而王阳明的弟子和追随者后来在贵阳刊刻书籍，如《居夷集》《传习录》《阳明先生文录》《新刊阳明先生文录续编》等，传播阳明心学；龙冈书院和文明书院也成为贵州的书院模板，他的再传学生建立的书院影响尤大。这些涓涓细流汇成江河，共同推动了贵州在明清之际以"七百进士、六千举人""三鼎甲"的科举成绩，被誉为"俊杰之士，比于中州"。

毛科、席书，还有阳明先生遂愿。

吕妙芬认为，地方官员在书院建构中扮演重要角色，阳明学派的书院必然在阳明门人或心仪阳明学的地方官员主事下才比较容易顺利完成，反之亦然。比如嘉靖年间（1522—1566年），江西各县的阳明祠被破坏，由王阳明兴建的五所社学规矩尽废，被据为私有。万安的阳明后学想要兴建云兴书院也被阻止。但与此对照，在阳明心学尚被官方斥为伪学时，由贵州士子请愿，贵州巡按御史王杏主持建立的阳明书院在贵阳落成。

那是在王阳明逝世后的嘉靖十三年（1534年），王杏在《阳明书院记》中动情写道："每行部闻歌声，蔼蔼如越音。予问之士民，对曰：'龙场王夫子遗化也。'且谓夫子教化深入人心。"那蔼蔼越音是阳明先生的乡音。雁过留痕，人过留声，当真如此。

文昌閣

阳明道 文明之梦

霍亮子 撰文
陈伟红等 摄影

在建筑规划师的眼里，城市是储存于脑海、可以随时调动出来的多维图景。而时间的维度也不会缺席，一城一地的风貌自何处来，将往何处去，历史的层层沉积与未来的可能蓝图皆在心中涌动，时间轴线推移，城市面貌也随之变换。

对贵州省建筑设计研究院总规划师刘兆丰而言，还要添加一条个人线索，他的祖父曾在遵义开办第一家西医所，外祖父母则在抗战时期随内迁洪流来至贵阳，他在此地出生，在此地工作，三十余年来深系于此。所以他的贵阳图景里有绵密的私人经验与浓稠的情感寄托。

我们约见的咖啡馆就在达德学校旧址附近，即王阳明曾经留诗的南霁云祠。刘兆丰用iPad打开一幅今天的贵阳地图，将五百多年前王阳明在贵阳的足迹叠加上去，形成由一条闭合环线与几条放射线组合成的行迹图。在这张行迹图上，"串联了贵阳老城最重要的人文历史遗迹"，他把这个贯穿了云岩和南明两个核心区域的历史人文线路规划称为"阳明道"。

"以文明书院作为起点，阳明先生沿着市府路向东过桥不远即到南霁云祠，由南霁云祠出东门就上了东山，经过山林小径来到仙人洞，从仙人洞下来顺着南明河向西，可以一直走到南庵。继续沿南明河向南，过雪涯洞，延伸到太慈桥，这是王阳明在城南留下诗文最远的地方。以上是现在规划的这条'阳明道'的主要段。"

从历史来看，贵阳因为位于地理要冲，1282年，元朝从军事统辖的角度在此建"顺元城"，为贵阳建城之始。顺元城坐落于南明河以北，贯城河居于其中，初为土城。城市范围东至今天的老东门，南临南明河，西至大西门，北至钟鼓楼，城池狭小。如今贵阳老城的形态奠基于明代，明洪武十五年（1382年）首建石城，周围九里，共建有五座城门。王阳明来贵阳时就是五座城门的格局，到明天启六年（1626年），在北门以外再修建贵

九角三层宝塔形的文昌阁。明清一段时期内，文昌阁所在为古城东门，城内、城外曾以此为界，彼时登上楼阁，可俯瞰整座贵阳古城。供图/视觉中国

俯瞰贵阳。南明河穿城而过划成的弧线，可被视作贵阳文脉的"中轴"，贵阳的时代发展故事，沿着楼桥寺祠、寻街陌巷一点点地铺陈开来。摄影 / 何雄周

贵阳

传道

阳外城，周围600余丈，共设四座城门。经过这两次石城的修建，大致形成了老贵阳城的"九门四阁"格局：内城五门及外城四门，加上标志性的玉皇阁、灵官阁、皇经阁和文昌阁。贵阳建城较晚，虽然大部分城墙已经毁弃，九门四阁也只剩下东门遗址和文昌阁，但是明代以来的城市格局大致保留了下来，所以王阳明诗文所记载的地点，很多还能在当下的城市中找到对应之处。

比如文明书院就坐落在现今市府路与法院街的交界处，这个地理位置一直是贵阳核心的公共空间，元代曾是顺元路儒学所在，何成禄在其旧址上兴修文明书院，后倾圮不存；明代正德年间毛科在其遗址上复修书院，沿用旧称，毛科与继任者席书先后邀请王阳明讲学，他在此始论"知行合一"，使文明书院名噪天下。1544年，王阳明的门人蒋信任贵州提学副使，第三次修建文明书院，令王阳明的学问得以传承光大。1570年，文明书院及其相邻的正学书院（亦为蒋信所建）、提学道署一起改建为贵阳府署。自此一直到2006年搬迁至观山湖区之前，无论政权如何更迭，贵阳的最高市政机构一直稳稳扎在这条"市府路"上，可以说这里是跨越了700年历史的贵阳命运起伏的见证者。

从文明书院辐射开去，王阳明留诗的南霁云祠——如今的达德学校旧址，南庵——如今的翠微园，来仙洞——如今的仙人洞，都有迹可循。也有淹没于历史不知所终的，如他夜宿过的汪氏园，"小阁藏身一斗方，夜深虚白自生光"（《夜宿汪氏园》）；登高过的万卷楼，"高楼六月自生寒，杳嶂峰回拥碧阑"（《夏日登易氏万卷楼用唐韵》）；与诸生作别的城南蔡氏楼，"城隅碧水光连座，槛外青山翠作堆"（《将归与诸生别于城南蔡氏楼》）。

更多的地点是像文明书院这样，地名犹存，但是全非当年面目。

王阳明喜好山水，也流连人情，在贵阳留下很多送别诗，骑马自西门出城，沿着市西河有建于宣德年间的通济桥，也称为"头桥"；再向西一里为"二桥"，再以西二里为"三桥"。这是前往四川、云南的通道，王阳明几次来此作别友人，他《送客过二桥》，"下马溪边偶共行，好山当面正如屏"，如果到二桥还恋恋不舍，就送至三桥，到了三桥还难以分别，接下来的郊园之约只好迟到，"三桥客散赴前期，纵辔还嫌马足迟"。（《先日与诸友有郊园之约，是日因送客后期小诗写怀》）（其三）

一直到民国时期，头桥的桥头还伫立一亭，亭柱上有清代文人陈文政所题的对联："说一声去也，送别河头，叹万里长驱，过桥便入天涯路；盼今日归哉，迎来道左，喜故人见面，握手还疑梦里身。"

长亭古道的一次次送别在几百年里不知上演了多少次。

现在，头桥、二桥、三桥只余地名，两侧青山仍在，只是被劈面而来、纵横交错的高架桥抢夺了声势。头桥边上是大型的二手厨具和家电批发市场，沿街铺排开来，足有数百米而不绝。"头桥公交站"旁侧是过街天桥，下班时间，流动摊贩开始出没，有山民用包带背着婴儿，出售竹篮承装的新鲜樱桃的；有备好油锅，准备煎炸各种蔬菜、香肠、虫卵的；有现场调拌粉面的；有制作苦荞米的；有贩卖蔬菜、各色辣椒面与花椒的；还有出售墓园的。摊贩以妇女居多，桥上桥下热闹非凡。

（上）白鹭飞过始建于明代的太慈古桥遗址，如今这里是每日熙熙攘攘的菜市场。（下）夜晚，太平路上人来人往，热闹非凡。太平路一带自古便是贵阳城商贸、文化集聚区，玉带河曾在此由北向南穿城而过。伴随城市的开发建设，20世纪60年代玉带河改造，只留存在"老贵阳"的记忆中。

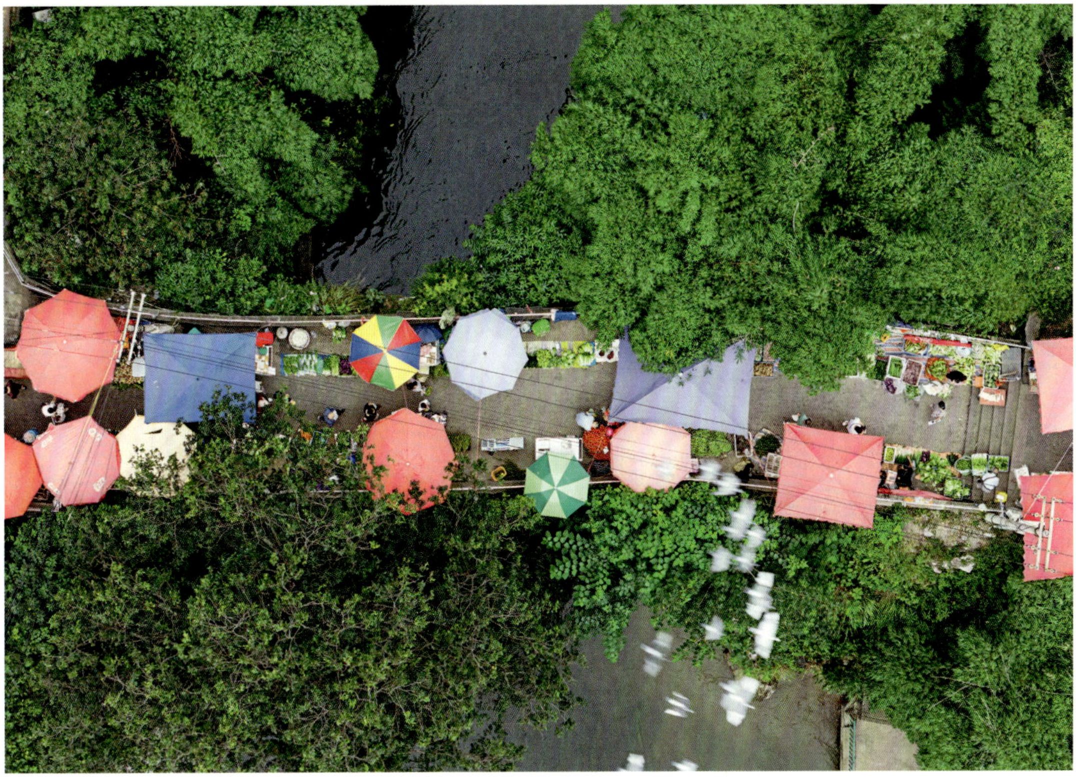

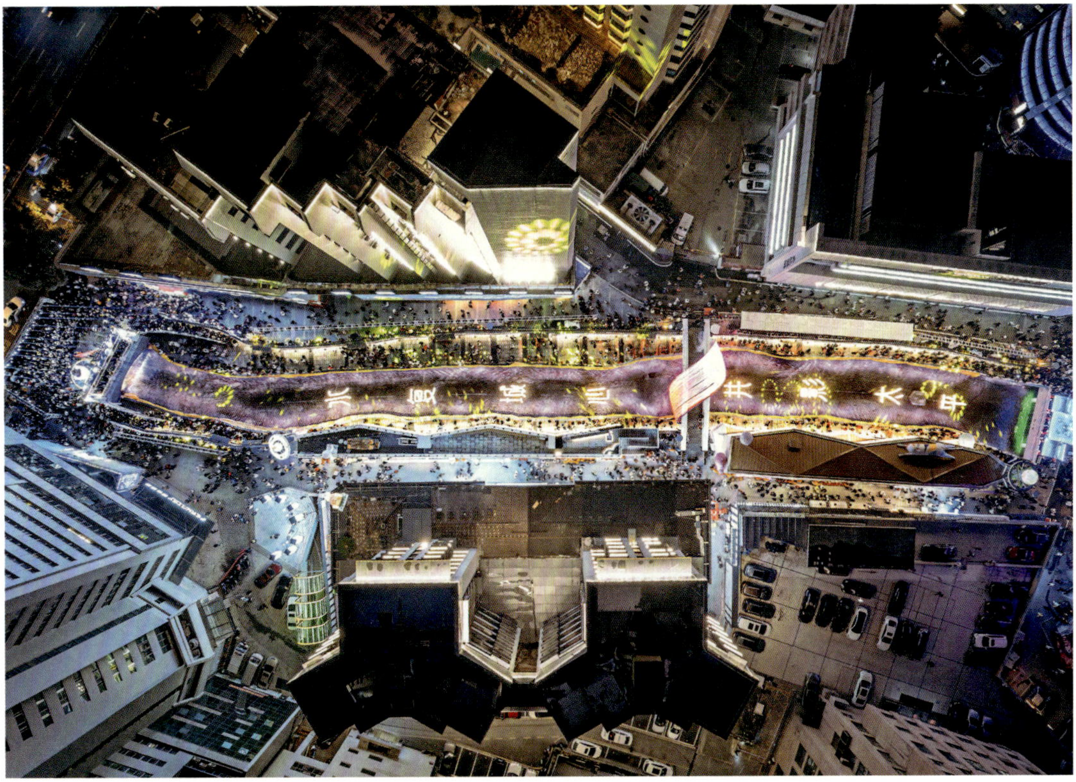

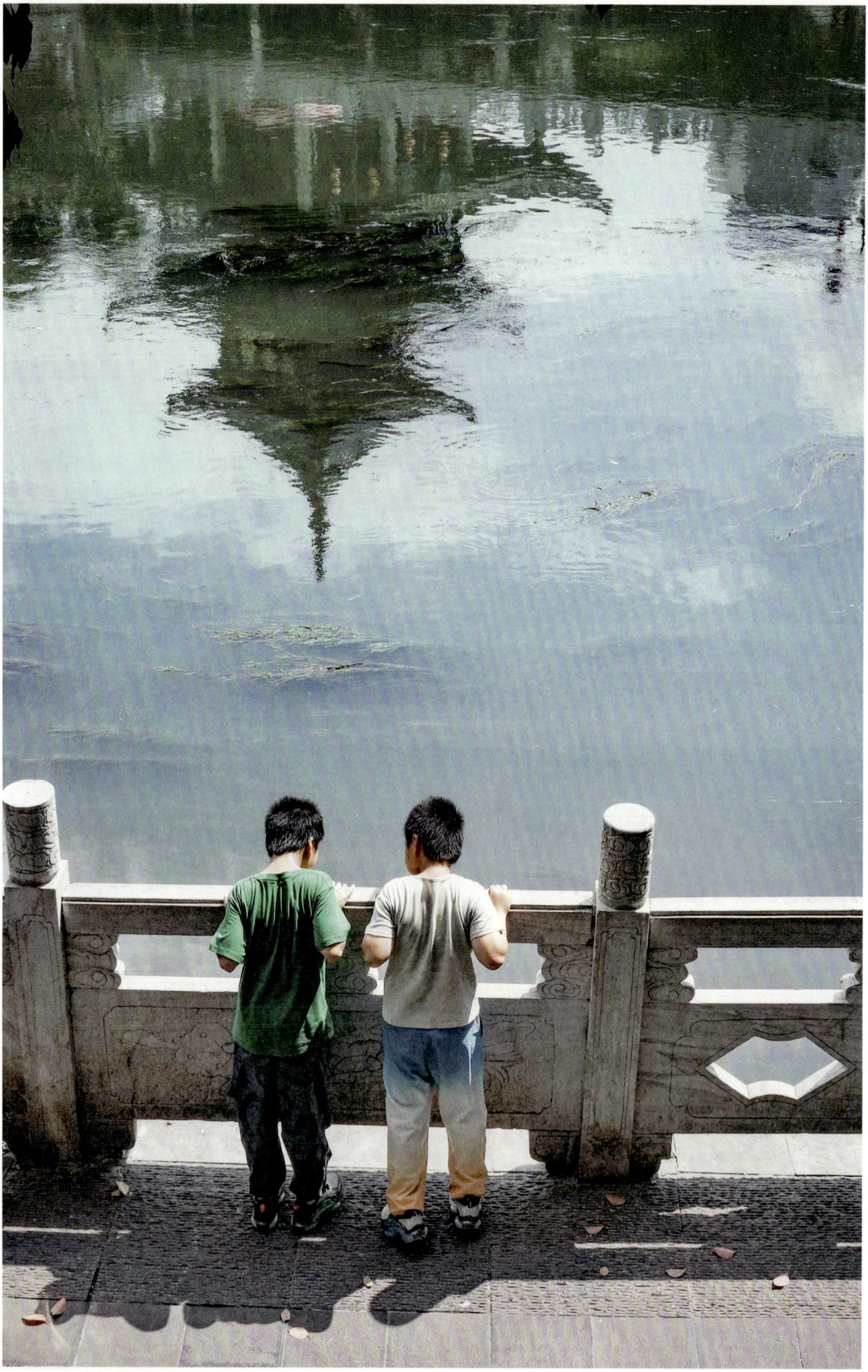

贵阳多山，也多水，王阳明的足迹多傍河而行。他在"乍寒乍暖早春天，随意寻芳到水边。树里茅亭藏小景，竹间石溜引清泉。汀花照日犹含雨，岸柳垂阴渐满川。欲把桥名寻野老，凄凉空说建文年"（《太子桥》）。我也追随这首诗来到小车河上的太慈桥，也就是当年的太子桥，别说茅亭、竹林、汀花与岸柳统统不见，连标识都没有找到。太慈桥与内里的街巷一起成为颇具规模的露天菜市场，有各色食物售卖，穿行其中，烟火味十足。也是乍暖乍寒的春天，桥头的摊贩在贩卖一种极细的竹笋。和一位大姐聊起，她在这里营业已经四五年，似乎知道脚下的桥是古迹，却也说不上来头。桥头桥尾，王阳明寻建文帝的遗迹未果，我寻王阳明的遗迹未果。

刘兆丰说："虽然有很多变迁，但是正因为如此，你可以在这条路上看得到大历史，看得到我们对文化的态度。历史永远是一个文本，就看你对它的阐释和反思。没破坏也是好教材，破坏了是另一种教材。只要这条阳明道走得通，就怕你视而不见。"

他对阳明道的描摹是具体而微的，他想象王阳明初次穿过图云关进入油榨街，经南门抵达贵阳城；他想象王阳明在栖霞山来仙洞之上俯视全城，所有的高楼大厦都消失了，目力所及，能清晰望见南庵；他想象王阳明行至南明河边，水流中凸起的石头构成一座不规则的桥，王阳明提起衣衫踏过垒石，渡过河流，水边居民正在淘米洗菜、洗衣服、倒马桶……

他要借此串联的不仅是王阳明的足迹，还有线路旁侧的所有人文遗产。比如现在贵阳博爱路附近沿南明河北岸的步道已经打开，成为"老城垣步道遗址"，步道旁侧就有张之洞出生的"六洞街"，"可以在这里清理小巷，做一标记"；继续东行会与 1941 年为纪念王阳明所命名的"阳明路"衔接，沿步道经过黔明寺，就是王阳明出入贵阳的"大南门"——这也是历史上贵阳通往湖广以及中原最重要的通道；最后抵达浮玉桥，过桥即是甲秀楼与翠微园——贵阳现在最重要的历史人文景观。而早在甲秀楼建成之前，王阳明的再传弟子马廷锡就仿效先师在此地的渔矶书院讲学授课了。附近的石岭街曾诞生过很多文化名人，"比如说贵州很有名的文化老人谢孝思就出生在这条街上"。而谢孝思曾是达德学校的校友，还担任过达德学校的校长。

阳明道上走着的不只是王阳明，还有无数的后来者，他们的足印彼此叠加，让阳明道厚重结实，成为贵阳文脉。

在这幅行迹图上，他现在最关切的是君子亭。

君子亭位于东门以北城墙下的君子巷，"为阳明也"（李宗昉《黔记》）。名称源于龙冈书院的君子亭，亭前有荷花池，与东山阳明祠遥相呼应。清光绪年间，有人重修君子亭，在工程竣工的 1886 年，贵阳青岩的赵以炯状元及第，成为云贵两省第一位文状元，一时云贵士子震动，在京城为高官的贵阳人李端棻寄来两副对联以示祝贺。君子亭成为城东北的重要风景和一城情怀所在。罗文彬《香草园日记》记载，清光绪元年 (1875 年)，缅甸国进贡大象，经过贵阳赴京，象宿于君子亭，引得全城百姓围观。

而今，莲花池早已被填平，变成一座银行的办公楼。沿着君子巷上坡，巷子异常狭窄，伸开双手能触及两侧墙壁，君子亭就潜藏于陋

甲秀楼前，孩子们正在水边玩耍。

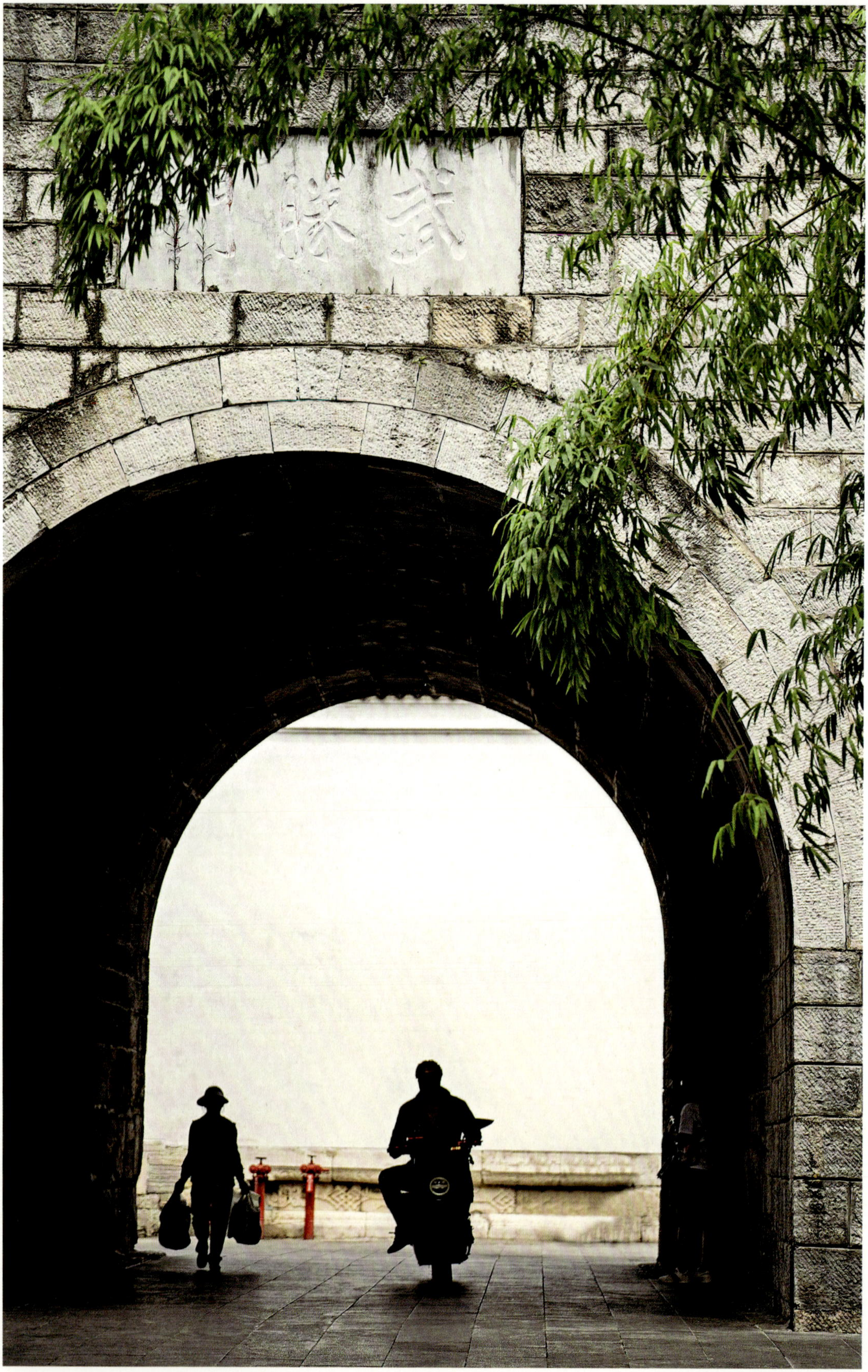
武勝

巷棚屋之中，与周边亟待改造的危房一样，仅余几柱，被占用为民居。若不是门前1982年所立的"贵州省文物保护单位"的碑刻，很难辨识。然而李端棻的楹联仍赫然镌刻在石柱上，字迹依稀可辨："游钓记芳踪，重看莲沼波清，君子高风同仰止；秀灵钟间气，为报杏林春满，状元及第正归来。"

刘兆丰说他正在力促对君子亭的保护与修复，如果亭后的建筑拆除，将会露出明代城墙的残余，与旁侧已予保护、有待活化的历史建筑大觉精舍、文昌阁一起组成历史文化街区的核心。东门一带在清末民初是贵阳富庶人家的居住区，"华家的银子、唐家的顶子、高家的谷子"，三大家族都聚居于此。大觉精舍又称华家阁楼，是华家所建的私家佛堂，而华家创办的"文通书局"则创造了西南地区出版业的奇迹。连接其间的电台街，因抗战时期国民政府将重要的对东南亚广播置于华家阁楼而得名。现在已经自发形成了许多时尚的餐厅、咖啡馆和小店，是热门的消遣地。徜徉于电台街的年轻人，把文昌阁马道当作滑梯的小孩子，流连于大觉精舍的文化人，都会留下生动的回忆，他们也将成为历史记忆的一部分。刘兆丰说，这就是他这两年力争将其作为历史街区保护下来的意义。

而对文明书院的纪念更像一个"梦"。原址现在是高层楼盘下的商业街，复建已经不可能也不应该。与文明书院遗址毗邻的法院街尽头、中山西路地铁站旁侧有块不小的空置地，现在是停车场，刘兆丰希望能在这里建造一座纪念文明书院的文化设施。"希望它是一个关于贵阳的城市历史博物馆，或者不见得是博物馆，而是用新古典的风格设计的城市文化中心，有小剧场、文化交流空间和展览空间，只是再也不要去建高层或者超高层围堵城市空间了。"

这是一个建筑规划师的梦，在采访中，刘兆丰认真地重申了《雅典宪章》《威尼斯宪章》和《马丘比丘宪章》中关于历史遗产修复保护的原则："我们遗产保护的一个最基本的原则，就是你要保留时代的痕迹，保留历史的年轮，同时体现当下的审视与态度。"这也是关于阳明先生的梦，"知者行之始，行者知之成"，"道"亦为"道"，在这条"阳明道"上，王阳明从知行合一之"道"起步，真正开始了自己的成圣之道。同样为了这条"阳明道"，刘兆丰还在为践行他信奉的原则艰难地努力。

（左页）武胜门。武胜门俗称老东门，始建于明代，是贵阳人熟知的"老五门"中仅存的明代老城门遗址。　（右页）龙门书院里的游人。龙门书院历史上几经重建易名，如今保留的形制是为祀奉康熙年间"政绩卓著"的贵州巡抚刘荫枢而修葺的祠堂建筑。

隔水樵渔亦几家,
缘冈石路入溪斜。
松林晚映千峰雨,
枫叶秋连万树霞。
渐觉形骸逃物外,
未妨游乐在天涯。
频来不用劳僧榻,
已僭汀鸥一席沙。

——《南庵次韵二首》(其一)

第九境

南庵答和

漸覺楓葉秋聲連海嶠
妨遊衫骸忘世情
借問鷗用勞僧榻天涯
江波暫人席沙

南庵答和

天涯逐客

霍亮子　撰文

若以王阳明贵阳留诗作为他的旅居日记，可以看出他颇喜欢南庵。南庵位于贵阳大南门外，依傍南明河，始建于何时目前并无明确记载，推断至少在15世纪中期已经存在。

王阳明虽然只留下三首与南庵有关的诗，其中却有这样的字句："频来不用劳僧榻，已僭汀鸥一席沙。""频来"二字说明他前来游历南庵的频繁程度。

寺庙一直是王阳明诗歌中一个非常突出的主题，根据日本学者久须本文雄考证，王阳明一生共参访佛寺四十余处，其中四十九岁这一年就游佛寺十三次，每次会留宿一两个星期。此外，他生平多次在北京、南京、江西、贵州、福建、两广等区域往返，所以有很多机会重返故地。《王阳明全集》所收录的诗歌中，明确记载重游的寺庙有七座，如果计入同一时期对同一座寺院的多次游览，实际上应该远远不止此数。仅贵阳而言，如《南庵次韵二首》与《徐都宪同游南庵次韵》，前两首写于秋天"松林晚映千峰雨，枫叶秋连万树霞"；后一首写于夏天"岩寺藏春长不夏，江花映日艳于桃"。曾存有佛寺的来仙洞也分别游于春秋两季。

王阳明"频来"南庵，也暗示着他和寺中僧人的交往。在早年寻求真理的过程中，王阳明曾在儒释道等不同法门、习武练兵与辞章文学之间徘徊反复，最终选择了儒家理学的成圣之路。他曾说："二氏之学，其妙与圣人只有毫厘之间，故不易辨，惟笃志圣学者始能究析其隐微，非测憶所及也。"就是说，佛道两家与儒家只有极其精微的区别，很难辨别。他还有关于三教之间联系的精妙比喻——把包含一切真理的"大道"比作厅堂房子，在其中设置儒释道的严格区隔，就像是把厅堂分割为不同房间，自设樊篱，其实是一些儒者狭隘化的做法。在王阳明的好友湛若水为他撰写的祭文中，也回忆曾与王阳明辩论儒释道三者的关系，王阳明认为，三者如同一棵树上的枝叶与树干，佛道两家为枝叶，

贵阳翠微园内展示着王阳明诗作《南庵次韵二首》。南庵为翠微园的前身，始建于明弘治年间，王阳明在贵阳讲学期间，曾数次游历南庵，并与友人答和写下《南庵次韵二首》《徐都宪同游南庵次韵》等诗。摄影／陈伟红

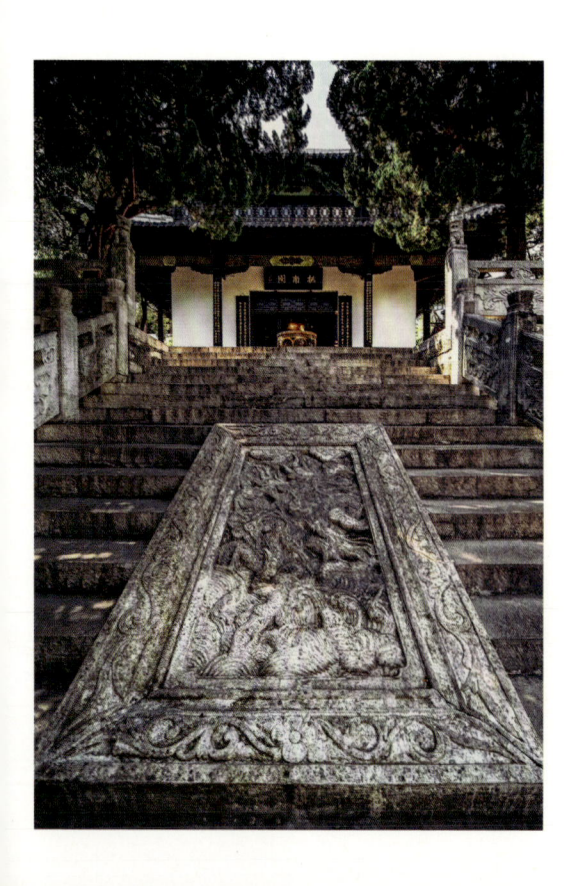

儒家为树干。这是他比较经典的一种论述，即认为儒佛道三教同道，但是儒家在佛道之上。

儒释道三教合一的哲学思想是宋明理学产生的背景，王阳明的心学也不例外。比如学者卿希泰认为："王阳明是公开而鲜明的'三教合一'论者，此与宋代某些理学家那种表面上、口头上反对佛道，而又暗中偷偷援引佛道的做法是完全不同的。"但也有学者指出他对佛道两家其实有严厉的批判，陈荣捷就写道："阳明之批评禅宗，在学理方面，比宋儒为犹甚。"这些观点都有切实依据，陈来从另一角度对王阳明的"三教合一"做出总结，他在论述王阳明哲学思想的作品《有无之境——王阳明哲学的精神》中写到，中国文化的传统构成主要是儒释道，虽然各有差异，但是从人生态度与精神境界上，中国文化与哲学呈现出两种基本形态，一种是以儒家为代表的强调社会关怀与道德义务的境界，一种是佛老代表的注重内心宁静平和与超越自我的境界。也即儒家主"有"，佛老主"无"，他认为在王阳明的思想中一直有两条线索：一条是以儒家为主体的求道之路，另一条是吸收佛道的境界与智慧之路。"而这两条线索最后都在'良知'上归宗。"

在有与无的融合之中，也有进与退的背离。就像他在出世与入世之间反复的心境转换，也可以看作是中国士大夫心态的一种典型代表。对于这种矛盾，王阳明是有自觉的，甚至自嘲。1519年，王阳明在平定宸濠之乱后，身心俱疲，至西湖养病，在《宿净寺》中提及："山僧对我笑，长见说归山。如何十年别，依旧不曾闲？"连净寺里阔别多年的山僧都提醒他说，为什么总说归隐，却仍在尘世中奔波沉浮？

南庵早已不存，原址为现在贵阳的翠微园。

王阳明《南庵次韵二首》其二里描写"南庵"之景，"斜日江波动客衣，水南深竹见岩扉。渔人收网舟初集，野老忘机坐未归"。可以想象他在南庵观赏渔舟唱晚的情形，但是他并没有与江景适配的闲适心情。在《南庵次韵二首》其一里，王阳明还在描写一种常规的游赏心情"渐觉形骸逃物外，未妨游乐在天涯"，但"天涯"二字已经点明了"身在异乡为异客"的放逐身份。所以在第二首中，他写景入情，接着说："渐觉云间栖翼乱，愁看天北暮云飞。"乱云飞渡，如同纷乱的愁绪，而这种愁显然指向乡愁，最后两句他直抒胸臆："年年岁晚长为客，闲杀西湖旧钓矶。"由南庵想到西湖，或者说由小西湖想到西湖。而这又是借西湖对"我"的想念，来表达"我"想念西湖的心意，和他在《来仙洞》末尾所写"石门遥锁阳明鹤，应笑山人久不归"如出一辙，只是更为惆怅而已。这种表达思乡与逐客之哀愁的诗歌，在王阳明的贵州诗作里非常多。

王阳明关于南庵的诗作都是次韵，说明都是和友人同游，可惜对方的作品都不存。其中《徐都宪同游南庵次韵》中，徐都宪为何人，颇有争议。一种说法是贵阳人徐节，曾巡抚山西，提督雁门等三关，也因得罪刘瑾被削职罢官，回到贵阳。王阳明受贵阳友人所邀撰写的《明封孺人詹母越氏墓志铭》，碑刻篆书即为徐节所作，说明二人确有交集。另一种说法指徐都宪为曾经巡按贵州的徐文华。

在束景南所写的《阳明大传："心"的救赎之路》中，还提出一种大胆的猜测。

正德三年（1508 年），水东土司治下的贵州苗民阿贾、阿札起义，王阳明劝水西土司安贵荣参与平乱，这在他写给安贵荣的书信中有明确说明。束景南推测，一则王阳明已经卷入这场纷争，二来他是以兵部主事贬谪到贵州，所以贵州官员自然想和他商讨平乱之法，所以从当年七月开始，他频频往返于龙场驿与贵阳之间，这并不只是因为文明书院的邀约讲学，更重要的是要与三堂两司要员议事，包括巡抚王质、总兵施璠、巡按王济，此外，王阳明还和直接参与平叛的布政使郭绅、按察使张贯、按察副使毛科、监察御史刘寓生、贵州金事陆健、参议胡洪等人有广泛接触。这些交往都有诗文为证，虽然在其中并不能明显看出商议平叛事宜的痕迹。

正德四年（1509 年）八月，监察御史徐文华接替王济巡按贵州，采用招抚之法，到九月，苗民之乱终于平息。束景南认为从写信劝安贵荣出兵起，到与徐文华共议以招抚之法抚定叛乱结束，王阳明默默参与了全过程。而这也能解释，为什么在同样因刘瑾而获罪的一众官员中，只有王阳明是在正德四年闰九月就获得升迁，而其他人的重新任用要到正德五年（1510 年）八月刘瑾伏诛之后。这可能就是因为在徐文华上报朝廷的奏疏中表明功过，平叛不力的施璠在九月被劾罢，而建言立功的王阳明在闰九月升庐陵知县。

以王阳明之后在江西、广西的平叛手段，又以他在贵州交游的广泛程度，这种推测不能不说是一种合理想象。而倘若是真的，那么他们盛夏之日的南庵之游就意味深长了——"但逢佳景须行乐，莫遣风霜著鬓毛"，这种及时行乐的畅快之下，掩盖的是剑拔弩张、枕戈待旦的紧张局势。

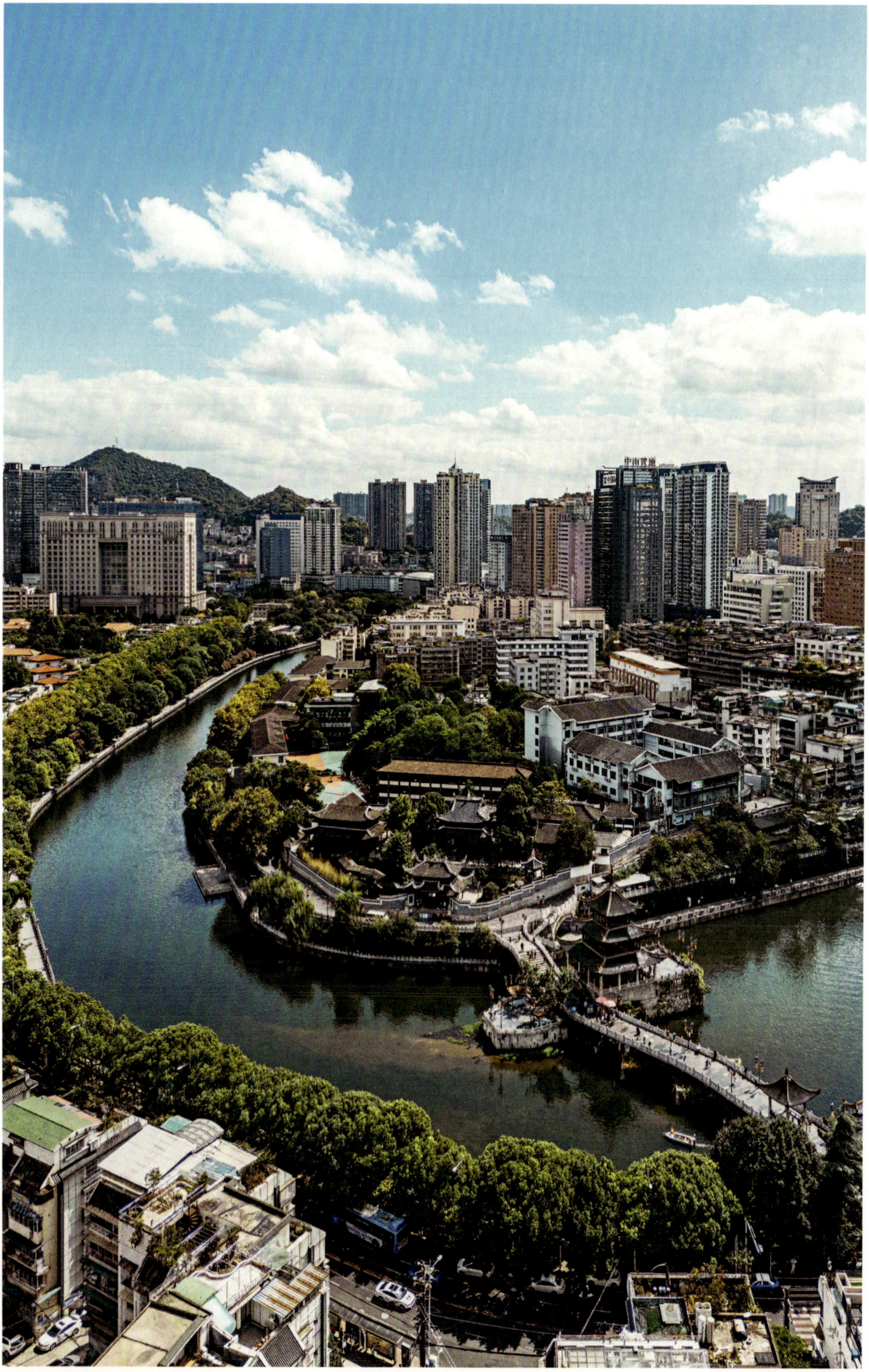

楼桥寺祠 历史的潜流

霍亮子 撰文

每次来到甲秀楼，总见游人如织，不分昼夜。三重阁楼以鳌矶为基石悬于南明河上，与大南门遥相对望，一条浮玉桥连接两岸，衔接贵阳府城。经过甲秀楼，就是翠微园，二者毗连，一般而言，当我们提及甲秀楼时，指的是包括浮玉桥、涵碧亭、翠微园等古迹在内的连片区域，这些地点共同构成贵阳最具标志性的风景名胜。

风景来自天赐——明弘治年间，这里前有涵碧潭，南明河水在此陡峭弯折，水回旋汇成深潭，涵碧莹彻，深不可测，渔舟往来其间；后有高岗，山峰耸峙，左右环绕，两岸树木葱郁，草石杂陈，如在画中。

名胜则出于几代人的悉心培植，若沿着时间的轨迹以刀斧劈开，可以清晰显现南明河两岸历史文化的沉积，是如何在六百年里不断叠加，赋予意义，并形成历史叙事的。

相比甲秀楼，翠微园更为低调，但它的历史更长久。翠微园在历史记录中最早的踪迹，就是王阳明曾游历过的南庵。南庵始建于何时，目前并无明确记载。在明宣德十年（1435年）中举的贵州人王训曾赋诗一首，"净度招提旧结茅，地偏应不近尘嚣；山腰倒接城边路，水口斜通阁外桥。深院落花无客扫，空门掩日有谁敲？忘怀好接莲花社，分付山僧早见招"。王训于1497年80岁时亡故，可以推测至少在15世纪中期，南庵就已经存在。

去往南庵需出贵阳府城的大南门，过霁虹桥。桥的修建者是镇远侯顾成，他出身底层，曾为朱元璋帐前亲兵，骁勇善战。自洪武八年（1375年）开始坐镇贵州卫，前后达三十余年，以铁血政策屡屡扫平少数民族土官的叛乱，有"顾老虎"之称。如果说明代的开国皇帝朱元璋制定了将贵州纳入中央政权直接统辖的国策，那么顾成便是最坚定的执行者。霁虹桥也被认为是南明河上的第一座桥，"虹桥春涨"是弘治年间的贵阳八景之一。桥体

南庵答和

浮玉桥横跨南明河，连接甲秀楼与翠微园，共同构成了这组承载了贵阳文脉历史、展现明清建筑特点的古典建筑群。摄影 / 吴学文

屡经修缮，一直维系到1946年方才彻底拆除重建，"地偏应不近尘嚣"发展成为热闹的商业街，桥两岸客栈、马栈、盐号等商铺云集，还有近代工厂。如今的霁虹桥已从走人、走马拓宽至能容机动车并行的"南明桥"。

弘治年间的《贵州图经新志》称南庵为"圣寿寺"，在王阳明离开贵州之后，正德中晚期，巡按贵州的胡琼认为民间大肆信仰鬼神巫术，必须加以整顿，毁掉"淫祠"数百座，又按照儒家传统大兴祠庙。圣寿寺就是在这一时期被改为"名宦祠"，塑诸葛亮等历代名宦像用以祭祀。嘉靖十一年（1532年）贵州巡抚徐问到任后，再次整顿祠庙，将名宦祠直接更名为"武侯祠"，把诸葛亮的祭祀地位提到核心，又增设明代名宦用以陪祀。万历三十二年（1604年）郭子章修《黔记》之时，武侯祠仍存，历代名宦已经移出祠内，专祀诸葛亮。

两年后，旁侧的甲秀楼也修建完成。甲秀楼初建于万历二十六年（1598年），始建者为当时的巡抚江东之和巡按应朝卿，原本准备在南明河中筑堤以利风水。但当时财政吃紧，江东之筹募捐筹集工程款，跨江建堤，鳌矶建阁，名为甲秀楼，取"科甲挺秀"之意，要振兴贵州的文教，但并未完工。江东之后来未能平息播州之乱，被贬为民，含恨而亡，在贵州乡绅倡议以及后任巡抚郭子章的支持下，阁楼续修完工。形制变为三重，江堤增设为九孔，起名江公堤，以纪念江东之对贵阳和甲秀楼的贡献。

明天启元年（1621年），甲秀楼失火被焚。崇祯年间由贵州总督朱燮元重建，改名"来凤阁"。清顺治十三年（1656年）春，明清两朝交替的战局之中，盘踞于西南、以贵阳为据点的军阀孙可望登来凤阁观景览胜，望见附近的武侯祠，认为这里的风水更适合建造寺庙，遂命人拆除武侯祠，改建观音寺，并将武侯祠迁至南明河对岸供奉。又见来凤阁年久失修，命令贵阳同知高恩重修一新。此事记录在高恩《新建观音寺记》的碑文中。此前一年，高恩还为孙可望在附近修建了拱南阁，位于现在的翠微园中，也是目前贵阳唯一完整保留下来的明代风格建筑。

武侯祠从此迁至南明河北岸，与观音寺隔岸相望。贵阳对诸葛亮的祭祀，从最早文庙中与他人同列的"先民祠"，到拆除南庵而建的"名宦祠"，再到"武侯祠"，可以说规格逐步提升，礼制越加隆重。而最初与诸葛亮并列，以及后期为其"陪祀"的人选抉择，也反映了主政者的用意。

陪祀名单在不同时期均有变动，不变的是遴选标准，上文提到的，如担任儒学教授的王训，以及巡抚江东之和郭子章均在列，除了他们在文教与治理上的贡献，平叛也是重要功绩。由于明清两朝几乎接连不断有土官叛乱与民众起义，如何恩威并施、安定地方几乎成为每个贵州主政者都需要面对的课题。

有此背景，另一位陪祀者的赫然树立就可以理解了。康熙二十八年（1689年），贵州巡抚田雯对武侯祠进行增修，于诸葛亮像旁塑济火立像以侍之。济火是水西土司安氏的先祖，而水西安氏是明代贵州宣慰司的首领，是被中央政权认可的本地土官，统辖贵州中西部的大片领地。在彝文的《妥阿哲纪功碑》及相关典籍里，讲述了济火与诸葛亮结盟，为其献粮，并被封爵等事迹。此事在《三国志》中并没有记载，无论济火与蜀汉结盟是否完全属实

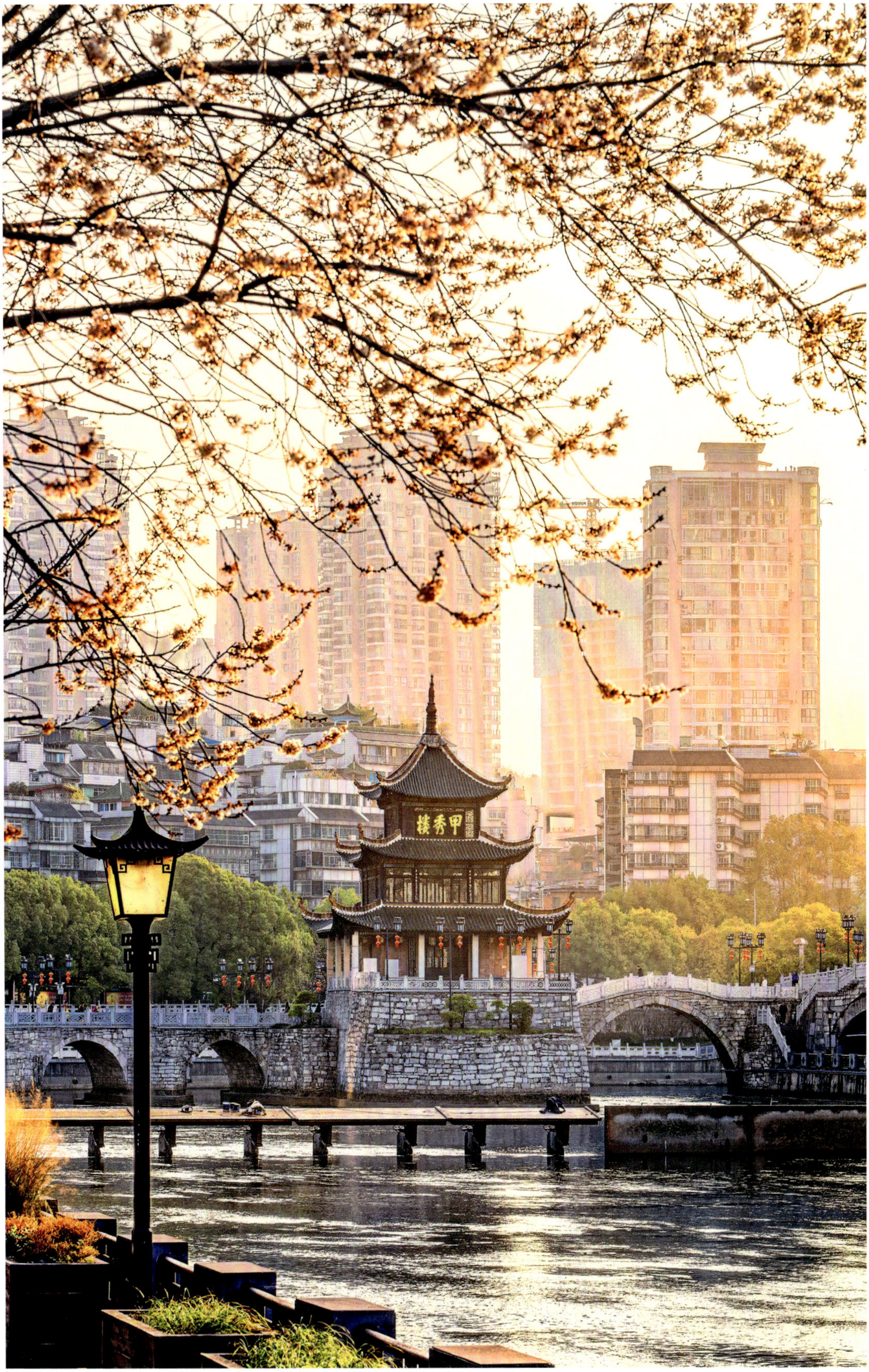
甲秀楼

第
九
境

（左上）甲秀楼的飞檐翘角，与远处的摩天大厦相辉映。现在的甲秀楼是一座三层三檐四角攒尖顶的木石结构建筑，以白石为栏，层层收进。摄影/陈伟红 （左下）甲秀楼内展示了几次重要大修以来主体建筑的形制变化。摄影/陈伟红 （右）浮玉桥上游人熙熙攘攘。整座桥由玉白色石头建造，从远处看如玉带漂浮在水面上，故得名"浮玉"。摄影/张晋铭或者含有多少夸大成分,都表明了水西彝族对于政权合法性的背书需要。这一故事也在明代之后的地方志和笔记中被采信。

明代贵州宣慰司设在贵阳城北,并且朝廷规定如果不是因为公事,不得擅自返回水西领地,与贵州三司同驻贵阳城,便于监控。学者张新民认为,在宣慰司附近建武侯祠,无非是要借诸葛亮神明威德,达到让边地"夷民"对国家政权的认同。而清代将济火作为诸葛亮的陪祀,既是显示彝汉之间的合作关系,也是希冀可以消弭彼此的隔阂和冲突。

武侯祠在明清两代最后一次修建是在道光二十年(1840年),由贵州巡抚贺长龄主持,这一次将十一位与贵州关系重大的历代名臣列传记与墓志于祠内,而以王阳明居首。此外在贵阳次南门外另一处名胜雪涯洞,则供奉诸葛亮与王阳明两人塑像,此地在近代成为李端棻主持的贵州通省公立中学,即现在贵阳一中的前身,这是后话。诸葛亮与王阳明的交集恐怕还在二人对待少数民族文征武略的相似态度上。

贵州关于诸葛亮的遗迹很多,仅在贵阳就有两处。如王阳明登临的来仙洞,位于铜鼓山,每逢阴雨天就能听到如铜鼓的声响,传说是诸葛亮藏铜鼓于其中,贵阳八景中的"铜鼓遗爱"指的便是这里。另一处藏甲岩在府城以南的六洞桥附近。相传相貌丑陋如鬼王的战将王志追随诸葛亮南征,回程时将盔甲藏于此,"以镇服百蛮"(《贵州图经新志》)。在整个西南地区,诸葛亮的遗迹传说都远超过他实际活动的路线,如果说这种历史的建构反映的是自下而上的一种民间愿望,那么对诸葛武侯不断升级的祭祀体现的就是一种自上而下的国家意志。武侯祠在贵阳最终成为官方祭祀历代名臣、宣扬儒家文化的重要场所。

这种情形与甲秀楼类似,以振兴贵州科举为目的而修建的甲秀楼,作为贵阳著名的古建筑,每隔三四十年必有大修,主持者与武侯祠的修建一样,无不是当时的封疆大吏,而这些封疆大吏又有不少会进入武侯祠中作为名儒、名宦进行宣扬。张新民指出这些明显属于国家政治行为的举措,"用途虽不限于一端,然在地方政府眼中,必有其重要政治意涵"。贵州后来终于以"七百进士、六千举人"的成绩实现了"科甲挺秀",其中大多数人是明清入黔官员、军人和商民的后代,这显示了贵州的移民趋势,也是以科举为代表的主流意识形态在贵州获取的成功,更让甲秀楼的意义得以彰显。

从南庵—翠微园,鳌矶—甲秀楼,武侯祠在南明河两岸的变迁可以看出,自明代以来,大南门附近就是官方极为重视的场所,这里是前往中原的通衢要道,也是从湖广进入贵阳的首站,竖立当权者文治武功的纪念碑再合适不过。在明清的官方叙事中,尊祀与标榜均有清晰的逻辑,隐藏与遗忘的,便成为历史的潜流。

龙门书院门外的翠微巷。翠微巷西起新华路南明桥头、东止于甲秀小学,勾连起几处名胜,沿着古色古香的巷子行走,可品读墙上的王阳明诗作。摄影/陈伟红

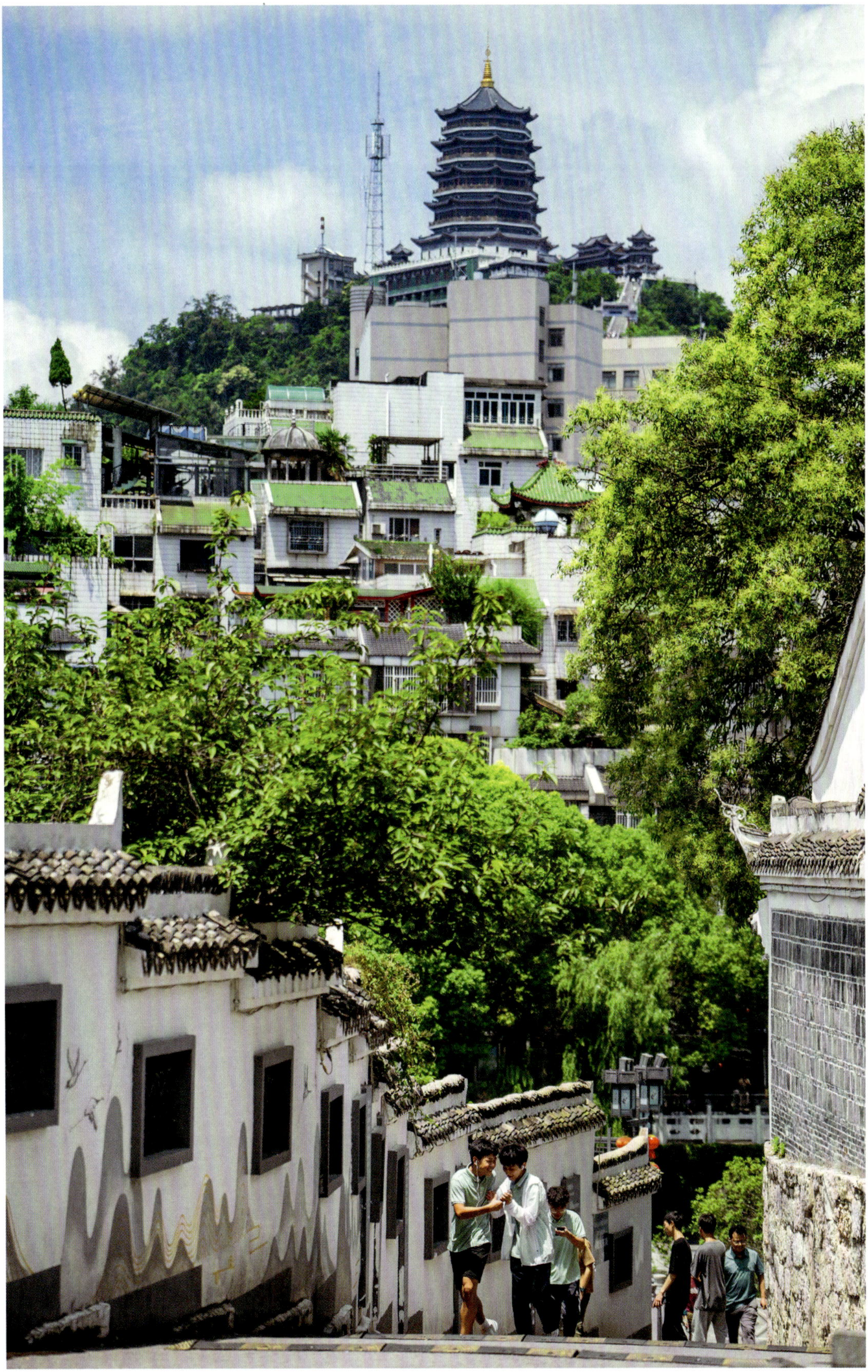

死矣中丞莫谩疑,

孤城援绝久知危。

贺兰未灭空遗恨,

南八如生定有为。

风雨长廊嘶铁马,

松杉阴雾卷灵旗。

英魂千载知何处?

岁岁边人赛旅祠。

——《南霁云祠》

第十境

南祠咏怀

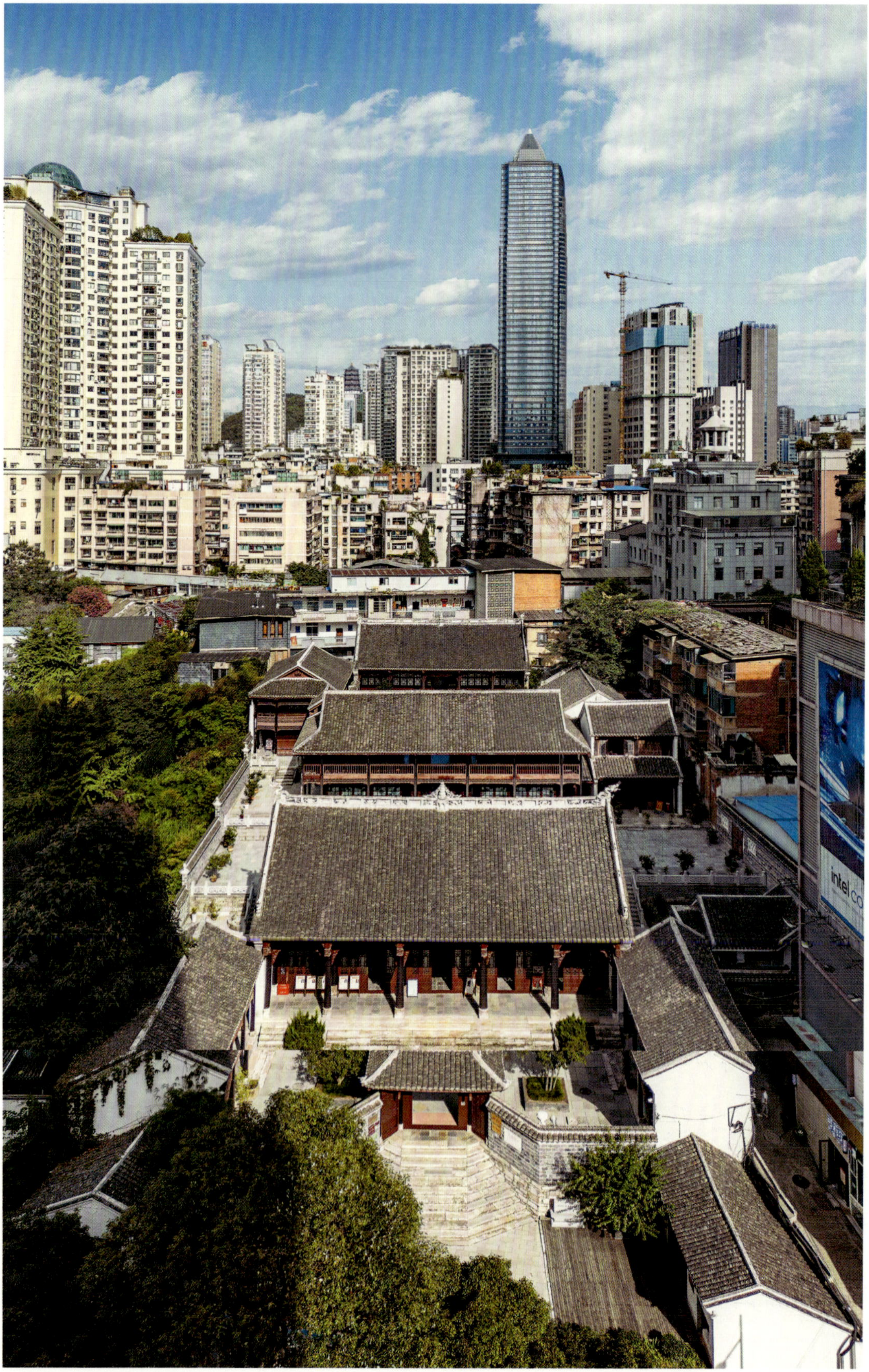
intel

南祠咏怀
心法无穷

霍亮子 撰文
吴学文 摄影

王阳明当年讲学的文明书院如今位于贵阳市法院街与市府路的转角，两条道路尽管已全非早年面目，却仍然是宜于步行的小巷与窄街。

文明书院遗址地势略高，向东望去，沿市府路顺坡而下，与中华南路交界的空白正好露出一座旧建筑的飞檐，那是20世纪初贵阳第一所新式小学堂达德学校的纪念馆。当年学校借用寺庙、道观、祠堂的现象相当常见，达德学校所在曾是"忠烈宫"。时间回到明代正德年间，我们可以想象，某个适宜的午后，在文明书院讲学的王阳明与友朋弟子们一道，沿市府路且谈且行，过忠烈桥、经南大街（中华南路旧称），到达忠烈宫大门，只需半盏茶工夫。

忠烈宫里拜祭的是唐朝战将南霁云，史书中所载事迹极惨烈。南霁云，唐魏州顿丘（今河南省濮阳市清丰县）人，因排行第八，又称"南八"。幼时家贫，善骑射。安史之乱中随张巡、许远守睢阳（今河南省商丘市），屡建奇功。

757年，睢阳被围困日久，城中粮草渐渐断绝。南霁云受命突出重围向临淮（今江苏省淮安市盱眙县）守将贺兰进明借兵。贺兰进明审时度势，不愿出兵，但爱惜南霁云勇猛过人，想将之招于麾下，设宴款待。南霁云说："云来时，睢阳之人不食月余日矣。云虽欲独食，义不忍；虽食，且不下咽！"说着咬断一根手指，举座皆惊。知晓贺兰进明不会出兵，南霁云随即离去，将出城时回首一箭射中佛寺浮屠，那支箭携着奇绝的膂力与不甘，有一半深深扎入砖中。南霁云指箭发誓："吾归破贼，必灭贺兰！此矢所以志也。"待他杀回睢阳时，城内已"茶纸既尽，遂食马；马尽，罗雀掘鼠"。接着，最恐怖的时刻来临，张巡将自己的爱妾杀掉，烹煮给士兵充饥，"然后括城中妇人食之；既尽，继以男子老弱"。到睢阳大破之日，已经食人两三万，仅余四百平民。张巡等诸守将被俘，对南霁云呼喊："南八，男儿死耳，不可为

俯瞰今贵阳城中心的达德学校旧址，这里也是曾经的南霁云祠之所在。南霁云祠始建于元代，是为纪念唐朝战将南霁云及曾任贵州清江太守的南霁云之子南承嗣而建，王阳明曾作诗《南霁云祠》表达对忠烈的怀念和敬仰。

不义屈！"南霁云笑着回答："欲将以有为也；公有言，云敢不死！"包括二人在内的36名战将一同被戮，许远则在押送洛阳途中遇害。

唐肃宗在睢阳保卫战刚刚结束的12月，即褒奖张巡等人，并下令在睢阳为张巡、许远、南霁云三人立庙。中唐以后的持续藩镇危机中，皇帝屡屡用旌表忠烈的方式巩固统治，张巡、许远、南霁云每每在列。有史书的记载，帝王的诰封，文士的演绎，民间的祭祀，王阳明对南霁云等人的事迹一定相当熟稔。他所游览的这座忠烈宫可以追溯到元代。明景泰二年（1451年），贵州按察使王宪上疏将南霁云列入祀典，这是贵阳南霁云祠正式纳入国家祭祀体系的开始。

王阳明游历忠烈宫的前两年，这里刚刚经过修缮，想必焕然一新。王阳明以《南霁云祠》为名赋诗一首："死矣中丞莫谩疑，孤城援绝久知危。贺兰未灭空遗恨，南八如生定有为。风雨长廊嘶铁马，松杉阴雾卷灵旗。英魂千载知何处？岁岁边人赛旅祠。"面对南霁云的塑像，王阳明自己的未酬壮志与南霁云的悲剧命运产生共振，就像文天祥为张巡、许远所写的《沁园春》："使当时卖国，甘心降虏；受人唾骂，安得留芳。古庙幽沉，仪容俨雅，枯木寒鸦几夕阳。"

王阳明撰写《南霁云祠》时，是借前朝南将军之遗恨，倾诉自己内心之块垒。王阳明一生崇拜能征善战的将军、忠烈节义的勇士。在前往贵州的贬谪路上，他曾到湖南醴陵拜谒靖兴寺，凭吊唐代将军李靖的遗迹，并题诗于寺壁。在江西当政期间，当江西巡抚要为文天祥重修祠堂、文天祥后人文森邀请王阳明为先祖的《文山别集》作序时，他都欣然答应，并踌躇满志地以宗泽自况，视立功为首务，还为此而作《宗忠简公像赞》。王阳明倾慕的军事将领里，还包括东汉光武帝时期的伏波将军马援。嘉靖六年（1527年）十月，王阳明在广西平定断藤峡匪患，带病而归时，他拜谒了伏波庙，赋诗云："四十年前梦里诗，此行天定岂人为。"（《谒伏波庙二首》其一）讲述自己曾经在四十年前梦见伏波将军的奇事，与如今偶然路过伏波庙构成巧合。推算起来，梦见伏波将军的时刻，正是少年王阳明出游居庸关，"逐胡儿骑射，胡人不敢犯"的岁月。学者钱明认为"正是因为阳明在少年时期就有了经略四方尤其是边疆之志，所以才会把马援这

达德学校旧址门口的文保碑，显示这里曾是忠烈宫所在。南霁云祠明清两代历经多次重修和增修，改建为忠烈宫，忠烈宫是官方称谓，在民间它有更响亮、更通俗的别名"黑神庙"。

样的南平交趾、北御外族的名将当作自己的终身偶像"。

王阳明在军事上的建树一向为人称道，他也是明代以文官封爵的三大名将之一。以新建伯与靖远伯王骥、威宁伯王越并列。王越是王阳明的另一位偶像，他曾三次出塞、收复河套地区，青年王阳明曾说："吾当效威宁，以斧钺之任，垂功名于竹帛，吾志遂矣。"那时候王阳明26岁，正沉浸在兵法研习之中，每逢宾客宴会，就以果核来排兵布阵。两年后，新科进士王阳明的第一个重要任务，就是奉旨送王越灵柩回河南浚县安葬，并为威宁伯建造陵墓。而面临北方蒙古的威胁，他呈上《陈言边务疏》，提出"蓄材以备急""舍短以用长""简师而省费""屯田以足食""行法以振威""敷恩以激怒""捐小以全大""严守以乘弊"的八条原则，显露出在军事上的才干。其中像"虏恃弓矢，今大雨时行，筋胶解弛"这样的细节，是对武器装备相当熟悉，有第一手经验者才能提出的见解。

王阳明真正在军事上建功立业，是他离开贵州七年之后，先后平定南赣地区的民乱、宁王朱宸濠在南昌发动的叛乱、广西思田土司之乱等。王阳明半生戎马倥偬，算是常胜将军，对教授士卒战术与引进新兵器也保持兴趣。不过作为一位儒者，他把杀人比喻为祛除国家之外邪，已经属于病后用药，虽然胜过见死不救，但终究比不上病前预防。"大抵凡是惟诚信为本，军旅之事，当以活人为主，此吾儒所以与世谈兵者不同"（《拟学小记续录》），活人比杀人重要。

所以无论是在南赣地区提出的"破山中贼易，破心中贼难"，军事行动之后，要以编户入籍、恢复生产、行施教化为长久措施；还是在广西提出的"行剿之患十，行抚之善十"，列出军事围剿的劣处与绥靖安抚的优势，以后者为根本，都显示出王阳明的政治韬略，以及以教化人心、传良知之道为根本的信念。

这也让王阳明对自己的军事成就常常不以为然，在传道时，会尽量让门人剔除自己有关兵法的论述。目前行于市的以王阳明为名的兵学著作有《兵志》《阳明兵荚》《武经七书评》《历朝武机捷录》四种（学者认为其中也有伪作）。被认为是真作的《武经七书评》是对七部古代兵书的点评，以《孙子兵法》最为详尽。从王阳明在南赣横水之战中以大雾掩护分进合击；使用间谍、迷惑贼首等措施可以看出他对兵法熟练而灵活的应用。胡宗宪曾经在此书序文中详细说明他在嘉靖二十二年（1543年）从余姚王阳明侄子王正思手中获得王阳明手抄本《武经七书评》的经历，"丹铅若新"，好像是刚刚写就的，且"语多妙悟"，对自己"不啻耳提面命"。十余年后，胡宗宪带兵在浙江沿海抗击倭寇，以《武经七书评》为指导，"往往奇中"。阳明门人后学指挥或参与的抗倭事例甚多，除胡宗宪外，还有唐顺之，"所传习阳明先生道德性命之说以化导人，可谓甚盛"，而他"除有形之贼易，除无形之贼难"的观点，与王阳明如出一辙。由胡宗宪选拔的抗倭名将戚继光也深受王阳明心学的影响。

有人询问王阳明用兵如神，是否也出于"良知"，即他的心学，我们可以看他这一段论述："法运于心，心无穷，法亦无穷，是用兵又不出于良知之外也。"（《水西答问》）所谓万法归心，而心法无穷。

莲德学孚校旧址

达德学校世纪转折

霍亮子 撰文
陈伟红等 摄影

16世纪初，王阳明贬谪贵州修文，任龙场驿丞。其间在贵阳游历忠烈宫时，写下"贺兰未灭空遗恨，南八如生定有为"的诗句，为供奉其中死于安史之乱的唐朝战将南霁云鸣不平。400年后，在同一座忠烈宫，童声歌唱的校歌在大殿间回荡，好似隔空的回应："校舍宏开，正傍着男儿南八；好凭籍中央位置，覃敷教泽。书社规模须记取，边疆风气先人得；惟民国纪元前十年初建设。"

位于忠烈宫的这座学校名为"达德"，校名仍取自儒家经典《中庸》——"智、仁、勇三者，天下之达德也"，以"智、仁、勇"为校旨，以"好学""力行""知耻"为校训。达德学童们所学，已远非王阳明在时的旧时书院体系所能想象。这是一所彻底的新学校，不但传授数学、物理知识，还在建校的第二年开始招收女生。直到6年后的1911年，清政府才首次宣布"初等小学儿童年龄在10岁以内，准男女同学"。五四运动以后，学校摒弃文言文，以白话文教学，又一次掀起轩然大波。

董氏与黄家

待这故事被我知晓，又过了两个甲子。2024年春，我到访达德学校旧址，忠烈宫里的偶像已经荡然无存，为达德学校的先贤所取代。有几位长辈约我在此会面，他们是达德学校创始期的校董之一董伯平的后人。

受维新思潮影响，1901年黄干夫（1871—1935年）、凌秋鹗（1876—1943年）等人借贵阳忠烈宫创办算学馆，学校初创招生困难，一开始入学的均为创始人的子侄，除数学外，还开设物理、化学、生物等课程。1903年学校改称"达德书社"，汇集34人，由公推的董事组成董事会领导。董事、教员均为义务

南祠咏怀

达德学校旧址建筑群大门口。1901年算学馆开始借用忠烈宫部分房屋展开新式教育，后改称"达德学校"。民国时期忠烈宫被全面改建，目前所见的达德学校旧址是按改建后的形制修复的。

黄干夫与达德学校同人在达德学校里合影。贵州安顺人黄干夫是达德学校的主要创始人之一。供图 / 贵州省青年摄影家协会

工作和教学，董伯平便是当时的校董之一。到了1904年，发展为"民立达德小学堂"。

贵阳董氏家族目前最年长的成员董国权是董伯平的长孙，他提供了父亲董承显（1904—1998年）回忆达德岁月的文章，文中写到，与达德小学堂创立同年，"我也生于1904年。1905年，设立女学部，聘我母亲（赵德莹）为女学部教师。1910年的春季，我刚满六岁，进入男学部初小一年级"，当时同级同班的学生不过十余人，而教授国文与算术的老师，都是达德的第一期毕业生，被尊称为学长。这种接力一直维持到达德学校后期。

董承显在达德学校读书的时候，应该跟王若飞（1896—1946年）有过交集。这位后来的中共优秀领导人曾经生动地描述过达德学校的气氛："我从九岁到十五岁，七年的长时间，不但读书于这个学校内，而且是常年和齐师（黄齐生）住宿于这个学校中。这个学校的前身，本是一个巨大的庙宇，那天子台上的石栏，轩辕殿前的石狮子，和两棵亭亭对立的梧桐树，是我每天最喜欢摩挲攀缘的东西。那阴森黑暗的大雄宝殿，是同学们捉迷藏最妙的隐蔽所。那娘娘殿的许多小泥孩和泥菩萨们的玻璃眼珠，是儿童们常搬弄的玩具。那书楼上可以俯瞰城中，远望青山，是我最喜登临的处所。"

据董承显回忆，辛亥革命后，1912年学

校正式定名"达德学校"。前院为全校各班学生体操和游戏之处。每天放学时,各级学生依年级排列成行,听监学老师讲话后,由级长领队走出校门。中院观音殿改建为两层楼的教室。楼下课堂前,左右各有花坛,种植花木。韦陀小亭改为"揭示处",揭示处左侧设有单双杠,右侧设有吊环。后院天子台下的小花园,增加各种树木花卉。园中有小池,种有莲花,养有金鱼。后院轩辕殿改为礼堂,悬挂孔子画像。"礼堂前檐有'好学''力行''知耻'三块长方形大匾。我还记得,那是熊志周老师用苏体字书写的;字体圆润有力,我很羡慕!"

达德学校不断发展壮大,到1938年的鼎盛时期,学校设有男中部、女中部、刺绣科、男小部、女小部、幼稚班,又在大南门外玄天宫添办了一所分校——履三小学。学生1500多人,教职工100多人。校门外办有贵山民众图书馆。

达德学校早年的创始、发展与黄干夫、黄齐生(1879—1946年)兄弟密不可分。二人出生于安顺,家贫,目不识丁的父亲下定决心,让长子干夫入学,次子齐生学商。黄干夫幼年读私塾,有机会随外国传教士学习数理化,曾考中秀才。待严修(1860—1929年)到贵州兴办经世学堂,他以算学物理中选,先后在经世学堂学习6年。黄齐生比哥哥小8岁,哥哥在经世学堂期间接触的数理知识与思想学问,也经由书籍传递至黄齐生。

戊戌变法失败,严修离黔,经世学堂无以为继,具有维新思想的士子们陷入低潮。黄干夫与友人凌秋鹗等遂创办算学馆,在极其简陋的条件下开始办学。1904年黄齐生加入达德小学堂,襄助哥哥办学,与凌秋鹗一起,成为达德的中坚人物。同年,黄齐生把外甥王若飞也带入达德接受教育。

起初教职员工都是义务教学,直到1912年才开始为员工发薪水,但是所有人同工同酬。曾任达德分校履三小学校长的黄淑萱回忆:"我们履三小学教职员工的薪金发放标准,很有些巴黎公社色彩:校长、老师直至搞卫生的工友,每人每月都一律12块钱;兼课教员仍不发薪金,只每天免费供给一顿中餐。"

在董承显的记忆中,老师们常以达德校训教育学生,而黄齐生老师最为积极。"他认为

(从左至右)李端棻、严修、王若飞、黄齐生。这些人因各种机缘,在不同时期推动了达德学校的建立和发展,给贵州的文教事业带来了深远的影响。

中国的贫弱是由于教育不发达，国民知识浅薄愚昧所致。"达德早年的激进主张大多都与黄齐生有关，如提倡女子接受教育、反对女子缠足；1915年带领全校师生反对"二十一条"，在校园内镌刻"勿忘五月七日"的石碑，反对袁世凯复辟帝制；1917年带领贵州学生赴日本留学，考察日本教育——王若飞正是在日时期接受了共产主义思想；五四运动爆发后黄齐生回国，又率学生赴欧洲勤工俭学，支持王若飞及留欧学生的革命活动。

在常规教学活动之外，黄齐生热心戏剧。1913年，黄齐生以戊戌变法为题材，编写文明戏——新式话剧《维新梦》，成为贵州新戏剧运动的开拓者。与《维新梦》同时上演的还有《武训兴学》，两剧共上演五天五夜。根据《达德学校纪念会会志》记载："座位不敷，站立以视，院儿不容。时又大雨如注，秩序井然。每幕演到妙处，拍掌久声不绝。至九时半停演，来宾犹未尽然与觉，观者演者俱乐此而不疲也。"

起初话剧都使用贵州方言，剧中女角均由男性扮演。直至抗战时期，出现使用普通话和男女同台演出的状况。演出场所多在庙宇戏台，布景道具系借用实物搬上舞台，幕间更换场景颇费时间，黄齐生等人常于幕间换场时，作幕前演讲，介绍剧情，点明要旨，演讲幽默风趣，听者津津有味，很受观众欢迎。当时，贵阳有"达德学校戏班"之戏称。学校几乎每年都向社会公演，剧目题材限于中外政治历史故事，剧目大部分为黄齐生编剧，每次演出均引起轰动。

1927年，黄齐生因为"接近共党嫌疑"被贵州当局通缉，流亡上海。此后仍致力于教育工作。1946年4月8日，他在返回延安途中，因飞机失事遇难。达德的革命传统并未因为黄齐生的离开而削减，除了有不少师生成为共产党员之外，抗战时期达德学校还成为共产党领导的抗日救亡宣传阵地。

更大的版图

倘若将达德学校的脉络摊开，就会发现，达德之所以能孕育与勃兴，背后勾连的是贵州近代教育在世纪交替之际的整个版图。黄干夫曾经受益的经世学堂，创办人为当时的贵州学政严修，他1894年入黔，在贵州主政三年，大力提倡经世致用之学，包括西方科学知识，奏开经济特科，自己学习数学、英文。经世学堂之外，还创设官书局，将自己带入黔的14箱书籍悉数捐献，还为书局捐银购置大量图书，在贵州产生了很大影响。

再向上追溯，严修的保举人为清廷重臣李端棻（1833—1907年）。李端棻出生于贵阳，曾首倡京师大学堂，也就是此后的北京大学，在中国近现代教育史上开创先河。"戊戌变法"失败之后，李端棻流放新疆，1901年返回贵阳。次年受聘经世学堂，传播西方思想家培根、卢梭的学说，并大力推动新式教育，参与创办贵州通省公立中学堂（今贵阳一中前身）和贵阳公立师范学堂等多所中学，亲自授课，传播新学。梁启超曾评论："二品以上大员言新政者，仅端棻一人耳著。"李端棻曾写信给梁启超："吾年虽逾七十，志气尚如少年，天未死我者，犹将从诸君子之后，有所尽于国家！"

离开贵阳之后，严修更为瞩目的办学成就是担任直隶总督期间创办的南开系学校。当时坊间有"北南开，南大夏"之称谓，位于上海

贵阳五之堂收藏的《蟫香馆使黔日记》。著名教育家严修任贵州学政期间（1894—1897年），大力提倡经世致用之学，还创设官书局，将自己带入贵州的14箱书籍悉数捐献，并直接影响了黄干夫、凌秋鹗等创办算学馆（达德学校前身）。

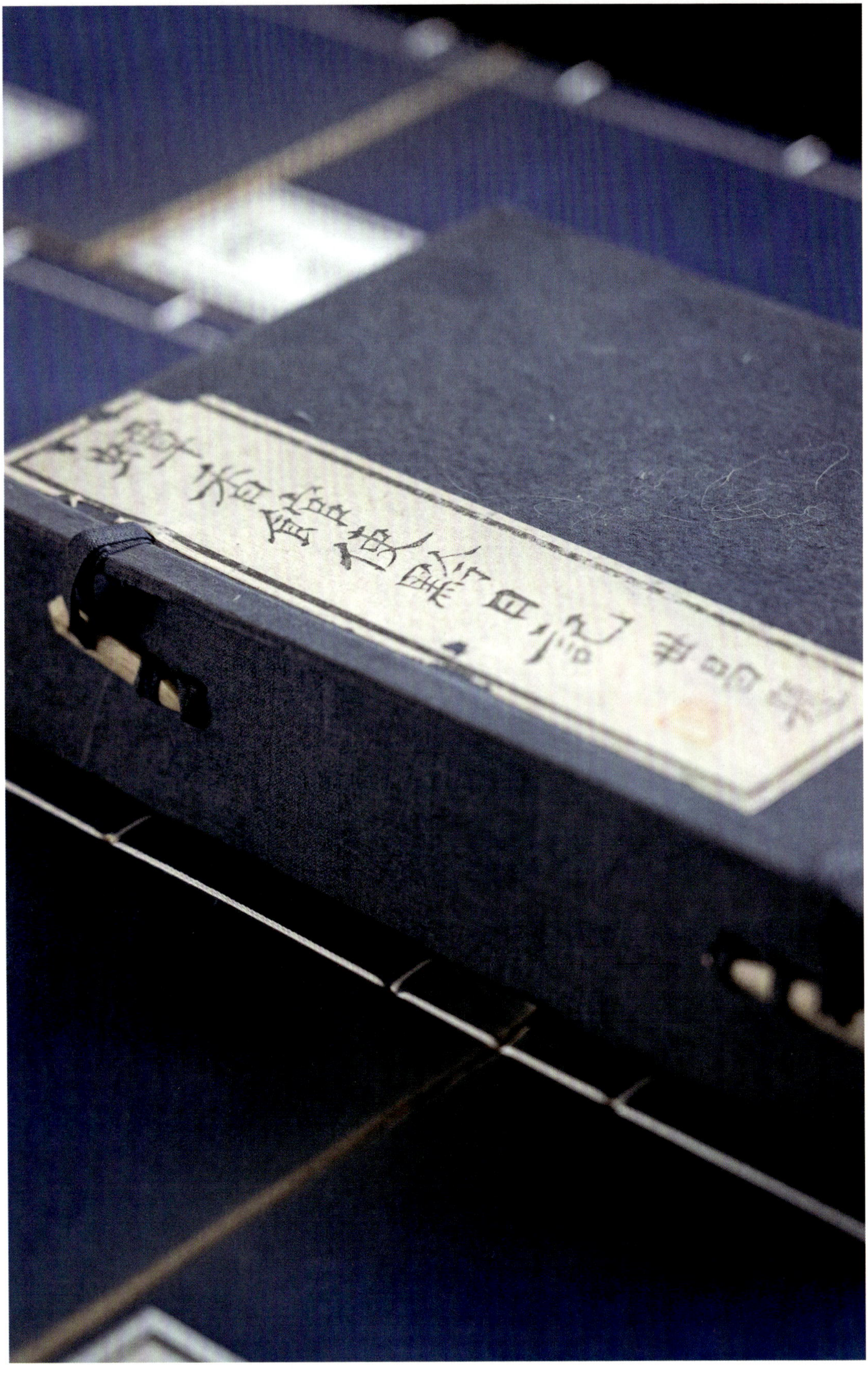

蟫香館使黔日記

（左页）达德学校旧址展陈中复原了曾经的教师办公室。 （右页上）达德学校礼堂前的牌匾上写着其校训"好学""力行""知耻"，该校训出自儒家经典《中庸》：好学近乎知，力行近乎仁，知耻近乎勇。"达德"之名亦出自于此。 （右页下）达德学校内的"勿忘五月七日"石碑。1915年5月7日，北洋政府在丧权辱国的"二十一条"上签字，时任校长黄齐生领导全校师生参加示威游行，后书写"勿忘五月七日"并刻碑立于校园内警示师生。

的大夏大学，其创办人是贵州兴义人——王伯群（1885—1944年）。1905年，王伯群与黄干夫一同赴日留学。当时正值清政府选派大批留学生赴日的高峰，虽然贵州财政捉襟见肘，但是在巡抚林绍年的力促之下，这一年仍分两批共派出官费、公费、自费留学生151名，其中76人学习师范。这批学生归国之后，在贵州教育界发挥了重要作用。

这幅盘根错节、息息相关的版图还可以不断扩展或者无限细化下去，牵连而出的是贵阳乃至贵州近代教育转型期的璀璨群星。在中国面临前所未有危机的一百年间，无论李端棻、严修、黄干夫、黄齐生还是王伯群，这批与黔省关系密切的英杰，都不约而同走到教育救国的道路上。

1950年，达德学校并入贵阳二中，风云历史告一段落。但其余音袅袅，不绝于耳。

在达德的校史展中，有一幅照片引起我的注意，那是石壁上的刻字——"一九三五年五月/达中学生一百三十人至此"。达中是达德学校的中学部，而"此"正是位于修文的阳明洞。早在1910年暑假，黄齐生便曾率领50多名学生徒步至修文阳明洞，沿途访问，考察民情，增加学生对社会的认识。这是达德偶然选址忠烈宫后与王阳明的"重逢"。此后组织学生郊游便成为达德的传统。

1929年，黄齐生应邀到南京晓庄师范任教。这所学校的创办人、教育家陶文濬（1891—1946年），正是出于对"知行合一"的倾心与反思，才一而再地将自己名字改为"陶知行"与"陶行知"。

这条教化之水就这样，能溯源、可分流，也会在意想不到的转折处再次交汇。

南祠
咏怀

霜风清木叶，秋意生萧疏。

冲星策晓骑，幽事将有徂。

股虫乱飞掷，道狭草露濡。

倾暑特晨发，征夫已先途。

浙米石间溜，炊火岩中庐。

烟峰上初日，林鸟相嘤呼。

意欣物情适，战胜癯色腴。

行乐信宇宙，富贵非吾图。

——《游来仙洞早发道中》

第十一境

东山遗韵

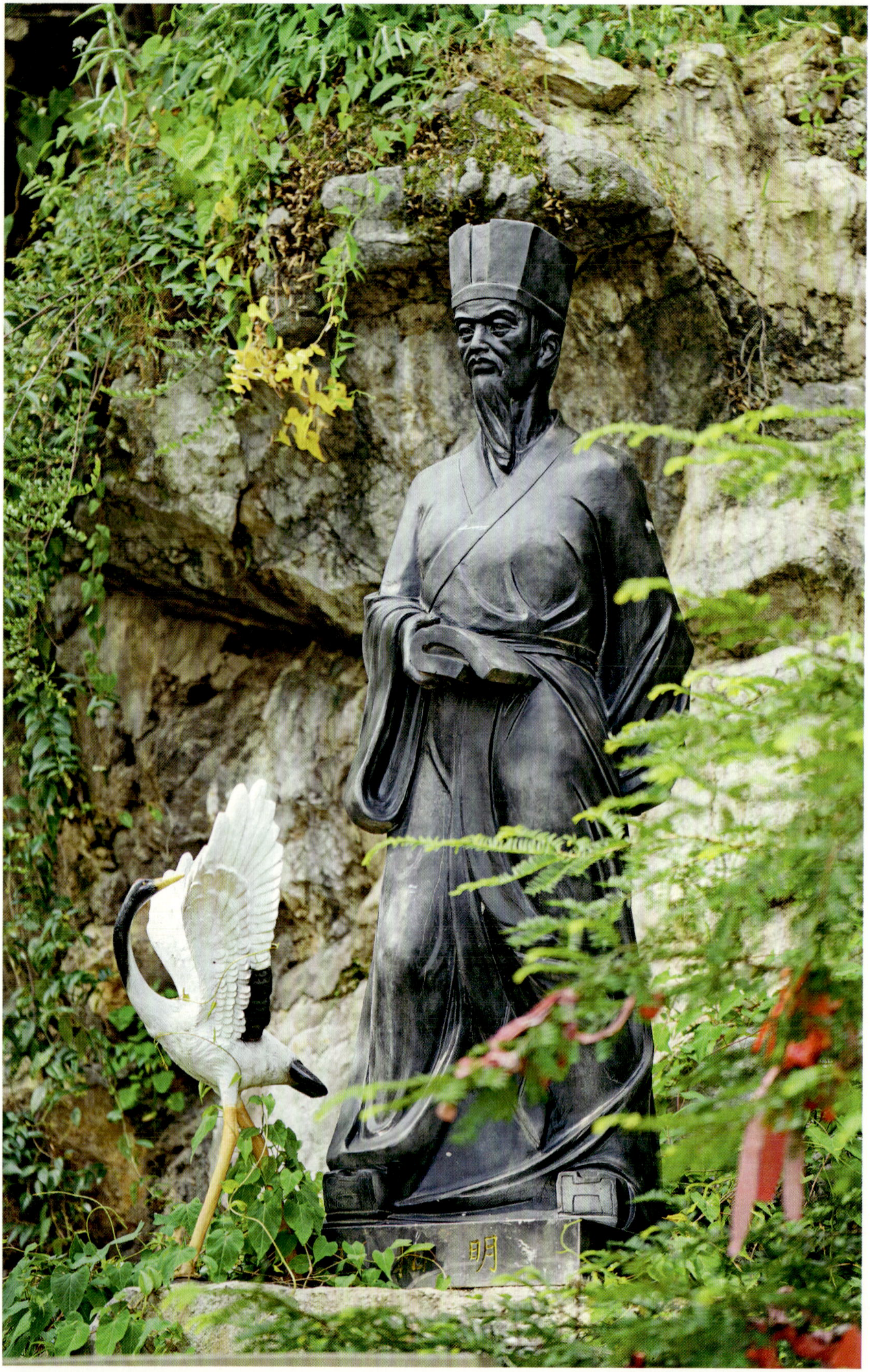
明

东山遗韵

山水成癖

霍亮子 撰文
陈伟红 摄影

16世纪初的贵阳，正值初秋之日，白昼的暑热虽然未退，但晨风中已有寒意，更不用说是天还未亮的凌晨时分。晨星下的微光之中，几匹马从贵阳府城出发，出东门杳杳而去。山径狭窄，马蹄踏过处，飞虫乱舞，草丛都被露珠浸湿了。

其中一匹马上，乘坐的是龙场驿丞王阳明，尽管在贬谪之中，他仍有机会频繁往返于龙场与贵阳之间。王阳明在贵阳交游甚广，遍游名胜，此次出城游玩的目的地便是来仙洞。

明代的贵阳志书也未能免俗地有"八景"或"十景"的排行榜，其中"铜鼓遗爱"和"东山胜概"都在现今的贵阳东山一带，东山因在贵阳东门外，所以得名。这里有东山、扶风山、铜鼓山几座山峰，它们还有"老王山""螺蛳山""栖霞山"等别称，我们姑且都称作"东山"，明代以来一直是当地名胜。

王阳明在东山一带留下三首诗作，其中《游来仙洞早发道中》和《来仙洞》有明确的季节指征，前者说"霜风清木叶，秋意生萧疏"，后者道"古洞春寒客到稀，绿苔荒径草霏霏"，另一首《栖霞山》没有关于季节的明示，由此我们可以推测王明阳至少游历过东山两次。除南庵外，贵阳还没有其他景点能获此殊荣，可见王阳明对此地的钟爱。

我们到达贵阳东山是在春日的清晨，山中十分清凉。

山上的来仙洞曾有佛教踪迹，王阳明诗里有"书悬绝壁留僧偈，花发层萝绣佛衣"的记录（《来仙洞》）。清代康熙年间（1662—1722年），来仙洞成为道教宫殿，先后修有三清殿、三官殿，至今贵阳的道教协会就设在此处。

带领我们游览的道长段高源对来仙洞的历史与掌故相当熟稔。《贵州图经新志》中记载，"来仙洞在栖霞山之半，中平敞可居，洞外有松竹花草，扶疏交荫，为郡人游乐之地"。可惜的是现在这座狭长曲折的山洞是封存状态，我们只能从洞口张望，

东山遗韵

东山（亦称栖霞山）竖立着王阳明的雕像。王阳明谪居贵州期间，曾多次游览栖霞山、进入来仙洞，赋有《栖霞山》《来仙洞》《游来仙洞早发道中》等诗，描绘此间景色。

阴凉的空气扑面而来。段道长说，当年王阳明一行人一路奔波，到此之后穿越山洞肯定有豁然开朗之感。

每次出游东山都要停留至少一日，待王阳明与友朋策马赶到来仙洞时，太阳才刚刚爬上山峰。已有仆从先行一步，在溪水中淘米，在陋室里生火，准备饭食。春天也一样，童子们会携带食物相随。

在山林间野炊或野餐时，王阳明的食单是什么样的呢？

虽然如今黔菜已成为颇具特色的菜系独立门派，但是其中一些经典的食材在正德年间还未传入贵州，如番茄和辣椒。如果贵州"酸辣"的传统在当时就已经形成，那么其中的酸可能来自腌酸，而辣可能来自木姜、黄姜和胡椒等作物。贵州本地不产盐，酸是咸的重要替代，腌酸即用草木灰水浸泡食物，再加粥、饭，发酵成卤水，含较丰富的硝酸钾和其他硝酸盐，是少数民族尤其喜爱的口味。

在龙场期间，王阳明与周围少数民族居民

俯瞰贵阳。栖霞山位于过去的贵阳古城东门外，所以得名东山，与扶风山、相宝山等成一脉。随着贵阳城市规模的不断扩大，"城中有山"的特点愈发彰显。

有颇多交往，可以想象他会接受招待，品尝百姓的食物。在龙场驿供应不足时，他曾亲事农耕，《观稼》一诗里提及的食材有大米、粟米、山药，所种蔬菜没有详细命名。

等王阳明境遇改善，餐食也随之升级。

水西土司安贵荣向王阳明示好，送来礼物，王阳明在《与安宣慰书》中提到，退掉了金帛鞍马，但"敬受米二石，柴炭鸡鹅悉受如来数"。安贵荣是以重礼相赠，送来的都是彼时的奢侈品，其中尤为值得注意的是"鹅"。

在明代，鹅是顶级美馔，曾有"御史不许食鹅"的规定，以戒贪腐。虽然这样的规定后来逐渐废弛，但是宴会中有鹅，仍是高规格的象征。

王阳明在贵阳期间，与统领本地的"三司"（都指挥使司、布政使司、提刑按察使司）官员都有交往，又被恭请至文明书院讲学，在饮食上想必会得到优待。他来自吴越之地，那是明代最讲究美食的地区，且他家境优渥，又曾宦游京城，见多识广。同时也曾修习道家养生

功夫，立有家训"节饮食"。所以饮食可能会偏向精致和清淡。

春游时"壶榼远从童冠集"，显然有酒有菜，王阳明在贵州所作诗文中，酒出现的频率非常高，是聚会时必不可少之物。明代的酒已经有白酒、黄酒、米酒、果酒、药酒等不同种类。食材烹调方式也已经相当完善，包括烧、蒸、煮、煎、烤、卤、摊、炸、爆、炒、炙等，尤其是发展出"糟制菜"。我们是否可以想象，在仆从挑着的食盒之中，备有酒、糟肉或者糟鱼、烧鸭或腊肉，春笋正是当季，豆腐可作为调剂；搭配米制的饭、糕、粥、团，或者面制的油炸或蒸点。或许还会煮沸山间清泉冲泡一壶清茶——毕竟贵州产上好的茶叶。

段道长带我们登上山顶的仙灯洞和八仙洞，贵阳城尽在眼底。王阳明在《栖霞山》中写道："宛宛南明水，回旋抱此山。解鞍夷曲磴，策杖列禅关。薄雾侵衣湿，孤云入座闲。少留心已寂，不信在乌蛮。"这种水绕山缠之势也正好说明了南明河与东山之间的关系，两者是贵阳的山水骨架。

从诗中看出，登高望远，信游山水，给王阳明带来极大的快慰与放松。

王阳明一生爱好山水，《王阳明全集》中收录有六百多首诗歌，其中描绘山水的作品达二百多首。他多次书写过自己对山水的爱好，乃至癖好，"淡我平生无一好，独于泉石尚求多"（《复用杜韵一首》），"平生山水已成癖，历深探隐忘饥疲"（《江施二生与医官陶野冒雨登山人多笑之戏作歌》）。

山水佳处是他成仙修道的洞天，他曾筑室于会稽山闭门修炼；是他寻禅问佛的所在，他曾在九华山参禅访寺；是他聚众讲学的道场，他曾在滁州琅琊，与数百学生在月下自在问答，长歌相和，歌声震山谷；也是他梦想归隐的桃源，他说"每逢山水地，便有卜居心"（《寄隐岩》），"烟霞有本性，山水乞归骸"（《青原山次黄山谷韵》）。这种对山水的爱好也许是植根于心性的，倘若以理念而先行不会表现得这么狂热和持久，"性僻而野，尝思鹿豕木石之群"（《对菊联句序》）。以至于他的学生栾惠等人在《悼阳明先生文》中，曾经这样描摹老师的形象："风月为朋，山水成癖，点瑟回琴，歌咏其侧。"这一画像里，没有文治武功或者心学高论，反而一派道骨仙风。学者陈来曾论及，王阳明的精神气质上，既有政治家的"豪雄"，也有超脱的"浪漫"，他一生中的几个重要转折点上都有僧人、道士、异人出现，他也始终为道家的自然情趣所吸引。

在《游来仙洞早发道中》，他也写道"行乐信宇宙，富贵非吾图"，虽然这样的说辞在文人诗歌里相当常见，不过对于贬谪之中的王阳明来说，未必不是一种直抒胸臆的痛快表达。

（右页上）栖霞山半山溶洞中的八仙造像。王阳明在东山游览时，或许也从此洞中看向贵阳城，如今山水格局犹在，城市面貌已焕然一新。 （右页下）栖霞山山脚下的道观。东山如今是贵阳的道教圣地。

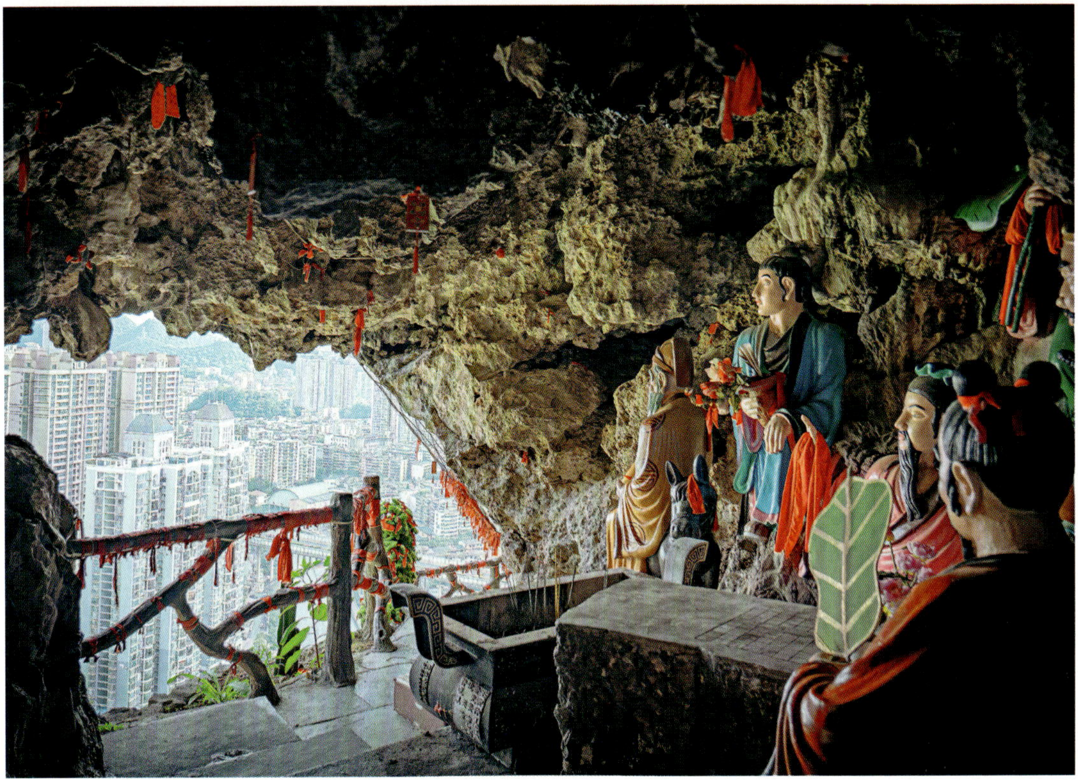

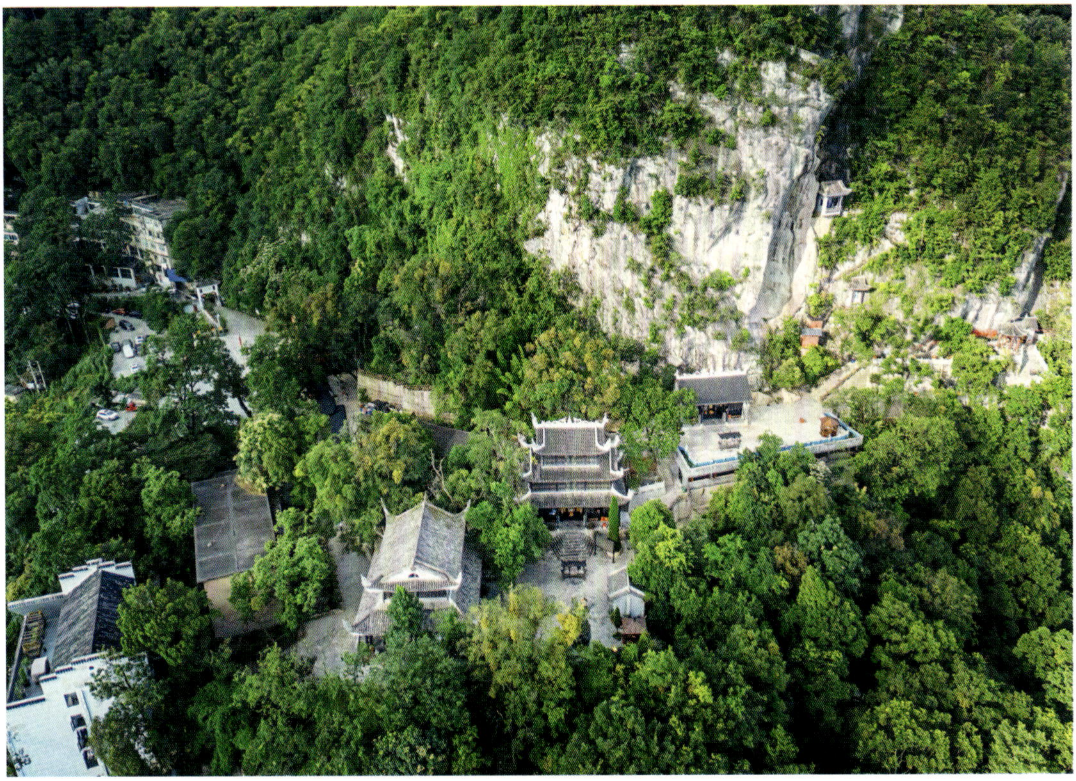

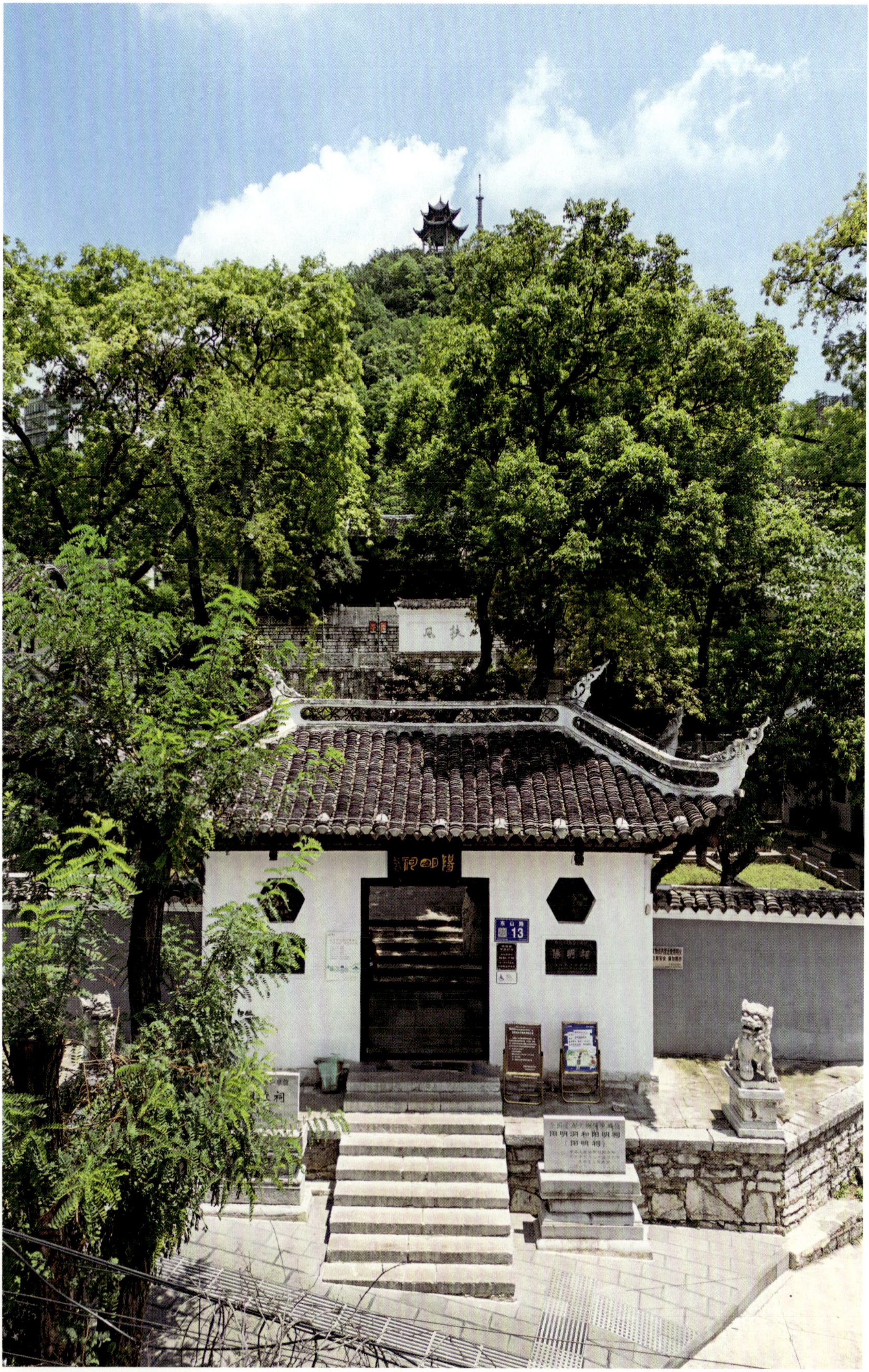

東山路
13
阳明洞和阳明祠
（阳明祠）

阳明祠群贤毕至

霍亮子　撰文　陈伟红等　摄影

与贵阳文化人交谈，会有这样的深刻印象：其一他们都自认为本地文化积淀较薄弱，因而抱持一种过分谦逊的态度；其二他们都对贵州历史名人和相关掌故烂熟于心，无比珍视。

在他们的乡贤序列里，王阳明是当之无愧的头牌。阳明先生在贵州逗留时间虽短，却完成了人生的关键转折——"龙场悟道"，此后文治武功大展宏图，成为一代名儒，入祀孔庙。与王阳明相关的乡邦文献也备受当地出版业重视，2018 年贵州文库出版的线装影印本《阳明先生像册》就是一例。

这本"像册"首页为王阳明侧面坐像，之后是门生题赞，其中前十三人是王阳明弟子、侄子、同乡后辈、江南官员，后二十一人是宦游贵州的官员与贵州人，时间跨度近两百年。前面的题赞是抄录，自清代袁枚开始都是亲题，这是迄今最为完整的阳明先生题跋册页。而循着像册背后的线索，能牵连出王阳明自明代以来在贵州不断被崇祀的完整历史，是阳明后学在贵州不绝如缕的坚实佐证。

最早提出"像册"选题的是舒奇峰。他最为人所知的身份是贵阳五之堂书店的创始人。五之堂书店一直以销售贵州本地出版物、文献、库存正版书和旧书为特色，舒奇峰 30 年前踏入书店和出版行业，养成对旧书旧物的嗜好，从 1998 年起就专注于本地文献史料的搜集，是贵阳旧书市场的常客。他手头的很多稀缺宝物都是从万东桥淘来的。《阳明先生遗像册》的石印本就是这样落入舒奇峰手中的，"起码是二十年前的事了。我的判断这个本子大概是在光绪十五年也就是 1889 年左右印刷的，是带珂罗版的黑白石印本……比较少见，当时我应该是一千多块钱收购的"。

舒奇峰在万东桥寻宝的同时，另一位沉迷此道的文史专家王尧礼正在贵州省博物馆的库房巡游，将尘封的资料一一扫描，编

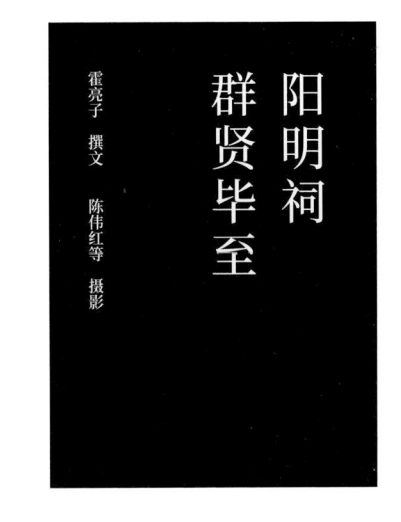

东山遗韵

位于东山南麓扶风山脚下的阳明祠。阳明祠始建于清嘉庆年间，一般是对共同坐落于此的阳明祠、尹道真祠、扶风寺三组古建筑的统称。摄影 / 吴学文

（左）阳明祠内的"西湖诗"诗碑。王阳明一生多次游西湖，写下了多篇关于西湖的诗作。他曾写下"予有西湖梦，西湖亦梦予"的句子，表现了对西湖的深刻情感。（右）阳明祠内的王阳明塑像，上有"真三不朽"的牌匾。"真三不朽"是历来对王阳明一生在"立德、立功、立言"三方面皆取得极高成就的评价。

辑索引收录入档。2017年，当他作为贵州文库的副总纂，得知舒奇峰想要将石印本《阳明先生遗像册》重新出版时，电光火石，一下子记起曾在省博物馆库房中见过另一个彩色的夹板装版本，找出来看果真是原件。对比石印本，原件末尾多了两位作者的题跋，是写在笺纸而粘贴于册页上的。最终出版于2018年的《阳明先生像册》即是以这本《阳明先生遗像册》为底本。

1534年：建祠

《阳明先生遗像册》本来藏于贵阳扶风山脚下的阳明祠中。

贵阳建祠供奉王阳明的历史可以追溯到明嘉靖年间。王阳明病逝6年后（1534年），他在浙江的弟子王杏以监察御史的身份巡按贵州，了解到贵阳士民每逢岁时或赴龙场祭奠，或向龙场遥拜阳明先生，因为路途遥远颇为不便；阳明门人汤冔、叶梧、陈文学等数十人上书请求在贵阳为阳明先生立祠。当时正值阳明学被官方斥为伪学的时期，王杏仍然召集贵阳三司长官商议，结论是"先生功德在天下，遗泽在贵州，公论在万世"，同意所请，"以激劝边人"。虽然所拨公款只够工料费，但是百姓踊跃支持修建，所以一个多月时间，就建成了"门庑堂室五座，凡十三楹"的祠堂。根据《嘉靖〈贵州通志〉》收录王杏所撰新建《阳明书院记》，祠堂为赎回白云庵旧地所建，但位置已不可考。

隆庆五年（1571年），贵州巡抚阮文中、按察使冯成能又将阳明祠迁建于城东抚署左。清雍正时祠改为"贵山书院"，仍祀王阳明。另外两所书院正学与正习也祀王阳明。

根据王尧礼的考据文章《阳明祠》，"嘉庆中，设于贵山书院的阳明祠已荒废，士绅拟择地建专祠，李象梅氏捐银三十两，在城东扶风山寺右侧买了一小块地，筑了屋基……嘉庆二十四年（1819年），提督学政张辀偕贵山书院山长王小亭、正本书院山长贺今甫、正习书院山长傅小泉续修而成。"扶风山"阳明祠"建成之后，贵州政界、乡绅，以及学界，每年春、秋两季都在此进行祭祀王阳明的活动。新建的"阳明祠"内有阳明先生《谕俗四条》《训士四条》木刻，以及"阳明先生侯服大像"，幅高七尺左右，曾不慎遗失，至道光中，贵阳人王梦湘重新购得奉归祠中。

1855年：鸿儒

1836年，浙江绍兴人王惠携子王介臣来到贵州。他们自称是王羲之的后代，王阳明的裔孙。来贵州是作为新任贵州按察使唐鉴、巡抚贺长龄的幕僚，也就是绍兴有名的职业——师爷。

王惠与王介臣带来了大量家藏古籍，这些珍本也成为他们在贵州建立人脉关系的有效资源，其中有一幅《阳明先生像》尤其得到贵州政界和学界的重视。这幅画像没有署名，也没有题跋，后附王阳明亲授弟子王畿、邹守益、钱德洪、王正思四人的像赞，笔迹如一，可见不是本人题写，是从他处抄录的。

像册由王惠父子从浙江一路带至湖南，又携入贵州，因为他们辗转贵州各地，就把这幅画像放在唐鉴处，待唐鉴离开贵州，又交给贺长龄。鉴于阳明祠"阳明先生侯服大像"失而复得，道光二十四年（1844年），王惠、王介臣父子决定把自己家藏的"小像"捐赠给阳明祠，王阳明大、小两像遂成"双璧"。

王惠父子与王阳明燕服小像的渊源被郑珍记录在《阳明先生像册跋》中，是《阳明先生遗像册》其中一篇像赞。郑珍是遵义人，晚清著名学者，号称"清诗第一"，他科举考场失意，后来专注于教书育人与学术研究，在贵州影响极大。他与王惠父子交情深厚，曾帮助王惠整理诗文，并有多首诗作记录与王介臣的交往。郑珍还将张岱所撰《王阳明公像赞》抄录下来附在像册后。此外，像赞名单里还有唐鉴、贺长龄、戴熙、黄辅辰等名家，何绍基楷书题签"阳明先生遗像册"，莫友芝小篆书题词"王阳明先生遗像"。郑珍与莫友芝两位"西南巨儒"都名列其中。

王惠父子对贵州文教的贡献还在于将几种珍稀版本的书籍重刊于世，其中包括《阳明先生集要》，贵阳学者张明指出："黔南本《阳明先生集要》一经重新刻印，立即在社会上广为流传，供不应求。光绪三十二年（1906年）该书在上海铅印出版，有力地推动了近代王学的发展和传播，王介臣功莫大焉。1916年，美国人亨克翻译《阳明先生集要》部分内容，著成《王阳明哲学》一书，这是王阳明及其思想第一次被介绍到欧美英语世界。"

光绪二年（1876年），扶风山阳明祠已经破败不堪，贵州巡抚衙门的一位周姓门丁倡议捐资修复阳明祠。工程已经完成十之七八，这件事才被贵阳文史大家罗文彬得知。他羞愤不已，认为王阳明有恩于贵州，修葺阳明祠的事本是黔地士绅的义务，而由地位低下的门丁出面组织，让本地士绅颜面尽失，便与唐炯等人商议阻止，并花五百两银子买下工程。唐炯是文武兼备的清朝官员，曾参与太平天国平叛，协助四川总督丁宝桢整顿四川盐政，后官至云南巡抚。他首先捐资扩大地基，再入蜀与丁宝桢商议筹款，二人位列阳明祠捐资首位。而罗文彬负责规划设计、采购材料、组织施工。工程次年开始，历经三年完工，而碑刻直到1882年才完成。

这一次的重建成为当前阳明祠的原型。其中主体建筑享堂里置龛台，有阳明先生汉白玉燕服坐像，左侧还立着两方阳明线描坐像碑，一大一小，大者为朝服像，小者为燕服像。享堂后有两个回廊，除了王阳明的手迹碑刻，便是像赞碑刻。这些像赞碑刻连同享堂中的汉白玉坐像和燕服小像线描坐像碑，都来自那本《阳明先生遗像册》。

此后阳明祠经历重创，碑刻与塑像全部被毁。1989年才依光绪年间（1875—1908年）的旧制恢复重建。遗像册原本不知下落，所幸也终于在2018年重见天日。

1941年：修路

王尧礼与舒奇峰的合作并不是从《阳明先生遗像册》开始的，他们真正认识是在贵阳的阳明路上。

那是2000年，贵阳最有趣的旧货市场还没有从阳明路搬到万东桥，五之堂的第一家店就开在这里。在五之堂辗转数次的搬迁流徙之中，"也没有通知，开业第一天，他总是会准时出现。"舒奇峰这样评价他和王尧礼的缘分。

他们曾经流连的阳明路，始建于民国时期。抗战期间，大量沦陷区难民逃入贵阳，本地人口猛增，为了解决城内住房问题。1938年，贵州省建设厅在城南渔矶湾赵家坡的徐园，规划了370亩丘陵地，兴建了南明新住宅区。1941年底，小区内建成的道路以名人冠名的有王守仁路、何腾蛟路、郑珍路、莫友芝路、尹道真路、蔡锷路。同年，还将黔明寺前的黔明路改为"阳明路"，以纪念王阳明对贵州文教的贡献。王阳明成为唯一一位在贵阳同时拥有两条命名道路的名贤。贵阳解放后，市内道路几经更名，阳明路沿用至今。

可见，自明代中期以来，贵阳对王阳明的崇祀几乎没有断绝。

罗文彬重修阳明祠时，把原本作为王阳明陪祀的尹珍（字道真）移到了旁侧的惜字院，民国五年（1916年）仿阳明祠形制修成尹道真祠。以东汉负笈中原的学者尹珍陪祀王阳明，是为了将本地儒家道统上溯得更远。尹道真祠原匾额为康有为亲题，后被损毁，今匾为当代贵州书法家戴明贤从康氏墨迹中集出。而"王阳明先生祠堂"的匾额，是贵阳书法家萧娴所题。在阳明祠里，这种道统又下探到当代。

舒奇峰的最新计划是出版100本海外阳明学的著作，其中与东京大学的合作已经展开。这条线索延伸向未来。

收藏于贵阳五之堂的《阳明先生像册》石印本。

畅游贵阳指南
——感受山水、历史与市井生活

王阳明谪居龙场期间曾来贵阳讲学访友。在文明书院讲学期间，他交游广阔、送迎往来，更遍游周边名胜，留下许多诗文。今日享有"林城"美名的贵阳，也给当时的王阳明留下葱茏清新的印象，"渐觉形骸逃物外，未妨游乐在天涯"，倒像是预言了现代贵阳的娱乐精神和自由品性。

特色景点

甲秀楼与翠微园
立于南明河畔鳌矶之上的甲秀楼自明代万历年间建成以来，就一直是贵阳最为人熟知的文化地标。最为人称道的是清代刘韫良所书的206字长联，高度概括了贵阳的山水形胜及历史变迁。一旁的翠微园便是历史上王阳明曾数次游览的南庵故址。

阳明祠
扶风山南麓的阳明祠有着一派草木葳蕤的园林风光。自明嘉靖以来，这处数易其址的祠堂一直是黔地百姓纪念王阳明的地点，祠内辟有王阳明的生平陈列馆。

文昌阁
坐落在老城东面的文昌阁是一座秀丽可爱的明代建筑，是明清贵阳"九门四阁"中为数不多幸存下来的建筑。

贵州省博物馆
2024年完成重新布展的贵州省博物馆，拥有更清晰的展览脉络，东汉铜车马、唐玄宗投龙铜简、北宋韩琦书札、明代五凤冠都是不可错过的精品。

甲秀楼　摄影/陈伟红

肠旺面 摄影/吴学文

风物小吃

肠旺面
以大肠、猪血旺、脆哨等为辅料，搭配金黄、脆弹的鸡蛋面，是最受贵阳人欢迎的早餐。

丝娃娃
贵阳版馅料十足的春卷或春饼，一个餐盘上排满十几碟各式菜品，卷好后再倒入秘制汤汁。

花溪牛肉粉
花溪牛肉粉起源于20世纪70年代末，以其味美价廉而风靡全国。

怪噜饭
"怪噜"意为"奇怪多变"，这种融合了各种配料的炒饭，以其中的糍粑辣椒为灵魂。

豆米火锅
以贵州特色的豆米（晒干的芸豆）为锅底材料，越煮越香，最后宜用浓稠的汤底泡饭。

在地体验

黔灵山公园
登山
有"黔南第一山"美誉的黔灵山是贵阳最受欢迎的城市公园，登上象王岭的瞰筑亭，便可将整座贵阳城尽收眼底。除风景之外，黔灵山的猴子也因爱夺人食物而为人熟知。

青云市集
夜生活
入夜后，来这里感受贵阳年轻人的潮流夜生活吧。除了琳琅满目的美食，你也可以在这里找到一些别具匠心的文创店，就连咖啡和奶茶也不乏贵州特色，比如木姜子美式或铜仁抹茶。

也闲书局
书店
贵阳拥有这样一座不落俗套且颇具专业水准的美好书店，实在值得鼓掌。几大柜的黔版书如同一座迷你版的地方文献室，许多知名作家也常来这里举办讲座。

红飘带
演出
新近开放的红飘带长征数字科技艺术馆引进了时髦的行进式演出概念，在观看演出的同时"跋山涉水"，能更深刻地感受长征的伟大与艰辛。

"新印1950"文创街区
Citywalk
由承载着老贵阳人记忆的新华印刷厂改造的新文化街区，空间建筑保留了传统工业风格，同时融入多重文旅体验，你可以在这里找寻童年记忆、看艺术展览、吃特色小吃，感受贵阳老厂区的烟火气。

传统村镇

高坡苗乡
高坡苗乡平均海拔约1500米，是贵阳的地势最高处，也是夏季避暑的好去处。

青岩古镇
青岩诞生于明初轰轰烈烈的军屯潮流之中，后发展为贵州四大名镇之一，镇内保留了许多明清建筑。

镇山村
这是一座融合了屯堡文化的布依族村落，已有四百多年的历史。万历二十八年，李仁宇将军奉命平播州之乱，入黔后屯兵安顺，后到镇山修筑屯堡，并与当地布依女子班氏结亲，班、李至今为村中大姓。今天的镇山村保留了屯兵的石墙、三合院民居、武庙等遗存，还保存着木构架的石板房，是一座珍贵的布依族生态博物馆。

青岩古镇 摄影/徐庆一

别时不胜凄惘,梦寐中尚在西麓,醒来却在数百里外也。相见未期,努力进修,以俟后会。即日已抵镇远,须臾放舟行矣。书院中诸友不能一一书谢,更俟后便相见,望出此问致千万意,守仁顿首。

——《镇远旅邸书札》

第十二境

镇远留书

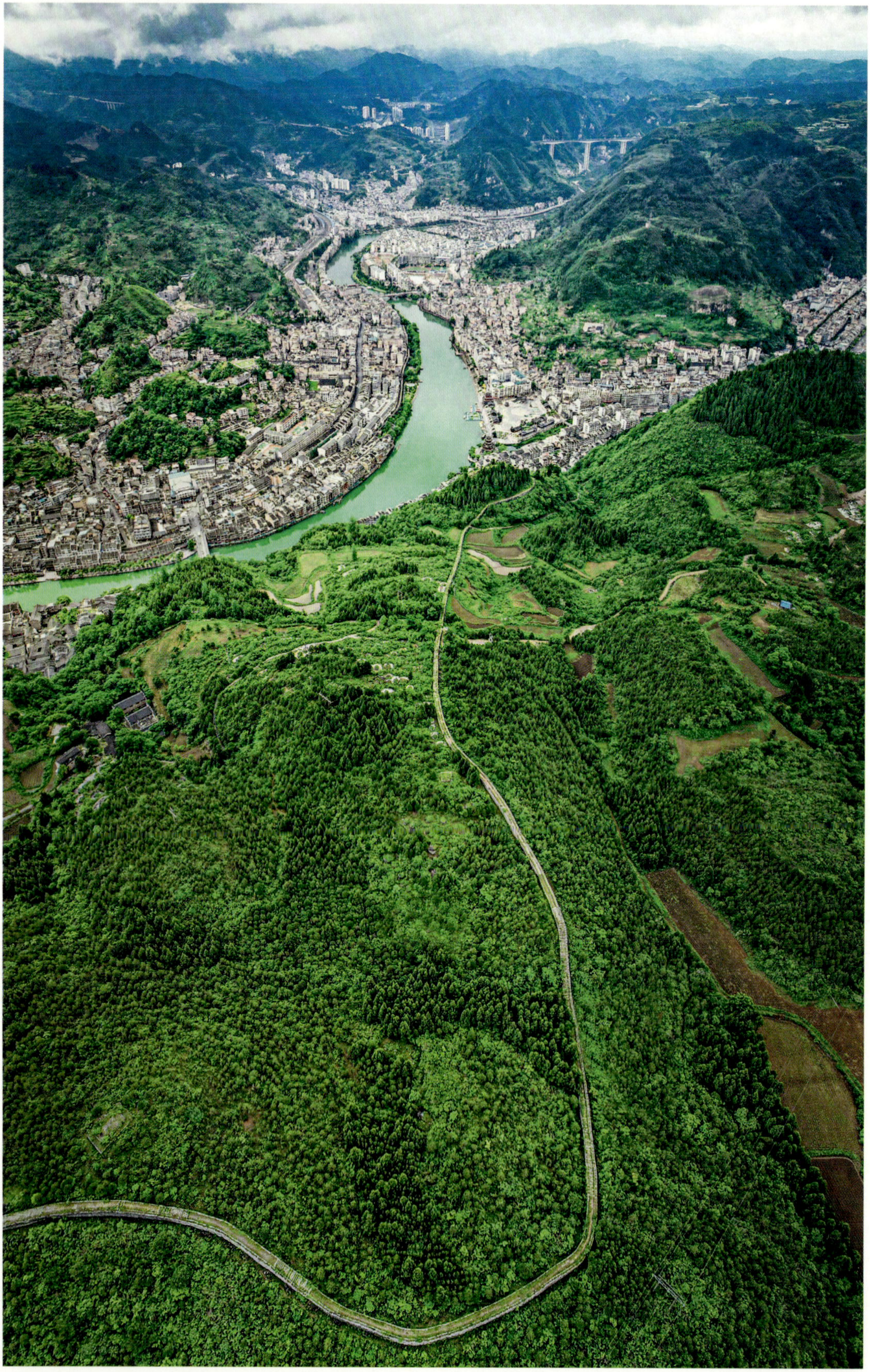

镇远留书

心学在贵州的回响

楼学 撰文
吴学文等 摄影

1509年，明武宗正德四年。这一年的冬天，王阳明站在镇远潕阳河畔的码头边，回首黔地山水，与送行弟子告别。王阳明因直言上疏开罪刘瑾而被贬贵州龙场，这是王阳明前半生顺遂生活的转折点。眼下，王阳明教化边民的贡献渐为人所知，又经由朝中李东阳等人的转圜，得到重新起用的机会，得以担任江西庐陵知县。匆忙之中，王阳明告别贵州诸生，踏上离开贵州的旅途，几天之后即抵达距离贵阳数百里的镇远。

此刻，一个新的转折点又在眼前。

告别贵州的时刻

这场漫长的送别早已开始。十二月中，贵州的弟子相聚于贵阳南门为王阳明送行。在这里，王阳明留下一首《将归与诸生别于城南蔡氏楼》，他似乎已经预见到这场离别将是与贵州的永别，才在诗中慨叹"颇恨眼前离别近，惟余他日梦魂来"。

师生的深厚情谊，使许多人不舍离别。在贵州的风雪之中，又有一行弟子恋恋不舍地将王阳明继续送至龙里。这里相去省城已有数十里。贵州的冬日总是阴冷湿寒，王阳明在《诸门人送至龙里道中二首》中写下"雪满山城入暮天，归心别意两茫然"来表达自己的不舍与谢意。

直到数日之后，王阳明终于抵达镇远。对于这座城市，王阳明或许并不陌生——一年多前，被贬谪至龙场的他从湖南进入贵州，正是沿着沅江水系一路入黔。镇远是入黔以来的第一座重要城市，尽管潕阳河还会继续延伸，但更上游处多为浅滩，已经不易行舟。因此，自古以来的旅者都在镇远舍舟登陆，也正是在这里，王阳明正式开启了在贵州的生活。

回想初到贵州时的他"流离于万里绝域，荒烟深箐，猩鼯豺

镇远古城四面环山，潕阳河从镇远古城中间曲绕而过，形如"S"状，古城"北府南卫、潕水中分"的独特格局始于明代，延续至今。摄影 / 顾嘉玮

虎之区"（罗洪先《龙场阳明祠记》），刘瑾可能的追杀更让人惴惴难安。王阳明初入黔地时，无疑感到孤独、凄怆、惶恐交杂。但在短暂的贵州生活中，他向当地少数民族学习生产、生存的基本技能，又受到地方土司、官员、士子们的尊敬与帮助，与当地百姓的深厚情感足以褪去瘴疠之地、穷山恶水的负面印象。这段宝贵的经历不仅使他看破生死荣辱，更对早年曾关心的"读书学圣贤"这"第一等事"重新做出深刻的思考。在贵州的生活使他意识到，眼前这些常被贬以贫寡蛮荒的边民，在人格、心性与发展的可能性上众生平等，"圣人之道，吾性自足"。

如今，他回到这座熟悉的城市，短短两年，已经历了巨大的思想改变。镇远或许是流动时光中一个未曾更改的地理锚点，"物是人非"的情绪想必令人感慨。但在今日所见的王阳明作品中，我们几乎不见他对镇远古城的描写，只能在同一时期的文人笔下，去一窥当年"黔东门户"的风貌，"巍楼高构山之巅，潕水微茫挂槛前"，明代理学家周瑛曾经登临青龙洞俯瞰镇远风光；主持修建镇远府城墙的知府程㸅则以"前墟麦秀田家宅，隔岸芹香泮水宫"来描摹古城景象。

镇远，是贵州的东大门，蜿蜒的㵲阳河连接着下游的沅江与洞庭湖，将这座城市接入了连通云贵与中原的水陆通道。对于出黔的旅人而言，艰苦的山道暂告一段落，只需放舟㵲阳河上，似乎须臾之间，便可直下湘楚。夜宿镇远的旅舍之中，王阳明终于从连日的车马劳顿中稍稍解脱，但随即又迎来精神上的苦楚，因此才会写下如此的开篇，"别时不胜凄惘，梦寐中尚在西麓，醒来却在数百里外也"。

正是贵州的山水人文带来了中国哲学史上一次光辉灿烂的启迪。此刻在"梦寐"中突然切换，醒来已是数百里外，正是在漫长的生活考验之后，突然面对离别时混沌而茫然的情感体验。贵州，于王阳明而言，已经不再是帝国版图上辽远未知的缥缈偏地，而成为他人生旅途中始终牵挂的缱绻故土。

在镇远旅邸的这个夜晚，便是告别贵州的最后时刻了。王阳明收拾心情、准备纸墨，与贵州的学生、朋友们一一告别。这份书札成为人生与时局转折点上的重要见证，他固然不舍，"相去益远，言之惨然"，但仍然不忘共勉"努力进修，以俟后会"。陈训明在《浅谈王阳明的书艺及其在贵州的遗墨》一文中，也试图从书法角度解读其当下的情绪，"字为行草间带大草，备极洒脱……他的离筑，意味着政治迫害的解除，欣喜情怀，不由自主地流露在楮墨之间。其中数行大草，尤见飞动……"

惨然的流连伴随着洒脱的勉励，缱绻的愁绪下却有飞动的书写。这些看似矛盾的属性，共同记录了这告别时刻的复杂与真实。

阳明之后，心学在贵州的回响

如今重读这份书札，其意义不仅在于再现了王阳明告别贵州时的心境，尤为重要的，更披露了一个之前为学界并不了解的贵州王门群体。李独清先生在《贵州教育史资料选辑》中写道："我们从前所知道王阳明在贵州的门人，只有汤冔、陈文学二人；后来得见阳明手札，龙冈书院诸生还有张时裕、向子佩、越文实、邹近仁、范希夷、郝升之、汪原铭、李惟善、陈良丞、叶子苍、易辅之、詹良臣、王世承、

(左)镇远吉祥寺码头。(右)镇远古城夜景。

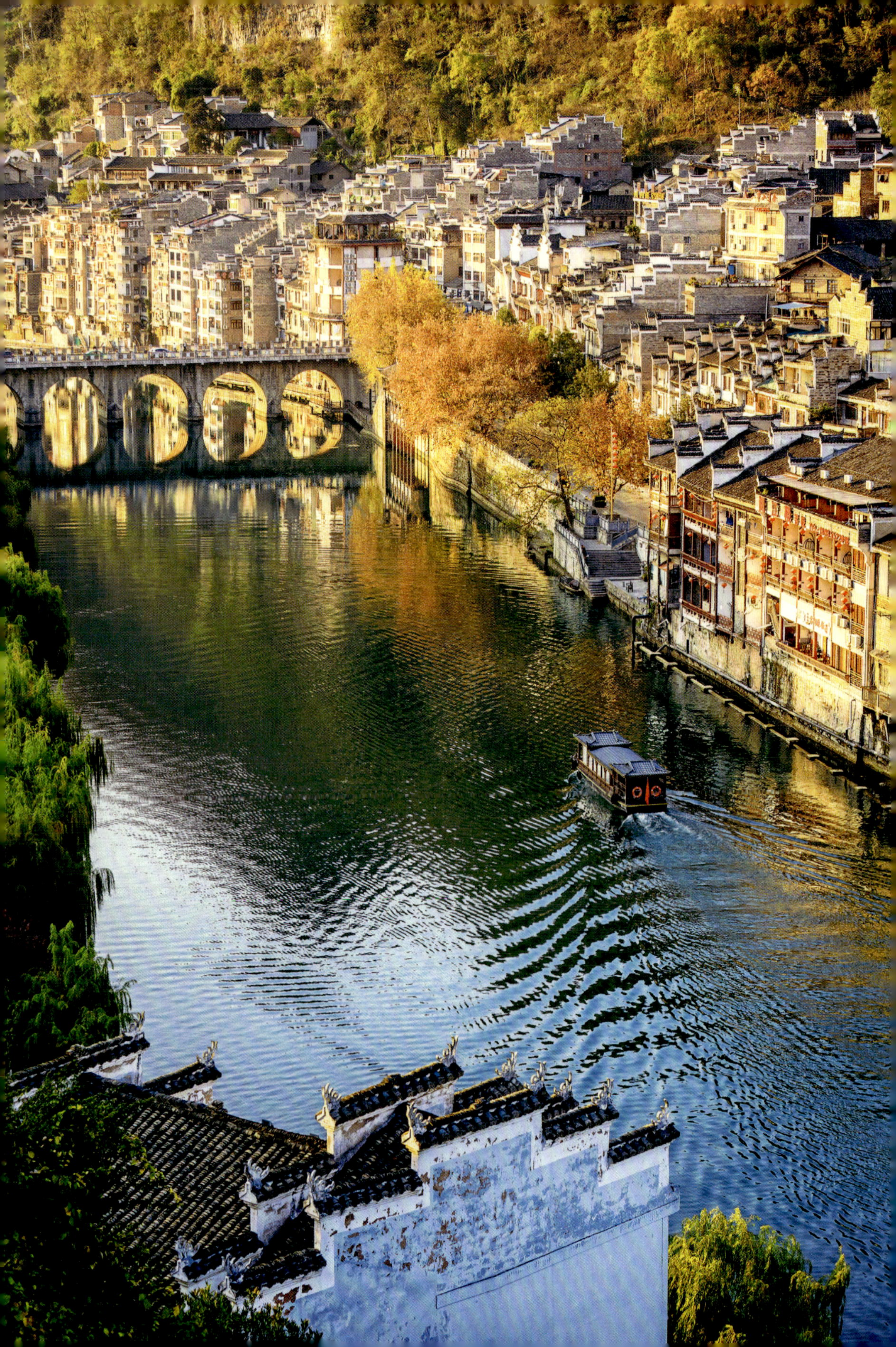

袁邦彦、李良臣等十五人。"

但似乎与王阳明的命运起伏遥相呼应，这一书札也在历史的浪潮中飘零。贵州大学闫平凡曾在《镇远旅邸书札考略》中考据了这封书札的命运：在写就寄出后近三个世纪，这封承载着书者拳拳情谊的信札出现在浙江转运张映玑手中，嘉庆八年（1803年），他在杭州将此札赠予李威（曾任广州知府），该札后来辗转于岭南的叶梦龙、潘正炜、孔广陶、裴景福之手，最终在民国时期的战乱里不知所终。

这份不知所终的书札仅有影印件传世，但仍可以视作阳明心学在黔中发展的历史索引。近水楼台先得月，贵州有幸成为阳明心学最早也最持久的传播之地。以这一群门生为代表的王门后人，开启了贵州文化史上的崭新时代。信中的陈文学等人就曾参与龙冈书院、文明书院的讲学活动，这是心学思想早期传播的重要途径。而当时得到王阳明亲授的贵州学子数以百计，无怪乎在信件之中，"书院中诸友不能一一书谢，更俟后便相见，望出此问致千万意"。

自此以后，贵州各地大兴书院，文教之风蔚然而起，贵阳、修文、清平、思南、都匀等地迅速发展为重要的学术中心。数百年后，清朝学人翁同书评价黔中王门的兴起时，便称"黔学之兴，实自王文成始……良知之理，用是风励学者，而黔俗丕变"。

贵州成为传承阳明心学的重要基地。正嘉年间，王阳明因平定朱宸濠叛乱有功，擢升南京兵部尚书，授封新建伯，此后又总督两广军务。但与军功荣耀一同而来的也有嫉妒与谗言，加之王阳明素来身体状况不佳，多次请辞归老，却始终未获允准。

嘉靖七年年末（1529年1月），身体每况愈下的王阳明最终不暇奏请而病笃离任，于江西南安的一叶小舟中去世，留下"此心光明，亦复何言"的临终遗言。但许许多多的攻评与争议又在身后而起，人们多认为时任礼部尚书桂萼忌恨中伤王阳明，《明史》中甚至毫不客气地批评桂萼有"娼忌之私"。

但真实的历史或许更为复杂。阳明心学是对程朱理学的批评与革新，但在统治阶级看来，这已经不仅仅是学术之争，更是对国家权威的挑战。历史学者肖金认为，"嘉靖帝对它（阳明心学）的敌意，可以看作是由社会思想层面的流变趋势与国家政治权力对于其已经认可的思想价值理念的稳定性的维护之间的矛盾形成的"。

这一时期，嘉靖皇帝下诏停止王阳明的世袭。在学术上，阳明学说也备受打压，俨然成为伪学。在这样的政治环境下，当全国各地都在废弃阳明心学的同时，贵州对王阳明的纪念与传承却从未中止。嘉靖十三年（1534年），监察御史王杏以"激劝边人"为由在贵阳白云庵的旧址上兴建阳明祠，成为全国第一座纪念王阳明的祠祀，而在推动这一工程的背景中，书札中所见汤冔、陈文学等人的倡议功不可没。

此时距离那场匆促的告别已经过去了二十多年。但王门子弟始终牢记着，阳明心学本就是在苦难中成长、提炼而成，又何必畏惧苦难、谄媚强权？终嘉靖一朝，纪念与传承王阳明的君子亭、文明书院、阳明书院相继落成或重修，黔中王门正是阳明学术理念和人格精神的继承者。

中和且平

镇远道中：一座军商重镇的多元之路

楼学 撰文

陈伟红等 摄影

多年前，当我第一次沿着湘黔铁路在夜色中抵达镇远时，潕阳河畔连绵的房屋都装点着金色的灯光，起伏的城墙在四周的青山中环绕。时值淡季，街上游人不多，热闹的灯光在清冷的冬色中闪耀，描摹出一种奇妙的反差感。我住进一间临河的客栈，等到午夜灯火熄尽，天地间只剩下潕阳河的潺潺流水声和半山腰上传来的火车鸣笛。从古老的航运、驿道，到现代化的公路、铁路，交通方式的更迭见证了这座古城的变迁史，也承载着时光深处的民族迁徙与商贸往来，使这座黔东南的小城拥有多元的文化面貌。

这个初逢的冬夜，或许和王阳明告别贵州、写下旅邸书札的夜晚有些相像。这座古城已有超过两千年的悠久历史，往来其间的文人官宦、军队商旅，早已在此体验过无数个这样相逢或离别的夜晚。

滇楚之锁钥，经略西南的桥头堡

抵达镇远的第二天，我在潕阳河畔闲逛。河边的步道上，不时冒出一些景点简介，标记着一座座早已在时光中漫漶的码头遗址。如今的潕阳河边还保留着十余座古码头的遗迹。历史上，镇远附近的水面上帆樯林立，码头上商货云集。镇远，贵州东部最重要的水陆要冲，自古即有"滇楚锁钥，黔东门户"之称。

在贵州，水路曾是出入黔地最重要的交通方式。镇远正处在云贵高原的东缘，位于贵州高原向湘西丘陵过渡的斜坡地带。沅江的上游潕阳河在喀斯特的群峰中蜿蜒而过，在绵延的苗岭山脉与武陵山脉之间留下一个宝贵的出入口。

因此，沟通起沅江、洞庭湖和长江水系的镇远，便成为湘楚与云贵之间重要的交通枢纽。如从长江溯洞庭而上，由洞庭湖发散出的湘、资、沅、澧四大水系中，沅江正是通往西南的水路大

青龙洞万寿宫始建于清雍正年间，其建筑工艺考究，是镇远悠久移民文化的一个缩影。万寿宫由戏楼、看厅、杨泗将军殿等组成，戏台下的木雕由一整根木头雕刻而成，细节十分精美。

动脉。在很长的一段历史时期中，这是湘楚水路所能触及云贵高原的"极限"所在——自镇远往西，潕阳河的更上游地带多为峡谷、浅滩，行船颇为不易，故商旅多在镇远舍舟登陆。如今，镇远所保存的古驿道也仍然多位于去往广西、云南的县城西南方向。

明正德年间，王阳明被贬贵州龙场，他入黔的路线就是经浙江、江西一带进入湖南，由长沙入洞庭，此后便沿着沅江进入贵州。清嘉庆二十四年（1819年），林则徐赴任云南乡试正考官，也是从镇远进入云贵高原，他在这里写下一首《镇远道中》，"行人在山影在溪，此身未坠胆已落"，黔道的险峻艰难足以令人胆寒。

1902年，日本学者鸟居龙藏考察中国西南，他从湘楚一带出发探索云贵的道路，也与王阳明当年的路线大致重合。鸟居龙藏从上海抵达汉口后，继续前往贵州的水路主要有两条，其一是沿长江经宜昌、重庆，再从重庆沿川黔驿道进入贵州；另一条便是走洞庭、沅江。当时的汉口甚至还有往来镇远的客船。鸟居龙藏选择了后者，在这位人类学家的眼中，这条水路也恰恰是历史上"三苗"的迁徙之路。

正是在镇远，几乎随时以海拔表记录海拔变化的鸟居龙藏不再乘坐山轿，改以骑马前行。但他似乎对贵州的行旅艰难缺少心理准备，当第一次骑马踏上贵州的石梯路时，就因为道路湿滑而使马匹受惊嘶叫，他在日记中写道："幸而有镇远府派出护卫的士兵，一把将我抱住，才救了我一命。"

初入黔道就差点丧命，贵州陆路交通的艰难可见一斑。但也正是因为地理的隔绝与交通的险苦，黔东南一带成为"三苗"后人躲避战争的理想场所，历史上的镇远便是五溪蛮、百

青龙洞古建筑群占地 2.1 万平方米，建筑面积 6156 平方米，是贵州省最大的古建筑群。图为青龙洞全景。摄影/吴学文

（左）镇远天后宫始建于明末清初，是在镇远的福建同乡为纪念海神妈祖而建。它见证了海洋文化深入贵州腹地的一段历史。 （右）青龙洞玲珑的宫殿中，容纳了佛、儒、道三教文化，图为青龙洞的庙宇神像细节。摄影 / 吴学文越人聚居的蛮夷之地，有着鲜明的少数民族色彩。从秦汉至唐宋时期，镇远之地虽多有建制，但一直到中原政权开始重视对西南云贵等地的大开发，这座城市的战略价值才被发现。因此，元明时期成为镇远崭露头角的关键时代——元代疆域辽阔，设置云南行中书省，极大地增强了对西南地区的有效治理；而明初以来"广设卫所，大兴屯田"更促进了内地向西南的人口流动，贵州的城市建设正是在明朝进入爆发期。

在这一背景下，镇远从默默无闻的西南夷海中显露，成为中原经略西南的桥头堡，也成为汉民族与西南少数民族融合的重要区域。元至正二年（1342年），设立镇远溪洞金容金达蛮夷军民长官司，镇远成为一处重要的军事堡垒。明洪武二十二年（1389年），增设镇远卫，极大增强了镇远的防卫力量。

直到今日，镇远的石屏山上还保留着壮观的"苗岭长城"，"四官殿"内则供奉着白起、廉颇、王翦、李牧等备受中原文化推崇的武将。这一切，是遥远的军事传统留给小城的古老记忆，也是苗汉融合的历史见证。

以军兴商带来多元融合

我在镇远最喜欢的去处，是古城东面中河山麓的青龙洞。虽冠以"洞"名，但这里其实是一处集中了寺庙、宫观、会馆、书院的庞大建筑群。如同悬空寺般的建筑群因山就势，在一片偏狭逼仄的地势中，连绵的青龙洞、中元洞、紫阳洞、万寿宫、香炉岩背靠高耸的中河山绝壁，面朝潕阳河铺陈开来。

这处融会多元、格局庞大的古建筑群当然并非一夕之功。青龙洞的营建历史可以上溯至洪武二十一年（1388年）的真武观。一年之后，位于潕阳河南岸的卫城才开始兴建城墙。这些大型工程的上马自有其历史背景——随着明朝军队于洪武十五年（1382年）平定云南，西南的局势趋于稳定，寺观、城墙的修建，似乎宣告着此时的明王朝已在西南站稳脚跟，足以将文化、军事的影响力投射至此。

大批进驻黔地的军队，不仅是维系边地安稳的主要力量，也成为激发当地商贸蓬勃发展的诱因。越来越多的商人追逐着可观的利益涌入西南，与之一同到来的是粮草、兵器、茶叶，还有贵州历来匮乏的盐。乾隆年间的《贵州通志》中记载："明洪熙元年，贵军乏饷，乞运龙江仓及两淮盐于镇远，易米给军；明英宗正统二年，令两淮官盐所各商于贵州地方货卖盐引于镇远告销。"可以想见，镇远一地控扼盐运，因此牵系贵州命脉，商贸文化后来居上，成为比军事传统更重要的城市基因。

在古城历史中，我们能观察到这种更替是如何发生的。永乐十一年（1413年），明成祖平定思州宣慰使与思南宣慰使之间的冲突，从此废除两宣慰司，《明史》中记载"遂分其地为八府四州，贵州为内地，自是始"。镇远即为八府之一，是贵州最早施行改土归流的区域之一。在朝廷于镇远告销盐引的正统年间，镇远的府治逐渐转移到潕阳河北岸，从此与南岸的卫城分离。

如今登临青龙洞，可以俯瞰镇远古城的全景：自西向东蜿蜒而来的潕阳河在城中拐出一个优雅的S形河湾，将古城一分为二，颇有些太极八卦城的玄妙气象——当地人称"一水分府卫"，卫城、府城分据河流之南北，构成镇远古城最醒目的格局特征。与石屏山上的城墙、四官殿中所记录的"尚武"精神不同，潕阳河畔那些密集的大小码头、各地的会馆建筑洋溢着更强烈的商业气息，见证着古城因军而商、因商而兴的历史。

而我们所登临的青龙洞，在此后的数百年间营建不辍，成为镇远多元属性的一个缩影。明嘉靖年间，青龙洞一带增建紫阳书院以纪念理学大师朱熹，又建中元禅院作为佛教场所，儒、释、道三教共存一处。此后随着清初"开辟苗疆"，镇远一地裁卫并县，原本分立的府城、卫城逐渐融为一体，商业文化更加深入人心，来自全国各地的商人在此开设商号、兴修会馆，青龙洞中规模最大一处建筑便是万寿宫，这是初建于清雍正年间的江西会馆。

潕阳河边不远处，还坐落着一座天后宫。天后本是保佑海上航行平安的，而她的宫庙出现在远离大海的云贵内陆，则是福建商人带来的礼物。精致的戏楼、飞扬的檐角、大门上"海国安澜"的题刻，似乎在贵州的山水间吹拂起阵阵海风。尤其为人津津乐道的是，天后宫的部分建筑甚至"蔓延"到了府城墙上——昔日戒备森严的军事设施，至清代中期以后被日益兴起的商业会馆所"侵占"，标志着镇远的历史已进入以商业为主的新阶段。以万寿宫、天后宫为代表的会馆建筑，成为各地商帮云集的繁华背景，鼎盛时期更有"八大会馆"并立。

放在更广阔的地理视角下，镇远不仅是湘楚与云贵间水陆转换的枢纽，更连接起中原与东南亚，是中原水路通往南方丝绸之路的节点所在。青龙洞前那座醒目的祝圣桥上就有一副脍炙人口的楹联，"扫尽五溪烟，汉使浮槎撑斗去；辟开重驿路，缅人骑象过桥来"，便一语道尽昔日的国际化面貌和区位价值。而镇远近现代以来的地位下降，其核心动因，仍然离不开地理因素。

1956年黔东南苗族侗族自治州成立后，镇远作为区域中心的地位旁落，在工业化、城市化的浪潮中，西南百余千米外的凯里凭借更宽阔平坦的地势而迅速兴起。随着1972年湘黔铁路的修建，潕阳河的水运也急剧衰落，镇远不再是出入云贵高原的水陆要冲，而成为庞大铁路网中平平无奇的一个过路车站。安坐在舒适车厢内的旅客不再与昔日的王阳明、林则徐有相似的境遇，如果不是特意向下张望，这座地处潕阳河谷中的城市，甚至不会出现在平视的车窗视野中。

数十年来在政治、交通地位上的相对失落，反倒成全了镇远。从古城保护的角度来说，镇远无疑"因祸得福"，山水间狭小的发展空间客观上难以兼容优雅的古城与大规模的现代建设，镇远反倒因此得以幸运保全，成为贵州现存规模最大的古城。1986年，镇远名列国务院公布的第二批国家级历史文化名城，成为较早跻身这一名单的县城。

20世纪初，日本学者伊东忠太溯沅江而抵镇远，在这趟中国之旅中，他对镇远不吝溢美之词，"我在三年半的旅行中所见到的景观，首推宏伟壮观的蜀栈剑阁，其次就是景色奇拔的镇远山城"。在日益趋同的现代城市景观中，伊东忠太的称赞更加凸显出其宝贵的价值——在新的交通路线、交通方式兴起之后，这两处景观都有幸成为古典中国的标本而被保留下来。从王阳明、林则徐到鸟居龙藏、伊东忠太，他们所曾游历、感怀的"镇远道中"，依旧悠远而迷人。

镇远澦阳河上一年一度的端午赛龙舟活动。摄影 / 袁福洪

黔东南巡游
——多彩秘境之旅

风光明艳的黔东南是青山绿水与多彩民族交织的华美画卷。这片土地记录了王阳明初到贵州兴隆书壁时的悲凉愁绪,也有他离开贵州时的眷恋不舍——五百年前王阳明的往来路线与今天的 551 国道走向大致相同。从第一眼到最后一眼,旅人心绪万千,而山水永恒。

特色景点

凯里·黔东南州民族博物馆
博物馆位于凯里市区,对于想要系统了解苗族、侗族等少数民族风俗与文化的旅行者而言,这里最适合作为打开黔东南的第一站。

镇远古城
㵲阳河畔的镇远无疑是贵州最具"镜头感"的古城。沿山势起伏的城墙被称为"苗疆长城",框定了古城的范围。城内曲折蜿蜒的巷道彼此连通,星散其间的古水井、老宅院随时带来发现的乐趣。越过祝圣桥,登上重叠的青龙洞,便可将八卦图般的河流与古城揽入怀中。那些沿河的古码头中,一定有一座曾留有王阳明的足迹。

施秉·云台山
名列世界自然遗产的云台山是白云岩喀斯特地貌的代表,因"四面削成,独出于云霄之半"而得名。云海环绕的群山中,还保留着周公庙、徐公殿和摩崖石刻史迹。

黄平·飞云崖
飞云崖地处群山、飞瀑、溪流之间,是一处景色清幽、规模庞大的古建筑群。王阳明在这里题诗《兴隆卫书壁》,又应邀写下《重修月潭寺建公馆记》,文中的"天下之山,萃于云贵;连亘万里,际天无极"成为贵州山水的经典写照。

凯里·下司古镇 阳明书院
王阳明曾途经清平卫(今凯里市炉山镇),作七言律诗《清平卫即事》,留下了对凯里的印象。在凯里的下司古镇中,有一座阳明书院,据说始建于明中后期,在王门弟子孙应鳌讲学旧址上建立,书院中设有阳明文化展览,将王阳明的一生分为本悟、思悟、契悟、渐悟、大悟等七个展厅进行展示。下司古镇是一座位于清水江上游的古镇,兼具自然风光与人文底蕴,可作为了解阳明文化与感受多彩黔东南的目的地。

镇远古城 摄影/陈伟红

酸汤鱼　摄影 / 吴学文

风物小吃

黄平 · 重安酸汤鱼
重安酸汤鱼好吃的最大秘诀在于每家每户自制的白酸汤，以温热的淘米水加入陈酸汤后发酵而成，味道清香醇正。

镇远 · 红酸汤火锅
"三天不吃酸，走路打捞蹿"，镇远人尤其嗜酸，本地的酸汤属于"红酸"，因加入了发酵去涩后的毛辣果（野生西红柿）而有了令人食指大动的红色。

在地体验

凯里 · 舟溪芦笙节
传统节庆
每年正月里，凯里附近的舟溪镇上会举办热闹的"甘囊香"芦笙节，吸引周边的数千苗族同胞来此庆祝。届时，你将会看到满大街的银饰盛装和壮观的芦笙乐队。

凯里 · 金泉湖
赶集
金泉湖附近的市集上能买到许多苗绣以及苗族特色的服装、鞋帽等手工艺品，也可以把这里当作一个鲜活的装饰艺术博物馆。以每周五上午最为热闹。

镇远 · 潕阳河
渡船
王阳明就是从镇远顺潕阳河而下离开贵州的。河上至今仍然有勤勤恳恳的摆渡人，过河一次仅收 1 元，是当地人习以为常的交通方式。当然，你也可以选择乘潕阳河游船欣赏镇远夜景。

黄平 · 安安滑翔伞基地
滑翔伞
这处由退伍老兵创建的滑翔伞基地就在旧州古镇附近，提供从初学入门到专业考证的不同课程。

舟溪芦笙节　供图 / 视觉中国

传统村镇

镇远 · 报京侗寨
这里是雷公山以北侗族文化保存最好的村寨之一，被称为"北侗第一寨"。每年三月三的"情人节"会有对歌、跳笙、踩鼓等民俗活动。

雷山 · 西江千户苗寨
这个最大也最著名的苗寨距离凯里市区不远。在梯田的环抱中，成百上千座吊脚楼因地制宜地沿山分布，入夜时的万家灯火犹如星空般璀璨。如果想要体验游客更少、更原生态的氛围，附近的朗德苗寨是个不错的选择。

黄平 · 旧州古镇
镇如其名，这里是黄平昔日的治所驻地，也是贵州保存较好的明代卫所之一，其历史可以上溯至先秦时期的且兰古国。镇内保留有仁寿宫、文昌宫、天主堂和大量古桥、民居、会馆等历史建筑。

西江千户苗寨　供图 / 视觉中国

四海有王门

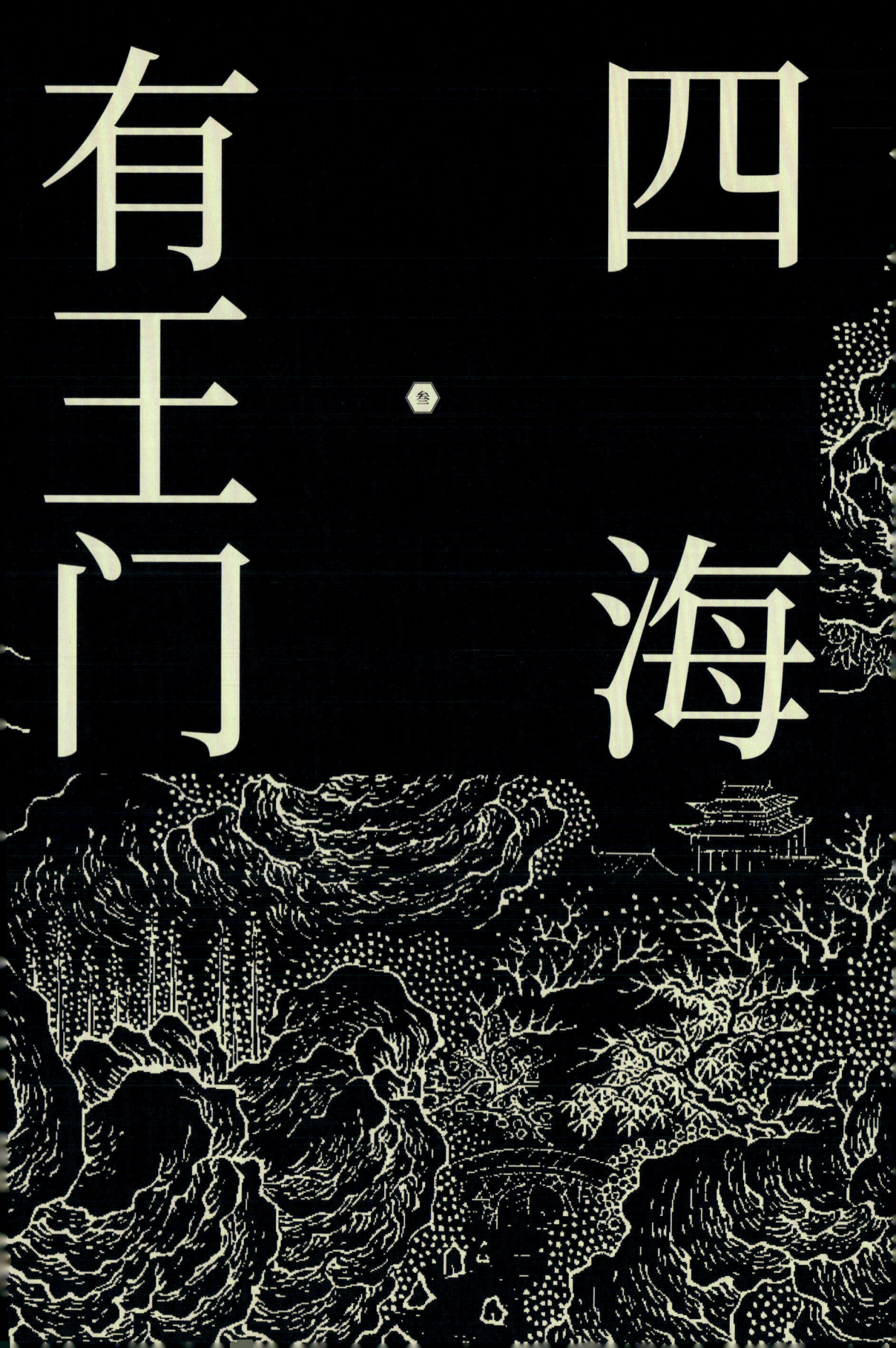

叁

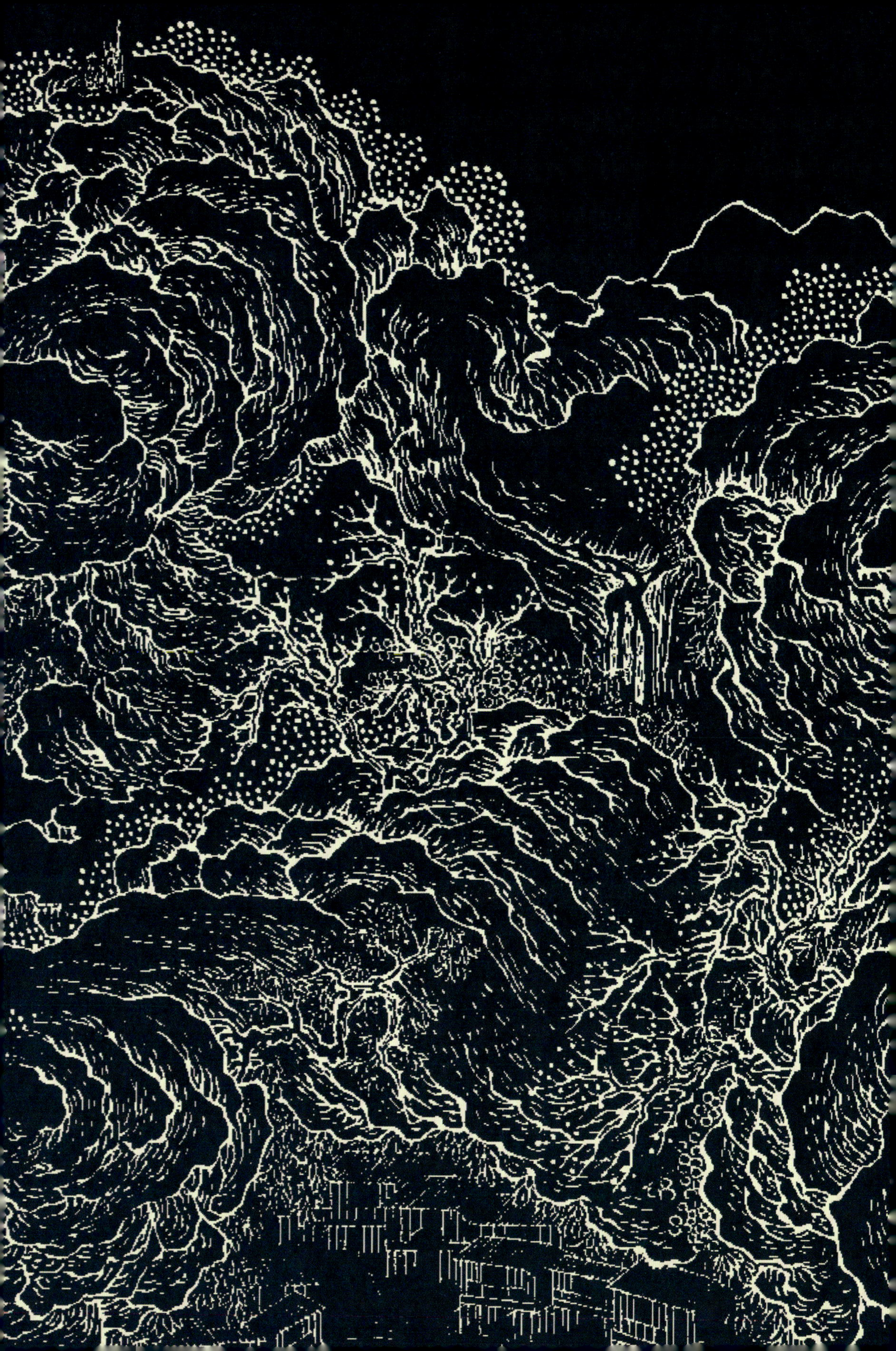

黔中王学的传衍及其对贵州文教的影响

撰文/林夏　摄影/陈伟红

"龙场悟道"后，王阳明心情愉悦，逐渐和龙场的百姓亲近起来。除了继续传播良知学，教化龙场的夷民百姓。他还认为，要想追寻圣学之道，就必须超脱名利之念，他希望与持有此志的学子讲学论道，遂开设龙冈书院，展开社会化讲学活动，并在创办书院过程中作《教条示龙场诸生》，立"立志""勤学""改过""责善"四大学规，这是据现有文献可查的贵州最早的书院学规。

在龙冈，王阳明主要传授与官方朱子学明显有别的心学思想，尤其是"心即理""知行合一"等当时极为新颖的理论主张。一时口耳相传，"贵之诸生，无远近，皆裹粮从之游"，通往龙场的小道上背着行李而来的求学者络绎不绝，听课者达数百人，且王阳明有教无类。此时他教授的学生不仅有苗夷人与亡命之流，还有许多来自各地的有一定文化基础的知识精英。由此开启的延续不断的以阳明心学为核心、极具地方特色的讲学活动，逐渐成为贵州地方文化建设的一部分，对贵州民间社会产生了潜移默化的影响。

在众多贵州籍士子之中，陈文学、汤冔、叶梧后来的学术成就最高。三人都是贵阳人，当时都是十几岁的少年，慕王阳明之名而来，潜心向学。他们是黔中王门的第一代学人、王阳明亲炙弟子，被称为"前三贤"，是开创黔中王门的关键人物。尤其是陈文学和汤冔，"黔人争知求心性，得其传者，首推陈宗鲁（陈文学）及先生（汤冔）；宗鲁得阳明之和，先生得阳明之正"；莫友芝认为"两先生承良知之派，以开黔学"。

龙冈书院也吸引了很多外省学子。湖南常德人蒋信得知王阳明在龙场讲学，便与冀元亨、刘观时前来，拜阳明为师。云南蒙化的朱光彝、朱光霁兄弟随父任来到贵州，随即拜入王阳明门下。朱氏一门乃云南"世家钜族"，二人承良知之教，家传阳明心学，极大推动了西南边地心学学派的产生和发展。

正德四年（1509年），时任贵州提学副使席书向王阳明请教"致知"和"力行"究竟是一层功夫还是两层功夫。王阳明说，知行本自合一，不可分为二事，即"知行合一"。席书为王阳明的学问所折服，请其主持贵阳的文明书院，王阳明应允。虽然席书比王阳明年长十一岁，但他亲率贵州诸生向王阳明行弟子礼，且一有空暇就前来听讲。席书后来升任礼部尚书，王阳明对他非常敬重。

如果说龙冈书院是民间私学，那么位于省治的文明书院则是官办讲堂。在省城贵阳，王阳明面对更多的是准备科考举业的士子。主讲文明书院，王阳明获得了席书政治与学

阳明书院设立后，黔中各地大办书院，造就了明清两代贵州教育"七百进士、六千举人"的骄人成绩，使贵州被誉为"俊杰之士，比于中州"。

（左）清代贵山书院试卷。资料提供／贵州省博物馆　（右）万历三十六年（1608年），时任贵州巡抚的江右王门弟子郭子章著成《黔记》六十卷，对百年黔中王门进行了第一次总结，其中还特为黔中王门"后三贤"孙应鳌、李渭、马廷锡各作传记一篇，合为《理学传》。资料提供／贵阳市档案馆术上的双重支持，他继续自由发抒思想，令贵州学风为之一新。"黔地讲学亦从未有过如此之盛者"，"诸生环而观听以百数，自是贵人士知从事心性"。受众的扩大以及知识精英参与人数的增多，使得心学在贵州迅速传播。与此同时，这还意味着王阳明逐渐走出政治迫害的困局，也标志着他彻底摆脱了朱子学的束缚。

正德四年岁末，王阳明升任江西庐陵知县。贵州弟子在贵阳城南与王阳明饯别，并于大风雪中将王阳明送至六十里外的龙里才依依惜别。王阳明在离黔最后一站镇远的邸店中，作《镇远旅邸书札》，嘱咐贵州弟子管理书院，勉励"努力进修，以俟后会"。

王阳明在贵州两年多的停留，不仅为中国思想史留下了"龙场悟道"这样的绝妙一瞬，更开创了贵州一代学风，为贵州乃至西南地区带来了持续百年的思想活力。受其亲炙的弟子除上文提及者，在手书信札中有名字可考的有二十多人——他们构成了黔中王门的第一代学人，这一代弟子壮大了贵州的文人群体，在他们的讲学及带动下，黔地开启了多次大规模的讲学运动，培养了大批后学弟子，在王阳明离开贵州后，黔中王门持续影响着贵州的文教。

明嘉靖七年十一月二十九日（1529年1月9日），王阳明去世，明廷剥夺王阳明的爵位，定王学为"伪学"，禁止天下人讲习阳明心学。此时为官在任的陈文学、汤冔、叶梧等黔中王门弟子相继弃官，返回贵州故里。他们不顾朝廷禁令，尊奉阳明先生如初，慨然以弘扬师说为己任，真体实践，证悟师说，相互唱和，使阳明心学在贵州得以继续传播。

在王阳明逝世五年后，黔中王门弟子仍在家遥祭王阳明，或者亲到龙场祭奠，里巷歌声犹然"蔼蔼如越音"。次年，王阳明的浙中私淑弟子王杏巡按贵州，陈文学、汤冔、叶梧于是联络黔中王门弟子数十人，恭请王杏兴建王公祠，以作阳明书院。王杏以"以激劝边人"为由，顶住压力，允其所请，于是在白云庵旧址创建了阳明书院。贵州阳明书院是为中国最早的阳明书院之一，王门弟子蒋信、徐樾、胡尧时先后出任贵州提学，在贵州修院讲学，王阳明致良知之说在黔中大地得以传承弘扬。

嘉靖十八年（1539年），三十年前从湖南奔赴龙场学习的蒋信任贵州提学副使。此时全国仍在禁毁阳明学说，但蒋信与其他王门弟子一样举阳明宗旨，置龙场龙冈书院祠田，重修贵阳文明、阳明两书院，又新建正学书院，促成龙冈、文明、阳明、正学四大心学书院鼎立的盛况。蒋信还亲自讲学授徒于文明书院，培养了大批弟子。由此，贵州书院大兴，不仅推动了讲学运动的发展，同时在客观上促进了贵州文教的兴盛，也造就了明清两代贵州教育"七百进士、六千举人""三鼎甲"的骄人成绩。

嘉靖至万历年间，黔中王门得到迅速发展，进入成熟阶段。此时王门弟子遍及海内，阳明心学风靡天下。曾求学于蒋信的孙应鳌、马廷锡、李渭走到了历史的前台。三人学问各有侧重，孙应鳌主张"以求仁为宗"，以"天人合一"为求学始终，以"慎独"修养为学问落脚点；马廷锡主张静中求性，"默坐澄心以体认天理"；而在知与行关系认识上，李渭则强调道德实践，以"先行其行"为学问宗旨，着力"躬行"之治学方法，独树一帜。三人集黔中王门心学之大成，被后人尊称为"后三贤""理学三先生"，是黔中王门第二代学人的代表，也是贵州心学得以发扬光大的重要人物。

孙应鳌、马廷锡、李渭这"后三贤"与"前三贤"一样，都曾中举为官，晚年返归贵州故里，建立书院，教民化俗，讲授心学，培育了众多王门后学，如李渭三子、思南三罗、冉宗孔、胡学礼以及江西赖嘉谟、徐云从等。黔中王门学人亦以心学为家传，如汤冔的子、孙、曾孙三代，"在明三世，皆能世其家"；马廷锡及其子、孙三辈也均有功于阳明心学。

万历年间，泰州王门巨子罗近溪游历贵州龙场，江右王门名士、东林党领袖邹元标谪戍都匀卫，形成了泰州、江右两大王学巨匠与黔中王门"理学三先生"同现黔省的盛况。他们相互论学，增建书院，培植人才，贵州的文化教育事业出现了全新的局面，黔中王门达到极盛时期，出现了以龙场、贵阳、思南、清平、都匀五大王学重镇为中心的书院讲学运动，涌现出如都匀"三先生"、都匀陆氏兄弟、麻哈艾氏兄弟等王门后进，他们共同把贵州引向了人才辈出的时代。

除讲学外，王阳明文集的刊刻流布也产生了相当重要的影响。王阳明在贵州时撰写《居夷集》，在他离任时刻书之"梨木板"即已准备就绪，不久后即行刊刻传播。此外，《传习录》《阳明先生文录》《新刊阳明先生文录续编》三书皆由王阳明亲炙弟子校雠编纂，由官方权力系统分发，是为入黔宦游官员与黔中王门学者通力合作的产物。

万历三十六年（1608年），王阳明悟道讲学百年之际，江右王门学者、贵州巡抚郭子章刊印出版了《黔记》60卷。一百年间，贵州书院由最初屈指可数的几所，迅速增加到40余所。据统计，明代贵州1720余名举人中，王阳明之前仅有350余人，王阳明之后则有1360余人，约为之前的4倍。明代以前，贵州几乎没有经学著作，而明代贵州的经学著作约有18部，绝大部分都是王阳明的黔中王门弟子所著。

王阳明当年曾颇为自信地说："他年贵竹传遗事，应说阳明旧草堂。"黔中王门地域学派的崛起、兴盛和日趋壮大，是几代学人共同努力发展的历史性结果，同时也凸显了黔中王学的实学特色。黔中王学的形成与传衍，影响了一代又一代的学人，与其他王门学派遥相呼应，明代学术文化遂笼罩在阳明心学之下。与此同时，贵州少数民族地区社会与文化教育事业得到了长足的发展。

参考资料：张明《王阳明与黔中王门的书院讲学运动》
　　　　　王路平《黔中王门——贵州阳明文化学派的形成》

黔中王门传承脉络示意图

【前三贤】汤冔、叶梧、陈文学

王阳明

第一代弟子：蒋信
龙冈、文明书院讲学时期（1508—1509年）

第二代弟子：李渭、马廷锡、孙应鳌
师承泰州王门，王阳明再传弟子徐樾
【后三贤】

1540年之后，黔中王门走向成熟和兴盛

第三代弟子：邹元标
江右王门名士，万历六年（1578年）谪戍贵州都匀卫

1570年之后，阳明心学覆盖贵州全省

第四代弟子：陈尚象、余显凤、吴铤

明末万历后期至崇祯年间，黔中王门走向衰落

黔中王门是王门学派中重要的一支，是王阳明龙场悟道后，最早学习和传播阳明心学的学派。王阳明离黔后，阳明心学薪火相传，为黔中王学培养了大批二传、三传乃至四传弟子，包括众多著名学者，颇具规模，且影响一方。

参考资料：

张明《〈明儒学案〉缺载"黔中王门"考论——兼论"黔中王门"源流演变及其心学成就》

王路平《黔中王门——贵州阳明文化学派的形成》

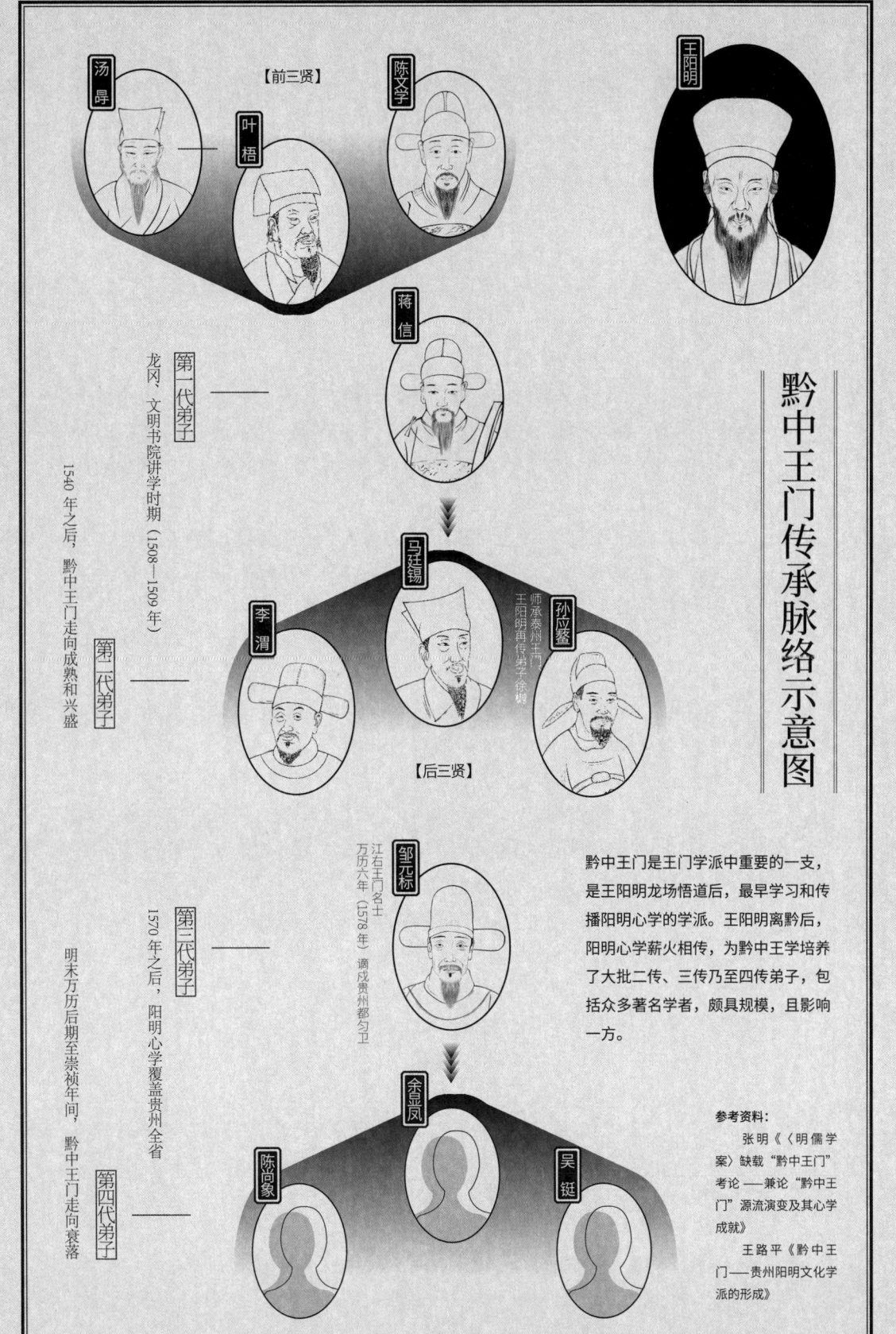

阳明学的流变及其影响：从中国走向世界

撰文 / 赵金刚

明正德四年（1509年）秋，王阳明三年贬谪期满，十二月离开贵州任江西庐陵县知县，其思想亦得以向贵州之外传播。在庐陵七个月，王阳明从未间断讲学。这一时期，他尤其注重以"静坐"的方式引导学生。《年谱》载："兹来乃与诸生静坐僧寺，使自悟性体，顾恍恍若有可即者。"

同年十一月，王阳明奉命入京朝觐，住在大兴隆寺，开始积极宣扬他"龙场悟道"后所得的学问。这一时期，他比较具有代表性的弟子是黄绾（字宗贤，号久庵，又号石龙，浙江黄岩人）。居京师两年，王阳明的政务并不繁重，讲学成为他的主要事务，从学者益众。

正德七年（1512年）十二月，王阳明升南京太仆寺少卿，与妹夫徐爱（字曰仁，号横山，余姚人）相约归越省亲，回乡途中与徐爱一起讨论了很多问题，这些讨论构成了《传习录》开篇的主要内容，徐爱也成为王阳明早期的重要弟子。

翌年十月，王阳明至滁州，职事清闲，常与群弟子游于山水之间。《年谱》载："旧学之士皆日来臻，于是从游之众自滁始。"

正德九年（1514年），王阳明升任南京鸿胪寺卿，与徐爱同在南京，弟子陆澄、薛侃、季本等数十人皆来相会，"同聚师门，日夕渍砺不懈"。

董平先生在《王阳明的生活世界》一书中写道："正德五年至正德十年的六年，是阳明一生中职事变化最为频繁的一个时期，然所居大抵为闲职，并无繁忙的公务，因此它实际上便亦成为阳明较能集中精力讲学的一个时期。从北京到南京，凡所之皆无非讲学之地，因此其门徒益众，而学术影响亦日增。"

正德十一年（1516年）十二月，王阳明升都察院左佥都御史，启程前往江西赣州，巡抚南安、赣州、汀州、漳州等处，其军旅生涯开启，事功亦得以展开。迅速平定四省边区多处寇乱以及平定朱宸濠叛乱，使他名望日隆，加上一系列著作的刊印，从者日众。他在江西的主要弟子，邹守益、欧阳德、黄弘纲等，皆在此时来学，使江西成为阳明学说集中传播的主要区域之一，此后的"江右王门"便由此而来。

正德十六年（1521年）八月，王阳明回到家乡绍兴，次年其父去世。嘉靖三年（1524年），王阳明丁忧服满，门人弟子日进。钱德洪回忆道："先生自辛巳年初归越，明年居考丧，德洪辈侍者踪迹尚寥落。既后四方来者日众，癸未已后，环先生之室而居，如天妃、光相、能仁诸僧舍，每一室常合食者数十人，夜无卧所，更番就席，歌声彻昏旦。南镇、禹穴、阳明洞诸山，远近古刹，徙足所到，无非同志游寓之地。先生每临席，诸生前后左右环坐而听，常不下数百人；送往迎来，月无虚日，至有在侍更岁，不能遍记其姓字者。"绍兴成为阳明讲学中心，甚至有湖广、直隶、江西、福建等地的学子前来问学。其中最年长的一位叫董澐（字复宗，一字子寿，号萝石），拜入王阳明门下时已68岁。嘉靖元年（1522年）至五年（1526年），王阳明专注讲学，致力于良知之说的扩展与传播。王阳明重要弟子王畿（字汝中，号龙溪，浙江山阴人）等亦在这一时期从学，"浙中王门"由此而来。此外，开创泰州学派的王艮（字汝止，号心斋，江苏泰州人）亦在此时从学。

嘉靖六年（1527年）五月，广西思、田乱起，朝廷命王阳明兼都察院左都御史，总理军务。九月，王阳明启程前往广西，弟子钱德洪与王畿一路相送，直至富阳，"天泉证道""严滩问答"即发生在这一送别途中。

广西事定后，王阳明疾病日笃，嘉靖七年十一月（1529年1月）逝于江西南安府青龙铺舟中。下葬之日，门人会葬者千余人。

阳明学的传播，在王阳明生前与其事功、讲学密切相关，在王阳明身后则随着其弟子的讲学、会讲等活动扩展绵延。王阳明一生广收门徒，《明史》讲："门徒遍天下，流传逾百年，其教大行，其弊滋甚。嘉、隆而后，笃信程朱，不迁异说者，无复几人矣。"阳明后学按照地域可分为浙中、江右、南中、楚中、北方、闽粤、泰州、黔中等流派，按照思想亦可分为现成派（左派，代表王龙溪、王心斋）、归寂派（右派，代表聂双江、罗念庵）、修证派（正统派，邹东廓、欧阳南野）。按地域划分是较为通行的做法，亦较少哲学判定。一旦按照思想划分，必然要面对各种不同的归类标准。

按地域划分，较为重要的派别为浙中、江右以及泰州。

浙中王门代表人物有钱德洪、王畿等。他们认为"正心为先天之学，诚意为后天之学"，这里"心"即"良知"。比如王畿认为，为学的关键在于参透良知本体。致良知，即参透自身现成的无善无恶的良知本体，只要参透了良知本体，良知就自然而然地发用流行。

江右王门代表人物有邹守益、聂豹、罗洪先、欧阳德、王时槐、刘文敏、刘阳、胡直、邹元标等。他们特别重视以阳明学思想理论指导自身道德修养和社会实践。其中邹守益是公认的江右王门领袖，学术主张上提倡"戒惧"说，中道平实而较少弊端。

泰州学派以王艮、罗近溪为代表，这一派中有很多平民学者，如樵夫朱恕、陶匠韩贞、田夫夏廷美。王艮其实也是盐商出身。泰州学派讲学的对象囊括了士农工商各个阶层，他们本着王阳明"人人皆有良知"的思想，非常注重平民教育，将儒学的平民化运动推向了高潮。

阳明学在晚明，既有继承发展，也有批判扬弃。如东林顾宪成、高攀龙等，既批判王学末流，也在一定程度上受到阳明思想的影响。关于晚明阳明学发展与传播，还有一位值得一提的人物，就是李贽。李贽的思想受到王阳明、王畿和王艮的影响，他编纂了《阳明先生道学钞》与《阳明先生年谱》。李贽的"童心说"受到王阳明"良知说"影响，他还讲"穿衣吃饭即是人伦物理；除却穿衣吃饭，无伦物矣"，这也是对阳明学特别是泰州学派的发挥。

到了清代，阳明学受到官方正统的排斥，其传播与发展较为低沉，其影响主要在居士佛教群体当中，诸如彭绍升等居士就特别认可阳明学，注重发展内在心性。

阳明学在日本："心本主义"

阳明学经王阳明本人及其弟子后学的大力提倡，不仅风靡大明，也开始向朝鲜半岛、日本等周边地域传播。

阳明学在日本，历经近五百年历史，与日本文化紧密结合，发展出独特的以心为基轴的、使理遵从于吾心之良知的"心本主义"的阳明学。

据说王阳明与日本结缘始自了庵桂悟。明正德八年（1513年）五月，王阳明与日本遣明正使了庵桂悟在宁波相见，王阳明撰《送日东正使了庵和尚归国序》，并亲笔手书赠之。但了庵归国次年就去世了。

阳明学至迟于17世纪初传入日本，重要的研究者是17世纪的中江藤树，其思想特征是"折衷朱王"。中江藤树早期专门研究朱子学，37岁接触王畿的著作，继而阅读《阳明全书》，在近江开设家塾传授阳明学。之后，其弟子把日本阳明心学发展推向高潮，其代表是石田梅岩，特别注重发展王阳明"吾性自足，不假外求"的观点。此外，三轮执斋于1712年刊印《标注传习录》，从此阳明学逐渐被广大日本学者和下层武士所熟知。

但这一时期阳明学并未在日本成为主流，特别是德川幕府将朱子学定为正统，而将阳明学视为异端。在当时的日本影响力较大的仍是朱子学和古学（日本江户时代末期出现的一种复古派学术思潮，强调回归日本古典文化和传统价值观）。

日本的"阳明学热"始起于幕末维新时期，梁启超先生甚至以为"日本维新之治，心学之为用也"。这一时期，佐藤一斋、大盐中斋、吉村秋阳、东泽泻、山田方谷、奥宫慥斋、吉田松阴、西乡隆盛、林良斋、春日潜庵、池田草庵等人，都不同程度受到阳明学的影响。例如，佐藤一斋着力把程朱之学与阳明学融会贯通，其著作《传习录栏外

王阳明曾在南京鸡鸣寺（凭虚阁）讲学。供图 / 视觉中国

书》是阅读《传习录》时的批注文，注重校勘，征引前贤评论丰富，是《传习录》研究的代表性著作。佐藤一斋被称作"阳朱阴王"，他曾担任幕府昌平黉的儒官，地位尊贵，为之后阳明学在日本的传播和发展奠定了基础。日本"维新三杰"之一的西乡隆盛就是佐藤一斋的信徒。大盐中斋将张载的太虚说与阳明心学结合起来，认为"致良知"不能仅限于个人的道德修养，还要以大无畏精神去"赏"善"刑"恶。他是行动派，领导了大阪农民和都市贫民的起义。

幕末阳明学的最大特征在于注重"至诚"，在乎"面对他者时的主观心情的纯粹性"。幕末志士继承了日本阳明学的"行动性"思想。后世学者认为，"日本阳明学"培养了幕末志士的"强大意志力"和"敢为强行、排除万难前进之气概"，从而推动了明治维新。

三宅雪岭于1893年出版《王阳明》一书，标志着明治时期阳明学复兴运动的开始。这一时期的阳明学运动，"批判政府的表皮式的欧化政策"，修正日本明治时代全盘欧化主义的极端状态，以传统思想文化来再造日本人的个人精神。明治时期出现了多个宣扬阳明学的民间团体，以及一些传播阳明学的大众杂志，如吉本襄1896年在东京创办的大众通俗杂志《阳明学》。在学术方面，高濑武次郎、井上哲次郎等成为这场运动的代表性人物。1898年，高濑武次郎出版了《日本之阳明学》，这是关于日本阳明学的第一部专著。高濑武次郎以为，"我邦阳明学，其特色之一种，即产出活动的事业家。藤树大孝，蕃山经纶，执斋薰化，中斋献身，至于维新诸豪杰震天动地之伟业，皆王学之责"。井上哲次郎在为此书所作的序言中，特别表彰阳明学的实行特征，认为阳明学致力于内心的省察、致力于事功。随后，井上哲次郎出版了他的阳明学专著《日本阳明学派之哲学》。他们还编纂了《伦理汇编》《国民道德丛书》等大型丛书，将阳明学与国民道德教育结合起来。

在日本的阳明学研究传统中，形成于20世纪60年代的九州学派值得单独拿出来讲一讲。楠本正继是九州大学文学部教授，在该校讲学30多年，奠定了九州学派的基础。他特别强调以东洋的方式来理解东洋思想，从历史的角度去探索宋代和明代儒学的本质。

楠本正继之后，九州学派的代表人物是荒木见悟和冈田武彦。冈田武彦被尊称为"儒学祭酒"，是世界阳明学研究领域的知名学者。他认为"阳明学是体认之学，是培根之学，是身心相即、事上磨炼之学"，是"行动哲学"。

此外，战后九州学派对日本政党、企业家产生了一定的思想影响。冈田武彦是一位典型的实践家、社会活动家，长期致力于将儒学传统运用于现代社会。1986年，冈田武彦率领以九州大学为代表的日本学术代表团访问中国，探访阳明遗迹，涉足八省八十余县。更为难得的是，冈田武彦多次在日本募集善款修复阳明遗迹。他晚年出版的《王阳明大传：知行合一的心学智慧》是阳明学传播的重要著作。

阳明学在朝鲜半岛：从"异端邪说"到"思想启蒙"

阳明学传入朝鲜半岛的时间较日本早，大概在16世纪中叶。例如，万历援朝抗倭之战中，宋应昌以经略身份赴朝，作战之余会讲阳明学。但阳明学早期在朝鲜半岛的声势影响却远不如在日本。

阳明学自传入初期就受到以李滉（号退溪，1501—1570年）为首的程朱学者的批判，被认为是"异端""斯文乱贼"。李退溪著有《传习录论辩》，专门驳斥阳明心学。据《宣祖实录》记载，庆安令李瑶曾向宣祖宣讲过阳明学，并认为"当今如有阳明，可以扫荡倭寇"。

张维（号溪谷，1587—1638年）是朝鲜半岛阳明学派确立过程中的重要人物，他认为王阳明的良知学是在现实中通过内心的省察和实践来成就人的本性的能动思想，特别推崇王阳明所讲的"知行合一"。

真正树立朝鲜半岛阳明学派的是肃宗时期的学者郑齐斗（号霞谷，1649—1736年），他最早接受的是朱子学，中年后关注阳明学，注重朱子学与阳明学的关联性，试图统一两者。他63岁从安山移居江华岛，在此讲学，开创了"江华学派"。该学派强调天赋良知，以王阳明的"心即理"与"知行合一"以及"致良知"为理论根据，批判当时朱子学派的堕落，期望改革腐败的政治风气，主张万民平等论，注重对庶民的教化。他们强调"实心""实行"的重要性，反对"虚学""虚行"。江华学派与后期朝鲜实学思想相联系，特别强调实事求是。朝鲜实学思想的集大成者丁若镛（号茶山，1762—1836年）同样受到王阳明的影响，批判朱子学。

到了近现代，阳明学则与朝鲜半岛的思想启蒙结合在一起。如朴殷植（号谦谷，化名白岩，1859—1925年）认为，儒学求新之路，就在阳明学中，阳明学所包含的以我为主的独立自主精神，可以帮助青年树立自信、求新求变的思想。

阳明学在欧美：作为了解中国的切入点

阳明学传播至西方国家的时间相对较晚，最早的传播者是到过中国的传教士。先传到欧美的是王阳明的事迹，如16世纪葡萄牙人克里斯托弗·维埃拉所著《广州葡囚书简》中就提到"宸濠伏诛"。其中特别值得关注的是利玛窦与当时阳明学者的接触，包括焦竑、李贽、章潢、徐光启等人。18世纪，法国人杜赫德的《中华帝国全志》开始提到王阳明的语录、论学书信选段。此后特别具有标志性的事件是1835年法国学者儒莲在其译作《功过格》中专门谈及王阳明与王艮论道德的对话。

1916年，在中国游学的美国学者亨克（Frederick Goodrich Henke，1876—1963年）翻译了《阳明先生集要·理学编》。亨克认为王阳明的哲学思想属于观念论，并将之与朱熹的思想对立来看。

在欧美世界，王阳明著作最权威的翻译者当属海外中国哲学家陈荣捷。陈荣捷先生在美讲授中国哲学五十余年，长期致力于中国古代哲学资料的英文翻译，他尊朱子而不贬阳明。1963年，陈荣捷英译《传习录》出版，不仅翻译原文，还辅以大量注释、解说，使读者能够通过英译本较为准确地把握王阳明的思想。

1972年，汉学家秦家懿完成了《王阳明哲学书信》的英译，翻译了王阳明有关哲学思想的67封书信。

在欧美世界，阳明学传播的一个突出特质是以比较哲学为切入点，突出中西方哲学的交流与会通。例如，美国汉学家鲍尔（Paul Wienpahl）撰有《斯宾诺莎与王阳明》，就以比较的视野观察中西思想。晚近最为突出的则属瑞士学者耿宁，他着力用现象学的方法研究王阳明心学，从哲学上推进了对王阳明思想更进一步的诠释，其研究反过来又影响了汉语学界对王阳明思想的关注。

闽粤王门
广东南海西樵山　石泉书院

浙中王门
浙江余姚龙泉山　中天阁

楚中王门
湖南长沙　岳麓书院

北方王门
济南长清　愿学书院碑

泰州王门
江苏泰州　安定书院

江右王门
江西九江　白鹿洞书院

南中王门
南京清凉山　崇正书院

黔中王门
贵州修文　龙冈书院

供图 / 视觉中国

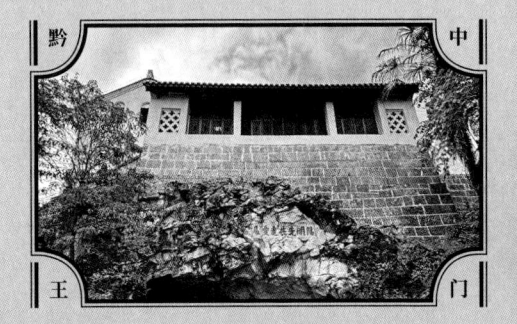

闽粤王门	浙中王门
楚中王门	北方王门
泰州王门	江右王门
南中王门	黔中王门

浙江绍兴阳明故里王阳明纪念馆中，借助光影等多媒体技术，游客得以对阳明心学的理念有更深层次的理解与体验。供图 / 视觉中国

图书在版编目（CIP）数据

阳明：问道十二境 / 范烨主编. -- 北京：北京联合出版公司, 2024.10. -- ISBN 978-7-5596-7950-5

Ⅰ.B248.25

中国国家版本馆CIP数据核字第2024Z5F344号

阳明：问道十二境

主　　编：范　烨
出 品 人：赵红仕
责任编辑：周　杨
总 策 划：陈沂欢
联合出品：中共贵州省委宣传部　中国国家地理·地道风物
策划执行：北京地理全景知识产权管理有限责任公司
执行主编：黄绮媚
策划编辑：董佳佳　焦　菲
特约编辑：赵云婷　何涵妃
营销编辑：王思宇　魏慧捷
图片编辑：陈钰曦　王家乐　贾　华
地图编辑：程　远　彭　聪
书籍设计：何　睦
特约印制：焦乂献
制　　版：北京美光设计制版有限公司

北京联合出版公司出版
（北京市西城区德外大街83号楼9层　100088）
北京联合天畅文化传播公司发行
北京华联印刷有限公司印刷　新华书店经销
字数：296千字　710毫米×1000毫米　1/16　印张：18.25
2024年10月第1版　2024年10月第1次印刷
ISBN 978-7-5596-7950-5
审图号：黔S（2024）015号
定价：78.00元

未经书面许可，不得以任何方式转载、复制、翻印本书部分或全部内容
版权所有·侵权必究
本书若有质量问题，请与本公司图书销售中心联系调换。电话：010-82841164 64258472-800